解体する言葉と世界——仏教からの挑戦

解体する言葉と世界

——仏教からの挑戦——

末木文美士 著

岩波書店

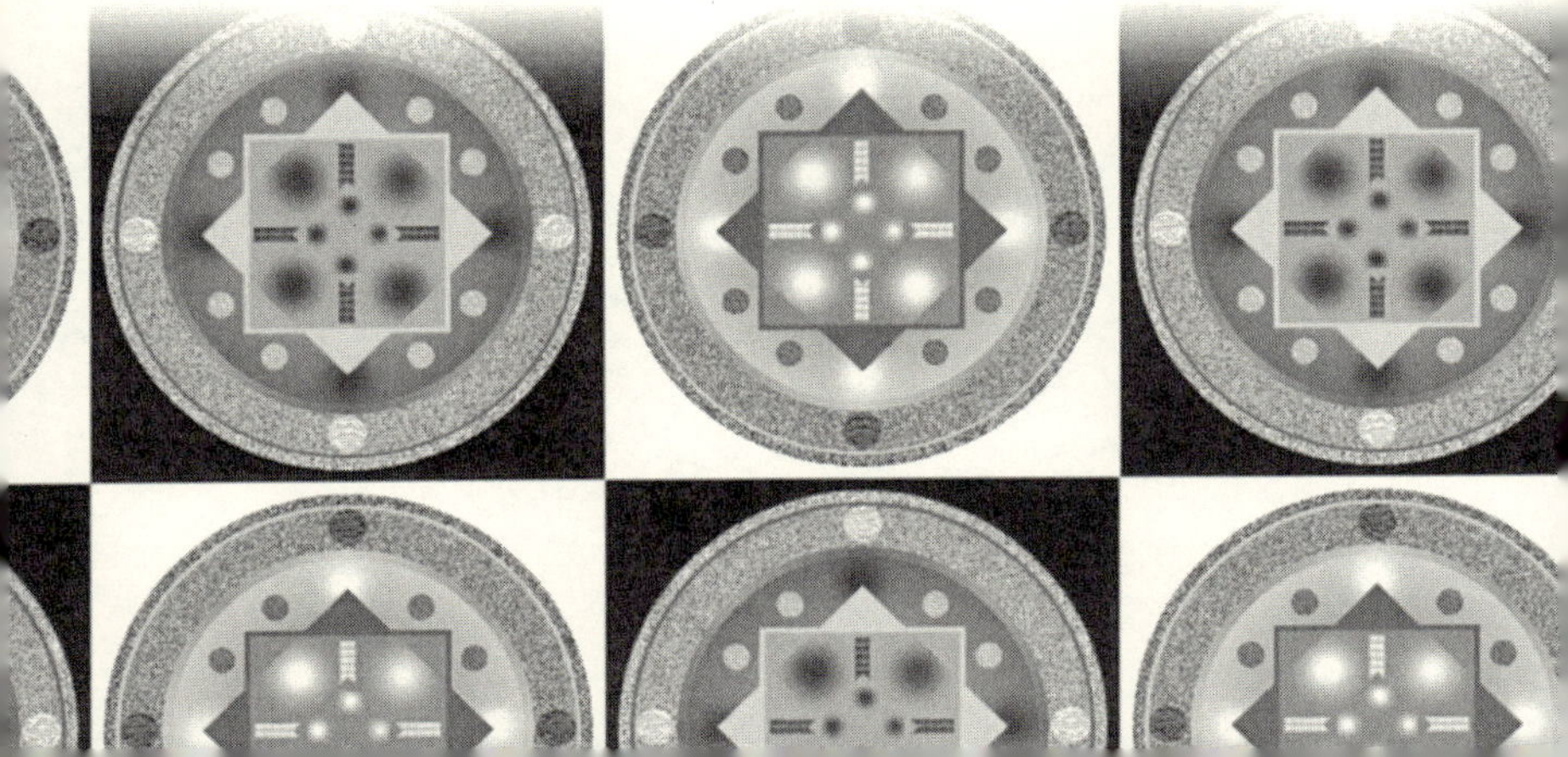

目次

Ⅰ

1 仏教、言語、そして文学 3
2 解体する言葉と世界——禅を読む 32
3 他者への隘路 58
4 宗教と倫理の狭間——親鸞における「悪」 88

Ⅱ

5 超えつつ、そして結びあうこと——『つぐみ』『ノルウェイの森』『死の棘』 123
6 罪と魔界——『スキャンダル』『みずうみ』 140

Ⅲ

7 荒涼たる心象の奥に——『拾遺愚草』 155
8 『徒然草』における仏教と脱仏教 181

目次

9 能と本覚思想 204
10 風狂の行方――『売茶翁偈語』 217
11 肥大する孤独――『草堂詩集』 251

Ⅳ

12 思想史の中の仏教 263
13 神仏論序説 281
14 オリエンタリズム以後の仏教研究――B・フォールの著作をめぐって 310
15 「日本哲学」の可能性 322

初出一覧 343
あとがき 345

I

1　仏教、言語、そして文学

一、無我説の問題

初期仏教の思想がもともとどのようなものであったかは、今日研究が進むにつれてかえって曖昧なものとなってきている。いわゆる原始仏教の思想と言われるものの多くが、釈尊からある時代を下ってのものであることが明らかにされた。初期仏教の経典の中で、どの部分が古く遡れる要素かという文献学的な研究がさらに進められなければならないことは言うまでもないが、その方法だけで仏教の原初形態が明らかになるという楽観論はもはや成り立たなくなりつつある。

その中で、比較的初期の体系と考えられるものに、苦・無常・無我というセットがある。これにしてももともと必ずしも三つがはっきりと連関するわけではなく、ばらばらであっただろうと考えられている。(1) いずれにしても、このうち、苦(dukkha)と無常(anitya)についてはそれほど理解は困難でない。人生を苦と捉えることは確かに悲観論ではあるが、四苦・八苦として纏められるような悲歎は我々の人生で必ず出会わなければならない普遍的なことがらである。無常もまた、それに伴う様々なニュアンスを別とすれば、我々自身を含め、この現象世界の時間的な変化の不可避を言うものであり、それ自体誰も反対できないことである。

　それに対して、無我(anātman)の原理はそれほど解りやすいものではない。無我は通常、アートマン(ātman)と呼ばれるような実体的な存在が実在しないことを言うものと解される。アートマンは経験的現象を超えた超越的存在と言ってよいもので、それを否定する仏教の立場は形而上学的実在を否定する立場、形而上学批判であるとはしばしば言われることで、そこに仏教の特徴があるとされる。形而上学的原理から現象を説明することが否定される時、現象は現象の範囲で説明されなければならない。それが縁起(pratītya-samutpāda)である。縁起は現象的存在が形而上学的原理ではなく、他の現象に依存して存在することを意味する。それ故、縁起は無我と同義と考えられる。

　ところで、無我を形而上学的原理の否定という時、無我は否定という形で形而上学的原理と関わることになる。苦や無常は実際に現象界において経験されることであるが、無我はそのように経験することができない。無我はそれほど自明な原理ではない。後に無我説の論証が仏教哲学者の大きな課題となったのも故なしとしない。だが、その無我説ももともとはそれほど複雑な理論ではなかったようだ。中村元によると、anātman はもともと「無我」と訳すよりも「非我」と訳す方が適当な言葉で、必ずしもアートマンを否定しているわけではないという。仏教の最初期における「無我」(非我)の用法には次の二つがあると言う[2]。

1　なにものかを「わがもの」(mama)「われの所有である」と考えることを排斥している。

2　我ならざるもの(非我)を我(アートマン)と見なすことをも排斥している。

中村の要約によると、最初期の仏教のアートマン観は次のようなものであった。最初期の仏教においては、客体的に把捉し得るありとあらゆるもの、アートマンならざるもの、すなわち非我である、ということを強調したのである。決してアートマンが存在しない、とはいわなかった。そうして倫理的行為の主体としてのアートマンを認めてはいたが、それの形而上学的性格については、完全に沈黙を守っている。このような形而上学的問題に触れることを避けていたのである。[3]

すなわち、経験的主体としてのアートマンは認められても、形而上学的存在としてのアートマンについては議論しないという態度を取ったというのである。そうとするならば、これはこれで一貫した態度と言うことができる。

ここで我々は無記(avyākṛta)について考えてみることが必要になる。無記とは形而上学的問題に対して解答を拒否し、沈黙すべきことを説いたものである。通常これには十難無記と十四難無記の形がある。十難無記は次のようなものである。[4]

①世界は常住である。②世界は無常である。(時間的に限定されていないか、いるか)。

③世界は有辺である。④世界は無辺である。(空間的に限定されていないか、いるか)。

⑤身体と霊魂とは一つである。⑥身体と霊魂とは別である。

⑦人格的完成者(如来)は死後に生存する。⑧生存しない。⑨生存し且つ生存しない。⑩生存しないし且つ生存しないのでもない。

ここで、①②は個別的現象ではなく、世界全体に関して問題にするのであり、無常の原理と抵触しない。これらはしばしばカントの純粋理性の弁証論と較べられるように、人間の悟性を超え、現象的経験の範囲では肯定も否定も不可能とされる。ここにはアートマンに関するものは入っていないが、⑤⑥の霊魂(jīva)はそれに類するものと考えられ、身体を離れて持続するかどうかという問題と考えられる。

だが、このような態度は徹底できるであろうか。思うにそれは困難なことではあるまいか。形而上学的領域に言及せずに、現象世界をそれだけで自立したものとして説明することは、自然科学のように仮説的な方法としては有効であるが、究極的な解明とは言えない。もしそれを究極の立場とするならば、実在するかどうか不明である形而上学的実体を実在しないと断言しなければならず、それはもはや現象的経験の世界を超えた、それ自体形而上学的な命題になってしまう。それが発展した形での無我説、通常言われる仏教の無我説である。[5]

この無我説もまた厄介な理論である。形而上学的実体を否定するのであれば、現象内在的な説明だけで十分であり、あえて無我説を振りかざす必要もないであろう。だが、執拗なまでの無我の主張は、形而上学的実体を否定するという形で、どこまでも形而上学的実体から逃れ切れない。そして、無我説を理論的に説明しようとするアビダルマ(abhidharma)の哲学は、有部《うぶ》の三世《さんぜ》実有《じつう》説に見られるように、かえって極端な実在論に陥るという逆説を招いた。

それだけでない。十難無記の⑦—⑩は如来の滅後の永続を問うことを禁じていた。だが、如来滅後間もなく形成されたブッダ信仰は、すでにその禁止を危うくするものであった。特に大乗仏教の形成はブッダの永続の観念なくして成り立ちえない。大乗におけるブッダ信仰が、寓話もしくは神話的な形態を取らなければならなかったのも、こうした経緯を持つからであろう。

このように、無我説は宗教理論として無理の多い、維持することが困難な理論であった。思うに、無我説はそれ自体が一つの完結した理論としてよりも、むしろ既存の理論への問いかけであり、批判として有効なものではなかったか。自明なことのように考えられたアートマン説(より広く言えば形而上学的実体を想定するすべての理論)が実はそれほど自明でなく、不安定な構造を持つことを暴露することにその意義があったと考えられる。(6)だが、その破壊性だけでは積極的な原理とはなりにくく、それ自体が積極的な原理たろうとする時には、逆にその内的な破壊力を封殺してしまうことになってしまう。無我説はいわば正統に対する異端としてこそその機能を発揮しえたように思われる。仏教がインドにおいて安定した秩序を持つ農村社会においてではなく、流動性を持つ都市の繁栄した時代にもっとも勢力を持ったことを思うべきである。

二、空と言語

無我説は大乗の空《くう》(śūnyatā)の理論に継承されると考えられている。確かにそのように言ってよいであろうが、問題設定のレヴェルはずれている。無我が直接に存在のレヴェルの問題であるのに対して、空は多くの場合存在の問題を言語と意味の問題に還元する。すなわち、言語の意味が一義的に確定し、それがある実体性を持つという思考を徹底的に論破する。『般若経』から中観《ちゅうがん》派に至る流れで、「即非の論理」のような逆説的な表現がしばしば用いられるのもそのためである。例えば、龍樹《りゅうじゅ》（ナーガールジュナ）の主著『中論《ちゅうろん》』の観去来品では次のように論じられる。

　已去は去有ること無し　未去も亦た去無し
　已去と未去とを離れて　去時も亦た去無し

　まず第一に、すでに去った〔もの〕は去らない。〔つぎに〕、まだ去らない〔もの〕も去らない。すでに去った〔もの〕とまだ去らない〔もの〕とを離れて、現に去りつつある〔もの〕は去らない。[7]

「すでに去ったもの」「まだ去らないもの」「現に去りつつあるもの」という三つの概念がそれぞれ別個に固有の意味を実体として持つとすると、それらを離れて「去ること」が成り立つ場がなくなる。すなわち、固有の意味が実体として存在することはあり得ない。意味の実体が存在しないことによってはじめて「去る」という行為が成り立つのである。

　実体として考えられた言語の一義的な意味は自性《じしょう》(svabhāva)と呼ばれる。観因縁品では、自性の非実在から、事物の成立そのものが否定される。

　諸法の自性の如きは　縁の中に在らず
　自性無きを以っての故に　他性《たしょう》も亦た復た無し

　実に、もろもろの「存在(もの・こと)」(bhāva)の自性は、〔因縁など四種の〕縁などの中には存在しない。自性が存在しないならば、他性は存在しない。(8) 「他性」(parabhāva)は、他者の中に意味の根拠が考えられたものである。すなわち、意味の根拠は、自身の中にも他者の中にも見出されない。そこからこう言われる。

諸法は自より生ぜず　亦た他より生ぜず
共《ぐう》ならず無因ならず　是の故に無生なりと知る

もろもろの「存在」は、どこにおいても、どのようなものでも、自身から、また他者から、また〔自身と他者との〕両者から、また無因から、生じたものとして存在することは、決してない。(9)

「もろもろの存在」は生成しないはずがない。だが、意味の根拠としての実体を想定する限り、その成立は不可能となる。何故ならば、実体そのものは生成変化するはずがないからである。もし原因となる事物の中に根拠があるとすれば、それは原因となる事物の根拠であって、生成される事物の根拠ではない。生成される事物の根拠は、はじめから変化しないものとして存在するか、または全く存在しないかのどちらかである。いずれにしても、事物の根拠をこのような実体に求める限り、その事物そのものの生成が不可能になってしまう。では、事物の生成変化はどこに求められるのか。それは実体的根拠を想定しない現象レヴェルにおいてであり、意味の実体化が成り立たないところに、はじめて「生成」「去来」などの言語の有意味性が成り立つのである。

ところで、ここで問題が生じる。意味の実体化を否定したとき、どこに龍樹は究極の立場を求めようとしたのか。有名な『中論』の帰敬偈《ききょうげ》では次のように言われる。

不生《ふしよう》にして亦た不滅　不常にして亦た不断
不一にして亦た不異　不来にして亦た不出
能く是の因縁を説き　善く諸の戯論《けろん》を滅す
我れ稽首《けいしゅ》して礼す　仏を　諸説中第一なりと

〔何ものも〕滅することなく、〔何ものも〕生ずることなく、〔何ものも〕断滅ではなく、〔何ものも〕常住ではなく、〔何ものも〕同一であることなく、〔何ものも〕異なっていることなく、〔何ものも〕来ることなく、〔何ものも〕去ることのない〔ような〕、〔また〕戯論が寂滅《じゃくめつ》しており、吉祥《きちじょう》である、そのような縁起を説示された、正しく覚った者（ブッダ）に、もろもろの説法者の中で最もすぐれた人として、私は敬礼する。(10)

ここでは戯論（prapañca）、すなわち言語に伴う仮設の寂滅が言われている。言語を媒介にして意味を追求することから真実在へと到達することが不可能とされるとき、究極的な実在はもはや言語現象の領域から求めることができない。ここで提示される「縁起」はもはや素朴な事象の因果関係ではなく、言語表現を超えたものである。ここで不生・不滅等のいわゆる八不《はっぷ》は、それらの言語表現そのものの不可能性を言っていると解される。このような世界はまさに「神秘主義」と言われるべきものであり、(11) また、「俗なるもの」に対する「聖なるもの」と考えられる。(12) その立場からすれば、言語は、言語超越的な第一義諦《だいいちぎたい》（paramārtha-satya）を指示する世俗諦（saṃvṛti-satya）ということになる（第二十四章第八―一〇偈）。

ただし、『中論』がそれ程すっきりと言語超越的な真理を指示しているかというと、いささか疑問がある。有名な第二十四章(観四諦品)第一八偈では縁起＝空＝仮設(仮名、upadāya-prajñapti)＝中《ちゅう》道《どう》(madhyamā-pratipad)であると規定され、縁起＝空が言語的仮設と等置されている。また、第二十六章における十二支縁起をそのまま定立するところに龍樹の根本の立場を見ようとする説もある。(13)

以前私は、『金剛般若経』のいわゆる「即非の論理」について、それが基本的に何らかの絶対的な立場を指示するものではなく、むしろ言語の意味の実体化を否定し、そのことによって言語を有効に機能させようというものではないかと論じた。(14) 思うに、龍樹においてもその方向はやはり生きている。しかし、般若経典にはまた「空」そのものを実体化し、絶対的立場を定立する方向も見られ、それもまた龍樹において引き継がれているように思われる。さらに言えば、空の思想の持つこの二面性は、無我説の持つ不安定性を受け継いだものと考えることができる。「空」は批判的な方法として強力な破壊力を持つ一方で、安定した原理でもあろうとする。しかし、後者の方向は必ずしも「空」の立場にとって居心地のよいものではない。後者の方向を徹底するならば、あえて空に固執する必要はなくなり、むしろ積極的にアートマンなりブラフマン(brahman)を定立する方が余程自然であり、安定的である。事実、仏教はインドにおいてやがて正統派の思想に思想界の主流を奪われ、特に中観派の「空」の方法は大幅に主流派中の主流派であるヴェーダーンタ派に摂取され、「仮面の仏教徒」とさえ言われるシャンカラによって大成されるのである。

「空」はこのようにそれ自体不安定な原理である。不安定な原理であるから、安定へと向かおうとするが、安定してしまうと「空」の「空」である所以を自己否定してしまうことになる。常に不安定な宙ぶらりんの状態にあることを宿命づけられている。それが他に対する強力な批判の武器となるとともに、言語と意味の一元的固定化の批判、意味の実体化の拒否として機能すると考えられるのである。

三、禅と言語

禅の立場は不立文字《ふりゅうもんじ》と言われる。実際、このことばは禅のスローガンとされ、また、そこから禅は言語を否定するものとして批判の矢おもてに立たされることにもなっている。(15) だが、このスローガンもそれ程自明なものではない。確かに禅宗史の比較的早い段階から主張されたことは言うまでもないが、(16) また、他方でよく言われるように、禅ほど言葉を多く用いる宗派はなく、おびただしい語録の類を見ると、不立文字のスローガンはどこへ行ってしまったのかと不思議に思われる。

思うに、禅を言語否定と見るのは余りに一面的である。特に宋代に確立される公案禅は「文字禅」とさえ呼ばれる程、(17) 積極的に言語に関わろうとする。「葛藤」と呼ばれる言語は、まさに纏わりつく蔓草のように不要なもの、あるいはむしろ害をなすものであるが、逆説的にその不要性が「真理そのもの」(このような言い方自体解体されなければならないものであるが、仮に用いる)を指示するのである。常識的に受け入れやすい説明としては、「月を指す指」と言われるように、文字言語は世俗諦であり、第一義諦たる不立文字の真理を指示し、真理に到達したときには捨て去られるべき方便と考えられる。しかし、それは余りに皮相的な解釈である。しばしば「道得《どうとく》」と言われるように、真理は言語に表現されなければならない。言語に表現できない不立文字の体験は意味をなさない。ただし、もう少し正確に言うならば、表現は必ずしも言語という形を取るとは限らない。身体を使ってのパフォーマンスもそのまま言語と同格の表現でありうる。ここではそれを含めて広義の言語と見なすことにする。

その場合重要なことは、言語表現がもはや一義的に意味を指示する機能を捨てていることである。インドにおける空の思想は、言語と意味の一義的な関係に疑義を呈し、意味の実体化を否定した。しかし、そこでは言語の機能はあくまで意味を指示すること以外には考えられていない。そこでは逆説的な表現が用いられていても、必ず論理的に解明でき、従って一義的に意味を確定できる構造になっている。意味を持たない言語は文字どおりナンセンスである。それ故、言語を超えた領域は直観的に体験する他なく、言語可能と言語不可能の領域はきっちりと一線を画し、そこに曖昧な領域は残されない。

それに対して、禅の言語は、必ずしも常にというわけではないが、少なくともその決定的な場面において、言語が意味を一義的に確定するという前提そのものを危うくする。それは典型的には「趙《じょう》州無字《しゅうむじ》」の「無」を思えばよい。確かにもともとの問答においては「狗子《いぬ》に仏性《ぶっしょう》ありや」という問いに対して、「無」は否定の答として意味を持つ言語であった。もっともその時点から、「無」は安易な仏性説への批判であるよりは、事実の叙述であるよりは、仏性説そのものの問い返しへと修行者を突き返す実践的な意味を持つものであった。[18] それ故、すでにそこで「無」は論理的、一義的な意味を持った用法から逸脱している。しかし、そこではあくまで「有」に対する「無」としての意味を失っていない。

その「無」が公案化されるのは五祖法演(?—一一〇四)から大慧宗杲《だいえそうこう》(一〇八九—一一六三)の頃のようであるが、[19] その時点になると、「無」はもはや意味の脈絡を離れてそれ自体が参究すべき対象となる。五祖は言う。

老僧《わし》は平生、無字を挙するだけで、それでおしまいだ。君たちがもしこの一字を透《とお》り抜けたら、世界中の何人《なんぴと》も君をどうかすることはできない。君たちみんな、いったい、どう透り抜けたものか。そもそも、透り抜けられるものがおるか、どうか。おるなら、出てきて答えるがよい。わしは君たちが有と答えることも求めず、無と答えることも求めず、有でもない無でもないと答えることも求めはしない。君たち、いったいどう答えるか。[20]

確かにこの場合も、「無」は「狗子に仏性ありや」という問に対する答という意味を全く失ったわけではない。だが、ここではまさに意味は通路であり、到達点ではない。もともと狗子仏性には「有」と「無」の二つの答があった中で、「有」の方が採用されなかったのは、「有」と答えたのでは、問答が有意味的に確定してしまい、意味から逸脱することができなくなってしまうからである。当然「有」と答えられなければならないところへ「無」と答えることにより、一義的な意味が揺らぐのである。

だが、意味の揺れというだけでは終らない。意味の揺らぎから、言語と意味の関係そのものが解体され、言葉と意味の一義的な関係の安定性の中に覆い隠されていたものが、この「無」において露呈するのである。それはもはや「有」でもなく、「無」でもなく、「有でもなく無でもない」のでもない。『無門関』第一則でも「虚無《こむ》の会《え》を作《な》すことなかれ、有無《うむ》の会を作すことなかれ」と言われている。有無相対の「無」はもちろん、有無を超越した「無」であっても、なおそれは有意味的な次元に留まっている。その意味を剝ぎ取ったらどうなるのか。インド的な論法から言えば、もはやそこには言語を捨てた沈黙しか残されないことになろう。ヴィトゲンシュタインの言うように、「語りえぬものについては、沈黙しなければならない」のである。[21]

だが、禅では有意味性を失った、まさに「語りえないこと」を語れと言う。それが可能であろうか。必ずしも直ちにそれとは同一視できないかもしれないが、少なくともそれと類似した問題が今日の哲学においても提示されていることを思い起こすことは、いくらかの役に立つであろう。例えば、クリステヴァが、言語と意味の安定したサンボリクなあり方に対して、それが流動し、崩壊、もしくは生成する次元をセミオティクと呼んだとき、[22] そのセミオティクな次元は、まさに意味を失った「無」そのものの露呈と似ていないだろうか。あるいはまた、サルトルの小説の主人公がマロニエの根に存在そのものの露呈を見て嘔吐をもよおしたとき、[23] そこに見たのはやはり「無」そのものではなかったか。我々はそこに、「解剖台の上でミシンとこうもり傘が出会う」(ロートレアモン『マルドロールの歌』)以上の衝撃に出会わなければならない。

こうして提示された存在そのものは、先に「空」によって指示された存在の不安定性と安定性の問題にどのように関わるのか。それはいわば存在の安定性と不安定性をまるごと含み込んだ総体である。そのうちに矛盾を含み込み、無意味なるままに投げ出されている。その意味でそれはほとんどニヒリズムと言ってよいものである。

このような、いわば存在そのものの露呈は無字に限らない。例えば、同じ趙州が「祖師西来意」(達《だる》磨《ま》がインドからやって来た本意＝仏法の極意)を問われて、「庭前の柏樹子《はくじゅし》」と答えたのは、これもまた『無門関』第三十七則などに見える有名な公案であるが、ここでもやはり、自然物もまた仏であるという汎神論的な理解や、あるいは目の前に柏樹の立っている日常底に真理を見るというだけであるならば、公案としての機能を果していない。「庭前の柏樹子」という語は、一見すると目の前にある柏樹を指示する意味機能を持っているかのように見える。確かにその機能がないわけではない。しかし、ここでも語の一義性は奪われている。「庭前の柏樹子」は柏樹を指示するとともに、話者である趙州自身であり、対者である僧であり、そしていま公案を発語する私であり、公案が差し向けられたあなたである。語の意味指示機能は、ここでも破壊され、爆発して、その崩壊したところに異形の存在そのものが立ち現われるのだ。

こう見てくると、何でも乱暴に言語の意味指示機能を奪取すればよいかのように見えるが、それほど単純ではない。やはり趙州の「至道無難《しどうぶなん》」の公案は『碧巌録』に四箇所にわたって提示され、言語意味作用と不立文字の沈黙とその間に露呈するものとの微妙な関係を懇切丁寧に説示している。例えば、第二則ではこう言う。

趙州が大衆に教えて言った、「至道無難、唯嫌揀択《ゆいけんけんじやく》と古人は言うが、そう言明したとたん、もう揀択となり、命題となる(纔《わず》かに語言有れば、是れ揀択、是れ明白)。俺はそんな命題を立てんぞ(老僧は明白裏《り》にあらず)。それなのに、君たちは後生大事に守る気か」。そこで、ある僧がきいた、「命題を立てぬからには、私たちは何を大事にすればいいのです」。趙州、「俺の知ったことか」。僧、「和尚が知らん以上、なんでまた、命題を立てぬなどと言うのです」。趙州、「質問はそれでよろしい。おじぎをして引き下がりなさい(24)」。

「至道無難、唯嫌揀択」は三祖の作と伝える『信心銘』の語であるが、それを趙州は「纔かに語言有れば、是れ揀択、是れ明白」とパラフレーズする。どんな僅かな言葉でも、言葉が発せられた瞬間、それは「揀択」であり「明白」になってしまう。「明白」とは、まさにサンボリクな領域の秩序を持ったあり方に他ならない。だが、このパラフレーズは、それ自体『信心銘』の語も、趙州自身の語も、「揀択」であり「明白」であると自己否定する爆弾である。ここまで言えば沈黙するしかなさそうである。実際、もし意味言語と沈黙の二元論に立つならば、ここには他に逃げ道がない。

だが、あらかじめ逃げ道を塞いだ上で、趙州はぬけぬけと「老僧は明白裏にあらず」とコメントする。これは自己矛盾も甚だしい。そして、自己矛盾を犯すことによって、趙州は意味言語と沈黙の二元論のその隙間に強引に身をねじり込む。こうなれば、もはやその後は蛇足に他ならず、「明白裏」にあらざる言表にとまどう僧に向かっての拖泥帯水《だでいたいすい》の老婆心に他ならない。二元論の論理をもって追おうとする僧は、最後に「事を問うことは即ち得たり、礼拝し了らば退け」とにべもなく追い払われる。

本節の最後に、道元の言語観に触れておきたい。道元の『正法眼蔵』については、近年七十五巻本と十二巻本の関係に議論が集中し、特に従来ほとんど無視されていた十二巻本の再評価はきわめて注目すべきものがある。(25) しかし、そのことを認めた上で、なお七十五巻本を軽視することはできないと考える。七十五巻本における道元は、基本的に中国禅の生まじめすぎる忠実な継承者であろうとする。十二巻本の再評価と並んで大きな意味をもつ真字『正法眼蔵』の発見は、(26) 道元の禅を只管打坐《しかんたざ》に見る伝統的な理解を覆し、道元をむしろ公案禅の流れに位置付ける道を開いたと言っても過言でない。

七十五巻本の言語の解りにくさはしばしば言われるところであるが、上述のような意味破壊的な公案の言語を、ぎりぎりのところで意味指示的な言語によってパラフレーズしようとするところにその理由が求められる。それは意味指示的な言語と、意味破壊的な言語のその隙間を意味指示的に埋めていこうとする途方もない作業であり、その過程において、しばしば意味指示的な言語を解体し、再構築してゆくことが不可避となる。その際、道元が意図的に用いたのは中国語と日本語の差による意味指示機能のずれである。中国語としての有意味的な語を日本語の中に持ち込むことによってその有意味性を剝奪するとともに、そこに従来の中国語でも日本語でも表現できない新たな意味が賦与される。仏性の巻で「悉有仏性《しつうぶっしょう》」を「悉有は仏性なり」と読み替えるのはその一例であるが、さらにその「有」に関してことばを尽くして説明する。

しるべし、いま仏性に悉有せらる、有《う》は、有無の有にあらず。悉有は仏語なり、仏舌なり。仏祖眼睛《がんぜい》なり、衲僧鼻孔《のうそうびくう》なり。悉有の言、さらに始有《しう》にあらず、本有《ほんぬ》にあらず、妙有《みょうう》等にあらず。いはんや縁有《えんう》・妄有《もうう》ならんや。心・境、性・相等にかゝはれず。しかあればすなはち、衆生悉有の依正《えしょう》、しかしながら業増上力《ごうぞうじょうりき》にあらず、妄縁起にあらず、法爾《ほうに》にあらず、神通修証《じんずうしゅしょう》にあらず。

[27]……

ここに言う「有」が無字の「無」と同じ次元のものであることは言を俟たないが、道元はそれに懸命に言を費やし、意味指示的に言い留めようとする。そのほとんど絶望的とも言える言語の営みは、意味指示的な言語から意味破壊的な言語への安易な跳躍を押し留めようという強力な意志の現われに他ならない。

道元はまた、意味指示的な言語とともに、沈黙をも再発見しようとする。沈黙もまた言語に他ならない。

しかあればすなはち、仏祖の道得底《どうとくてい》は、一生不離叢林なり。たとひ唖漢《あかん》なりとも、道得底あるべし、唖漢は道得なかるべしと学することなかれ。道得あるもの、かならずしも唖漢にあらざるにあらず。唖漢また道得あるなり。唖声きこゆべし、唖語きくべし。唖にあらずは、いかでか唖と相見せん、いかでか唖と相談せん。すでにこれ唖漢なり、作麼生《そもさん》相見、作麼生相談。かくのごとく参学して、唖漢を辦究《べんきゅう》すべし。[28]

ここでのポイントは「仏祖の道得底は、一生不離叢林なり」にある。言語も沈黙も「一生不離叢林」であってはじめて機能しうる。叢林における「修」を離れたとき、「道得」も不可能である。そしてその「道得」は、「他人にしたがひてうるにあらず、わがちからの能にあらず、たゞまさに仏祖の究辦あれば、仏祖の道得あるなり」と言われるように、(29)私の道得ではなく、仏祖の道得なのである。「修」において仏祖が「道得」しなければならない。道元はきわめて生まじめに、再び問題を叢林の場に引き戻そうとするのである。

四、文学へ

仏は常に在《いま》せども、現《うつつ》ならぬぞあはれなる、人の音せぬ暁《あかつき》に、仄《ほの》かに夢に見えたまふ

『梁塵秘抄』の中で、「遊びをせんとや生まれけむ、戯《たわぶ》れせんとや生《む》まれけん、遊ぶ子供の声聞けば、我が身さへこそ揺《ゆる》がるれ」と並んで有名な作品である。(30)数多い法文歌の中で、とりわけこの歌がすぐれているとされるのは何故であろうか。それは、教義を直接歌にしたものの多い中で、「現ならぬぞあはれなる」「仄かに夢に見えたまふ」という切実な思いが素直に表現されているからであろう。

もちろん、この歌は仏の存在を疑っているわけではない。「仏は常に在」す存在であり、単純に言ってしまえば、はかない現世と「常」なる仏の世界が対比された二元論、あるいは二世界論的な世界観が前提とされている。ところで、この歌の解釈には、特に「あはれ」をめぐって二つの見方がある。

すなわち、「しみじみと尊く思われる」という意か、「悲しいことと嘆かれる」という意かである。[31]だが、恐らく両者は別ではないであろう。「あはれ」はその重層性をこめた感嘆の言葉である。仏の世界は彼方にあり、現世から離れている。夢のみが現世と仏の世界をつなぐ僅かな細道である。だからこそ、仏は尊くもあり、また、そのような形でしか仏の世界を垣間見られない我々は悲しいことだ、と言うわけである。

ところで、「あはれ」と言えば、直ちに思い浮べられるのは宣長の「物のあはれ」論である。それ故、ここでいささか寄り道することにしよう。『源氏物語玉の小櫛』で、宣長は儒仏の道の立場から文学を読むことを厳しく戒める。

> 物語は、儒仏などの、したゝかなる道のやうに、まよひをはなれて、さとりに入べきのりにもあらず。又国をも家をも身をも、をさむべきをしへにもあらず。たゞよの中のものがたりなるがゆゑに、さるすぢの善悪の論は、しばらくさしおきて、さしもかゝはらず、たゞ物のあはれをしれるかたのよきを、とりたててよしとはしたる也。此こゝろばへを、物にたとへていはば、蓮をうゑてめでむとする人の、濁りてきたなくはあれども、泥水《ひじみず》をたくはふるがごとし。物語に不義なる恋を書《かけ》るも、そのにごれる泥《ひじ》を、めでてにはあらず、物のあはれの花をさかせん料《しろ》ぞかし。[32]

物語、あるいは広く文学において問題になるのは儒仏の道ではない。そこでは善悪は問題ではない。たとえ不義の恋であっても、「物のあはれ」を記すためであれば認められる。文学の評価は、善悪によるのではなく、「物のあはれ」を描けているかどうかによって決まる。

然らば物語にて、人の心しわざのよきあしきは、いかなるぞといふに、大かた物のあはれをしり、なさけ有て、よの中の人の情にかなへるを、よしとし、物のあはれをしらず、なさけなくて、よの人のこゝろにかなはざるを、わろしとはせり。

それでは「物のあはれ」とはどのようなことか。

物のあはれをしるといふ事、まづすべてあはれといふはもと、見るものきく物ふるゝ事に、心の感じて出る、歎息《なげき》の声にて、今の俗言《よのことば》にも、「あゝ」といひ、「はれ」といふ是也。たとへば月花を見て感じて、「あゝみごとな花ぢや」、「はれよい月かな」などいふ、あはれといふは、この「あゝ」と「はれ」との重なりたる物にて、漢文に「嗚呼」などあるもじを、「あゝ」とよむもこれ也。

あるいはまた言う。

さて人は、何事にまれ、感ずべき事にあたりて、感ずべきこゝろをしりて、感ずるを、もののあはれをしるとはいふを、かならず感ずべき事にふれても、心うごかず、感ずることなきを、物のあはれしらずといひ、心なき人とはいふ也。

余りに有名すぎるその論は、今さらほとんど問題にするまでもないであろう。文学の原点を感動に求めた宣長の論は、一方で『古今和歌集』仮名序の和歌論以来の伝統を踏まえつつ、他方ほとんど修正することなくして今日まで通用する普遍妥当性を持つ。文学は感動に始まり、その感動を読者が共有するところに成り立つ。私もその通りだと思う。では、それで終りなのか。もはやそれ以上問題にすることはないのか。例えば、宣長が『源氏物語』などに対する仏教の影響を余りに過小に見た点などしばしば指摘される。だが、それは必ずしも本質的な問題ではない。たとえ『源氏』が仏教の強い影響下に書かれたものだとしても、それを仏教の教学から解釈するよりは、宣長の「物のあはれ」論の方が遥かに味わい深いであろう。

確かにそうではある。だが、それにもかかわらず、完璧にも見える宣長の論になおいささかの不満がないわけではない。それは、「物のあはれ」が感動論の次元で閉ざされてしまい、存在論の次元への通路を持たない点である。感動は個人の心の問題であり、心理作用の問題である。だが、何故感動があるのか。宣長は的確にも、「うれしきことおもしろき事などには感ずること深からず。たゞかなしき事うきこと、恋しきことなど、すべて心に思ふにかなはぬすぢには、感ずることこよなく深き」ことを指摘している。しかし、何故「心に思ふにかなはぬすぢ」の方が「感ずることこよなく深き」ことになるのか、考えてみれば不思議ではないか。宣長はそこまで突っ込むことをしない。事実論、現象論として「物のあはれ」を記述するが、その由来、根拠へと及ばない。

思うに、喜びよりも悲歎の方に感動が大きいということは非常に重要なことではあるまいか。「心に思ふにかなはぬ」時、それは世界が居心地の悪さを露呈する時だ。秩序だった世界、サンボリクな世界、いままで確かと思っていた世界が、あっという間に亀裂を生じ、音を立てて崩壊する、それが悲歎である。あるいは、「物のあはれ」は必ずしもそのように急激な世界の変容ではないかもしれない。より持続的な不安、自己の存立の基盤の脆さ、はかなさの露呈、それを通じての思いもかけない異形の何ものかへの直面、それが「物のあはれ」ではないのか。ハイデガーにおいて、不安が存在への通路であったことが思い起こされる。喜びの興奮においても、世界は例えば薔薇色に変容する。だが、喜びの感情においては、誰もそれを不条理だとは思わない。秩序だった世界から疎外されてはじめて、それでは一体秩序とは何だったのかという疑いへと導かれる。「物のあはれ」論が存在論として深められなかったこと、それは宣長の後継者たちの怠慢だと責められてもしかたあるまい。

再び『梁塵秘抄』の歌に戻ろう。簡単ではあるが、以上のような「あはれ」についての見通しを持ってみるとき、ここの「あはれ」も仏の世界について何か重要なことを指し示しているのではないだろうか。夢が古代において、現世と神仏をつなぐ重要なはたらきをもつことは改めて言うまでもない。有名な例として、『更級日記』の天喜三年(一〇五五)の夢がしばしば取り上げられる。そこでは作者の夢に阿弥陀仏が示現する。そこで、「さすがにいみじくけおそろしければ」と言われていることは注目される。たとえ、「金色に光りかがやきたまひて」手を差し伸べた仏であっても、異世界の出現は何かそら恐ろしいことなのだ。

それにしても、仏の世界は当時の人々にとってそれほど確かなものであったのだろうか。こんなことを言うと、古代人の心を理解できない近代的な解釈だと叱られるかもしれない。だが、仏の世界を現世と同じ次元で存在すると見ていた、と言うのは余りに単純すぎる。(33) 少なくともそれは現世と異なる異形の世界であったはずだ。この点に関して示唆に富む見解を示したのは佐藤正英の西行論であった。佐藤は、西行が隠遁しながらどうして恋の歌を詠むことができたか、という問を掲げ、その背後に「彼岸の原郷世界への夢想」があったからだとする。原郷世界は直接的に歌われることはない。「入り日さす山のあなたは知らねども心をかねて送りおきつる」と歌われるように、それ自体は直接には知られない。桜や月や恋を歌うことは、まさにそれを間接的に歌うことであったという[34]。

佐藤はさらに、それを説明するのに『竹取物語』を例として取り上げる。佐藤自身、「いかにも唐突で、恣意的に見えよう[35]」というように、一見意外に見えるこの例は、しかし、見事に「原郷世界」への憧れを説明している。

　かぐや姫は、もはやもの思いに苦しめられることのない原郷世界の顕現であった。とすれば、かぐや姫に恋いこがれることは、恋のない世界、つまり恋のないことに恋いこがれることを意味してもいる。……かぐや姫への恋に心身を奪われること、つまり恋のない世界に恋いこがれて心を苦しめることは、生老病死の苦もなく、愛別離苦も、怨憎会苦《おんぞうえく》もない極楽浄土への憧れに全身を浸し尽して、俗世を捨棄し、苦行することに、奇妙に似ていないだろうか[36]。

こうして一見不思議に見える恋と仏の世界への憧憬が、実は同質的であることが的確に言い当てられる。何故王朝の文学が恋に強くこだわったかの秘密もここにあろう。宣長もまた、「人の情の感ずること、恋にまさるはなし」と言っている。恋もまた、確かに相手がある。だが、その相手が日常の秩序だった世界の中に収まらないとき、そして自らの心がどのような理屈も意志も超えて不可思議に動き出すとき、はじめて恋となる。日常の言葉で意志が伝わらないもどかしさ、サンボリクな安定秩序の崩壊の中で、手探りで不確かな相手に向かい、そして自己自身へと突き返される。まして、忍ぶ恋、不実な恋、失われた恋など、「心に思ふにかなはぬ」恋ならばなおさらだ。恋が成就してしまえば、再びそこに日常的な安定構造が戻ってくる。それがかなわぬときには、いつまでも不安定なままの自己を見つめなければならない。かぐや姫への恋は結局実現するすべのないものだ。とするならば、王朝人の夢想した「原郷世界」も、それ程確固とした実在だったと、当たり前のように言うことができるだろうか。

こうして「原郷世界」との出会い、あるいは恋は、その対象へと向かいつつ、しかし同時に屈折して自己の存在への問いかけとなる。我々は再び存在の不安定という主題に直面することになる。もちろん私は単純にここに「空」の精神が生きているなどと言うつもりもないし、むしろここでは仏教的世界そのものが危うくされている。だが、問題は仏教的であるか否かではなく、仏教的な世界をも含めて、危うげなく築かれたかに見えるサンボリクな構造が、僅かであっても揺らぎ、その隙間から垣間見られた存在の危うさ、不確かさが、どれだけ我々に投げかけられてくるかということであろう。仏教は仏教として確立することによって、仏教そのものが提起していた問題を見失う。自らを危うい場に置かずして、どうして存在の危うさを語ることができよう。狂言綺語は狂言綺語であるが故に、余計ものであるが故に、存在の「あはれ」を直截に感知する。

もの思へば沢の蛍もわが身よりあくがれ出づる魂かとぞ見る　　和泉式部

ここでは相手が誰かは問題ではない。見つめられる対象は、自らを離れてしまった相手になお理不尽にも止みがたく「あくがれ出づる」我が魂である。魂の「あくがれ」はもはや自らの意志を超えて、とどめようがない。そして、行き場を失い、熱く燃えつつ、自らへ回帰し、自らを焼きつくす。恋の相手は所詮この魂の「あくがれ」、日常性からの離脱を導く契機に過ぎない。現象学の見出したのが意識の本質的な志向性であったように、恋とは異性を志向することによって、自らの本質を露わにする。

玉の緒よ絶えなば絶えねながらへば忍ぶることの弱りもぞする　　式子内親王

さらに突きつめてここまで来れば、もの狂いの世界まであと一歩だ。「もの思へば」では、まだ「見る」自己が「あくがれ出づる魂」の外にいた。しかし、ここでは「忍ぶること」の中にすべてが投入されている。恋の相手は初めから問題でない。「忍ぶること」の自己目的化だ。現実なのかフィクションなのか、それさえも定かではない。というか、もはやこれは現実ではありえないところまで純化されている。恋の中になお通常入り込む日常的秩序がすべて捨象され、ほとんど抽象的と言ってよい極限まで追い込まれた自己がそこに全的に露呈される。それは禅の言葉と百八十度方向を異にしながら、しかもぎりぎりの限界まで表現の可能性を突きつめて、存在そのものを露呈させる点で何と似通ってくることか。

他者を媒介としながら自己へ向かい、かえって他者が空洞化されるという構造は、王朝時代の恋に限らない。はるか時代を超えて、不在の他者への呼び掛けは、ほとんど形而上学的な色合いを帯びて、大西民子の歌の中に響き合う。

かたはらにおく幻の椅子一つあくがれて待つ夜もなし今は　（『まぼろしの椅子』）

「あくがれ」そのものを封じ込めてしまった不毛の中で、もはや他者は初めから存在しない。もちろん、この歌を夫と別居した心の空虚さ、というふうに説明することはできる。だが、そのような事実的な説明がどれほどの意味を持つのか。「幻の椅子」によって象徴される不在の他者は、別れた夫という固有の存在性を剝奪されている。他者の世界が神仏の世界として、「原郷世界」として夢想された時代は去った。不在の他者のための「幻の椅子」だけがそこに取り残される。その椅子はいつまでも不在のままなのであろうか。それでもやはり椅子そのものはなくならないのだろうか。どうやら我々はここから他者論という新たな課題に向かわなければならないようだ。だが、それは本稿の課題を超え、そして今の私にはまだ解決のつかない問題だ(37)。

仏教と文学という課題から話は意外な方向に進んでしまった。確かに仏教と文学を語るのに、両者の親和性から話を進めることは有効であろう。仏教文学という領域はもちろん成り立つし、また、大乗経典のように、仏教が文学という形態を取らなければ成り立たない場合さえある。だが、その親和性を当然のように言う時、それが一種の馴れ合いでないと誰が確言できるだろうか。それ程両者の調和は自明的ではない。むしろ両者は表面の馴れ合いとは逆に、その底においてすれ違い、あるいは背き合う。だが、言語表現を媒介に、両者が正反対を向きつつ、正反対ゆえにかえって再び反対の一致(coincidentia oppositorum)のように重なり合い、開示する存在の不可思議な世界がある。そして、その扉は、それを開くことを躊躇させるほど、恐ろしく危険な魅力に満ちている。

(1) 三枝充悳『初期仏教の思想』(東洋哲学研究所、一九七八)、三三一九頁。
(2) 中村元『原始仏教の研究』上(『中村元選集』決定版一五、春秋社、一九九三)、四五九頁以下。
(3) 同、五七六頁。
(4) 三枝、前掲書、四六頁。
(5) 松本史朗は、非我説を原初形態とする説を批判し、時間的継起の縁起＝無我の立場こそ本来の仏教の立場であるとする。松本「仏教の批判的考察」(『アジアから考える』七、東京大学出版会、一九九四)。また、同氏の著書『縁起と空』(大蔵出版、一九八九)参照。
(6) 拙稿「アジアの中の日本仏教」(『日本の仏教』二、一九九五)(『仏教——言葉の思想史』、岩波書店、一九九六に再録)では、松本説を批判しつつ、無我説の意義を存在の不安定性の指摘という点に見出した。
(7) 三枝充悳『中論』上(第三文明社、レグルス文庫、一九八四)、一一六—一一七頁。書き下しは鳩摩羅什訳、現代語訳はサンスクリット本からのもの。
(8) 同、九六—九七頁。
(9) 同、九四—九五頁。

(10) 同、八二―八五頁。
(11) 梶山雄一・上山春平『空の論理』(角川書店、一九六九)。
(12) 立川武蔵『「空」の構造』(第三文明社、レグルス文庫、一九八六)参照。
(13) 松本史朗「空について」(前掲『縁起と空』所収)。
(14) 拙稿「〈即非の論理〉再考」(『禅文化研究所紀要』二〇、一九九四)(『仏教――言葉の思想史』に再録)参照。
(15) 袴谷憲昭『本覚思想批判』(大蔵出版、一九八九)など。
(16) 柳田聖山『初期禅宗史書の研究』(法蔵館、一九六七)、四七〇頁。
(17) 魏道儒『宋代禅宗文化』(中州古籍出版社、一九九三)参照。
(18) 拙稿「因果応報」(『岩波講座仏教と文学』二、一九九四)(『仏教――言葉の思想史』に再録)参照。
(19) 柳田聖山『禅と日本文化』(講談社学術文庫、一九八五)、二六一頁以下。
(20) 『五祖法演語録』下。柳田『禅と日本文化』二六六―二六七頁の訳に従う。
(21) ヴィトゲンシュタイン『論理哲学論考』坂井秀寿・藤本隆志訳(法政大学出版局、一九六八)、二〇〇頁。
(22) クリステヴァ『詩的言語の革命』原田邦夫訳(勁草書房、一九九一)。
(23) サルトル『嘔吐』白井浩司訳(人文書院、一九五一)。
(24) 入矢・梶谷・柳田『雪竇頌古』(筑摩書房、一九七一)、一五頁。
(25) 鏡島元隆・鈴木格禅編『十二巻本『正法眼蔵』の諸問題』(大蔵出版、一九九一)。
(26) 河村孝道『正法眼蔵の成立史的研究』(春秋社、一九八七)。道元と公案禅の関係については、S. Heine, *Dogen and the Koan Tradition*, New York, 1994.
(27) 水野弥穂子校注『正法眼蔵』一(岩波文庫、一九九〇)、七三―七四頁。

(28) 同、二、二八七頁。
(29) 同、二八二頁。
(30) 以下、文学作品の引用は、日本古典文学大系その他手許にあるものにより、特に注記しない。
(31) 日本古典文学大系本補注など参照。新日本古典文学大系では、「罪業意識を通したより深い救済への願い」と解するが、やや深読みの感がする。
(32) 『本居宣長全集』四。以下の引用は便宜上『近世文学論集』(日本古典文学大系九四)による。
(33) 西郷信綱『古代人と夢』(平凡社、一九七二)は、古代における夢の多義性を丁寧に分析している。
(34) 佐藤正英『隠遁の思想』(東京大学出版会、一九七七)、二三九―二四〇頁。
(35) 同、二四〇頁。
(36) 同、二四五頁。
(37) 最近日本文学における他者の問題に関して意欲的な論集が刊行された。鶴田欣也編『日本文学における〈他者〉』(新曜社、一九九四)。

(付記)　第三節については本書第二論文で、第四節については第三論文でより立ち入って論じた。

2　解体する言葉と世界——禅を読む

一、テキストとしての禅

私共でも、斯《こ》うして碧巌抔《など》を読みますが、自分の程度以上の所になると、丸《まる》で見当が付きません。それを好加減《いい》に揣摩《しま》する癖がつくと、それが坐る時の妨《さまたげ》になつて、自分以上の境界《きようがい》を予期して見たり、悟《さとり》を待ち受けて見たり、充分突込んで行くべき所に頓挫が出来ます。大変毒になりますから、御止《およ》しになつた方が可《よ》いでせう。（夏目漱石『門』）

思い余って禅寺に助けを求めた宗助に向って、宜道《ぎどう》という坊さんがいう科白である。ここで宜道さんが言っている「碧巌」、つまり『碧巌録』は、余りに有名な禅の古典である。それは、唐末頃から次第に蓄積されてきた公案、すなわち修行者の教育のために古人の言動を整理したものを、北宋の雪《せっ》竇重顕《ちょうじゅうけん》(九八〇—一〇五二)が百則に纏めるとともに頌《じゅ》(その境地を歌った詩)を付し、さらにそれに圜悟《えんご》克勤《こくごん》(一〇六三—一一三五)が垂示《すいじ》(序文)・著語《じゃくご》(短評)・評唱(注釈説明)を付けたものである。それは余りに高い完成度の故に、圜悟の弟子の大慧《だいえ》宗杲《そうこう》(一〇八九—一一六三)によって修行に有害として焼き捨てられるという運命を経ながら、なおかつ強靭な生命力をもって今日まで「宗門第一の書」

として、読み継がれてきている。しかし、そもそも大慧による扱いに象徴されるように、それは素晴らしい本なのだけれども、やたらに読んではいけないという鬼子のような甚だ不幸な扱いを受けてきた。そのことは宜道さんの科白によくうかがえるが、同じようなことは今でも禅寺でしばしば聞かされる。

確かに禅は実践すべきものであることを考えれば、書物にうつつを抜かすことは認められないであろう。公案は室内のことと言われ、師と弟子のぎりぎりのやり取りの中で古人の境地に自ら至ろうとするものであり、書物をもって理解される術のないものである。その点では密教の伝授ときわめてよく似ている。だが、その一方で禅が優れた多くのテキストを生み出してきたのも事実であり、公開されたテキストは、もはや密室の秘密ではなく、開かれたものとして読まれ、解釈されることを待っている。その点で他の古典と変るところはない。このことは公案禅の一つの極致とも言うべき『碧巌録』にもっともよく当てはまる。

『碧巌録』の学問的な解明、解釈は極めて遅れている。それは、俗語をふんだんに使った言葉の難解さということもあるが、何よりも禅寺に独占され、修行の妨げにならないように読まなければいけないものという制約が、自由な解釈や学問的な解明を阻んできたという点に目をつぶることはできない。無論、禅林における伝統に異を唱えるつもりはない。それはそれで尊重すべきものだ。しかし他方、そのことは開かれたテキストとして禅の古典が研究され、読まれる自由を妨げるものではない。禅は体験の宗教であるかもしれない。しかし、体験だけではない。禅のテキストをテキストとして読んでみよう。もしかしたらそこに思いがけないすごい発見があるかもしれない。

二、達磨は何を語ったか

1、まずは芝居を見てみよう

梁の武帝が達磨《だるま》大師に問うた、「聖諦《しょうたい》第一義(仏教の根本真理)とは何か」

達磨、「廓然無聖《かくねんむしょう》(からりとしていて「聖」などというものは何もない)」

武帝、「朕に対する者は誰か」

達磨、「不識(識らない)」

帝には解らなかった。達磨はそこで揚子江を渡って(北の)魏《ぎ》に行ってしまった。

帝は後にこの話をして志公に問うた。

志公、「陛下はこの人を識っていますか」

帝、「不識」

志公、「これは観音菩薩が仏の根本精神を伝えたのです」

帝は後悔して、使いを遣わして達磨を招こうとした。

志公、「陛下、使いを遣わしてお迎えしようなどというのは言わずもがな、国中の人が行っても、彼は戻りませんよ」


(『碧巌録』第一則本則)

禅は達磨が開祖ということになっている。もともと中央アジア経由で中国に至り、仏教の隆盛に感嘆したというひとりの僧が、唐代を通じて次第に成長し、神話化され、巨大な祖師に変貌する様は、それ自体がひとつのドラマである。その聖人伝説《ハギオグラフィー》の中で、ひとつの大きな山場が武帝との問答に他ならない。それが『碧巌録』の第一則に採られたのは理由のないことではない。祖師禅の開祖とされる達磨という人物が出るだけならば武帝との問答でなくてもよいはずだが、何と言っても巻頭には俗権の頂点に立つ皇帝の登場がふさわしい。それも達磨にコケにされる道化役として。

ここには俗権との危うい持ちつ持たれつの関係が露呈される。宋代の禅はほぼ完全に俗権の支配下に立つ。だが、俗権に唯々諾々たる敗者の様を曝すことは禅者のよくするところではない。少なくとも俗権の上に立つポーズは欲しい。あるいは、よく言えば理念としてはそうありたい。逆に、俗権の側も単なるイエスマンでなく、気概ある反骨の禅者を従えてこそ皇帝の威厳が発揮される。少なくとも武帝ほどの間抜けではないことが証明される。かくて、皇帝がしてやられつつ、しかも皇帝と禅者のほどよい関係を暗示するこの問答が巻頭に置かれることになる。

達磨と武帝の問答そのものはそれほど難解ではない。梁の武帝と言えば、六朝仏教の黄金時代を築いた人物で、多数の寺院を建立し、散々そのために浪費して国家の危機を招いた。圜悟の評唱によれば、「武帝はかつて袈裟を披《き》て、自ら『放光般若経』を講じた。感応して天から花が乱れ散り、地は黄金と変じた。仏道を実践し仏を信奉して、天下に命令して、寺を起て僧を出家させ、経に依って修行させた。人々は仏心天子と呼んだ」ということになる。「聖諦第一義とは何か」という武帝の問は、いかにも教学を生齧りした武帝が新来のインド僧に向けて発するのにふさわしい。ちなみに、これも評唱にある通り、武帝は周囲の僧俗に命じて真俗二諦について議論させている。

「廓然無聖」という達磨の答は、「聖諦第一義」という武帝の問を正面から吹き飛ばして、聖とか俗とかいう分別を頭から叩き切ったもの。国の財産を散々使ってきんきらきんの寺を建て、得々と「仏教の真理とは」などと論ずる武帝をまるでコケにしている。それはそれで見事だが、どうもいかにもクサすぎる。もちろん、それはこの公案が「禅とはこういうものだ」という代表のようにしばしば取り上げられ、手垢にまみれてしまったせいもあるが、いささかお手本通りの真正直の答という感じがする。相手が皇帝であるから、正面から大上段に振りかぶったというところか。

続く問答は、ド肝を抜かれた武帝が「そう言うお前さんはいったい誰なのか」と尋ねたのに対して、「不識(識らぬ)」と取り付く島もない。圜悟の著語に「またやっても半文の値打ちもないぞ」とある通り、「廓然無聖」と同工異曲である。「達磨」とか「武帝」とか「何某」とかいう言葉の区別を飛び越えてみよ、と言うのである。

こうして両者の問答はすれ違いに終って達磨は北に去ることになる。それにしても、この両者の問答、いかにも芝居がかっているではないか。皇帝はいかにも皇帝らしく、禅坊主はいかにも禅坊主らしく、一場の猿芝居、いや失礼、歌舞伎か京劇の舞台を見るようなものだ。『忠臣蔵』大序ではないが、第一則だから目いっぱい役者を揃えて見得を切り、「禅とはこういうものだ」とお披露目しているのである。

以上がいわば第一場で、続いて狂言回しとして志公(宝志・宝誌)が登場する。志公は奇行をもって知られるトリックスター的な僧で、ここでは達磨・武帝に対していささか軽めの追従屋の役割を与えられている。ここでの眼目は武帝の「不識」である。志公に「この人を識っていますか」と尋ねられて、思わず口にした「不識」が、何と達磨の悟りすましたような文句と同じだった、というのである。これはいかようにも解釈できる。少し重く取れば、たとえ我々は自覚していなくても、実はすでに「不識」という真理の次元に立っているということを言っているのだ、とも解される。しかし、より軽く取れば、圜悟の著語に、「おや、武帝の方が達磨の公案をぴたりと承けとめたぞ」とあるように、武帝を揶揄した感じで捉えられるし、また、もっと言ってしまえば、達磨も偉そうなことを言っているが、何だ武帝と変わらないじゃないか、と達磨に対する揶揄とさえ読むことができる。志公はいかにも大袈裟な言辞を連ねて武帝を脅す。しかし、これもまたいかにも演技クサい。文字どおり生まじめに取るよりも、達磨と武帝の問答を、もう一人道化役を登場させてフォローしたものと見るべきであろう。

このように読んでみると、この第一則は難解でもないし、筋の通らない議論でも、あるいは無味乾燥な抽象論でもないことが解る。そうではなく、よくできた芝居の一幕であり、大向こうの受けを狙って、これ見よがしの登場人物がいかにもぴたりと決まったセリフを応酬するのである。「成田屋」の掛け声の一つも掛けたくなる。実際、圜悟の著語は掛け声であり、また茶化した野次でもある。だから、『碧巌録』の本則を読むときは、まず余り真剣になりすぎない方がよい。できるだけ軽い乗りで突き放して読んだ方がよい。その方が公案の中に体現された禅の自由な遊びの精神が生きてくる。

2、それは私の問題だ

だがしかし、その軽さで終わらないところが公案の恐ろしさだ。他人事と思って読んでいたのが、実はそのまま自分に降りかかってくる。そうであってはじめてそれは文芸ではなく、宗教の言説となるのだ。それを指摘するのが雪竇《せっちょう》の役目だ。雪竇の頌に言う。

聖諦廓然《しょうたいかくねん》、何当《いつのひ》にか的《てき》を弁ぜん／「朕に対する者は誰ぞ」、還《ま》た云う「不識」と／茲《これ》に因り暗《ひそか》に江を渡る／豈に荆棘《いばら》を生ずることを免れんや／闔国《くにじゅう》の人追うも再来せず／千古万古空しく相憶う／相憶うことを休《や》めよ／清風地に匝《あまね》く何の極まることか有る
師左右を顧視《みまわ》して云く、「這裏《ここ》に還《は》た祖師有りや（ここに祖師〔達磨〕はいるか）」
自ら云く、「有り。喚び来たりて老僧《われ》の与《ため》に脚を洗わしめん（いるぞ。呼んできてわしの足を洗わせよう）」

詩であるから、だらだらと現代語訳することは避けるが、「千古万古空しく相憶う」までは本則の内容をそのまま要約したもの。そこから転じて、「相憶うことを休めよ／清風地に匝く何の極まることか有る（達磨を慕うことなどやめよ。清風は遍く吹き渡って果てしがない）」とするところに眼目がある。遠くへ行ってしまった達磨など問題ではない。清らかな風はここに吹いているではないか。これは達磨と武帝の話ではない。いま私の立っているここが問題だ。観客のつもりで芝居を見ていたの

が、実は私自身が舞台に引き上げられていたのだ。

そのことは、偈《げ》を終えてさらに老婆心切《ろうばしんせつ》の自問自答で一層正面から問い詰められる。祖師（達磨）の話は過去のことではない。問われているのは〈あなた〉なのだ。さあ、達磨はどこにいる？　達磨は他でもない、〈私〉あるいは〈あなた〉なのだ。いや、そんな祖師など、ワシの足でも洗わせるのが適当なところ。祖師を超えなければだめだ。

こうして公案はその二重性を露わにする。それは作られた一つの劇であるとともに、直截に〈私〉あるいは〈あなた〉が問われる言説でもある。そこに出る登場人物は〈私〉であり〈あなた〉である。あなたは観客ではない。あなたが主役だ。突如主役の座に押し上げられてあなたはとまどう。見れば舞台は彼方にあるのではない。今あなたのいるところ、そこが舞台だ。ここがロードスだ、ここで跳べ！

3、「無」の呪縛

思わぬ展開に慌てふためくあなたに、今度は圜悟がさらに深く斬り込む。圜悟の著語や評唱は、時に本則そのものを解体して、とんでもない深みにあなたを引きずり込む。圜悟の評唱を一々引くことは略すが、圜悟はこの公案の眼目を「廓然無聖」の一句に集約させる。圜悟は、「ただこの廓然無聖をもし完璧に理解できれば、家に帰って、さあのんびり」云々という師の五祖法演の語を引く。この「廓然無聖」さえ解ればいいと言うのだ。そうすれば、「一句を突き抜ければ、千句万句もぱっと突き抜ける」、つまり、どんな公案でも解らないものはなくなる。だが、今の修行者たちは「おおいに錯《あやま》り理解して」、目をむいて「廓然無聖」と言うだけだ。さあ、達磨の「廓然無聖」と今の修行者の「廓然無聖」とどこが違うのか。

こうなれば、「廓然無聖」は我々が最初に考えたように、問答の文脈の中で「からりとしていて「聖」などというものは何もない」という〈意味〉を担った言語ではなくなる。その文脈の中から取り出され、〈意味〉を剝奪されて、むき出しのまま放り出される。圜悟がしばしば使う比喩を使えば、「無孔の鉄鎚」（柄を取り付ける孔のないハンマー）であり、無用の長物がただそこにごろりと横たわるだけだ。〈意味〉を失った言葉は、あたかもブラック・ホールが自らの質量によって自らを崩壊させていくように、言葉が言葉そのものを解体してゆく。だからと言って、言葉が解体された先に、言葉で言い表せない〈真理〉があるわけではない。それならば再び〈言葉で言い表されるもの〉と〈言葉で言い表されないもの〉の二元論に陥ってしまう。その二元論が解体するのだ。「廓然無聖」は何かある事態を指示するのでなく、「廓然無聖」自体が解体の現場であり、〈私〉はもはや逃れようもなく、その解体に巻き込まれているのだ。

いまや「廓然無聖」は「廓然無聖」そのものであって「廓然として聖なし」ではなく、「不識」は「不識」そのものであって「識なし」ではない。『碧巌録』には採られていないが、有名な公案に趙《じょう》州無字《しゅうむじ》の公案というのがある。「狗子《いぬ》に仏性ありや」という問に趙州が「無」と答える。この「無」もまたもともと意味を担った言葉であったのが、ちょうど五祖から圜悟を経て大慧に至る系列で、公案中の公案として確立され、その過程で、文脈から切り離され、「無」が独り歩きしはじめる。無字の「無」も、「無聖」の「無」も、「不識」の「不」も、いまや単純な否定詞ではない。もちろん、「有」と「無」を超えた絶対的な「無」などというわけのわからない代物でもない。もしあえて言うとすれば、〈意味〉が崩壊し、解体してゆくはたらきそのものであり、エネルギーである。「無」の呪縛の中に落ち込み、べたべたどろどろに「無」の鳥黐に絡められるところから、『碧巌録』の世界は始まるのだ。

三、言い得ぬことを言う

1、不立文字というレトリック

「大滝君」

「はいっ」

「言葉のない世界って想像してみたことある」

「――いえ」

「わたし、このプリントまとめてて、それを考えたの。自分に言葉がなかったら、どうだろうなって。たとえばね、《ドアを開けよう》と思うにしても、《ドア》という言葉も《開けよう》という言葉もないのよ。うー、とこう来て、こう入る。《大滝君》といおうとしても、そういう言葉はないの。勿論、《あの人》もない。ね、そうやって生活するのって難しいでしょう」

「はああ。――《腹減った》と思うにしても《腹》も《減った》もないんだ」

「そう。ただ、うー、という現実の空腹感があるだけね」


（北村薫『スキップ』）


「とにかくさ。そう考えてみると、言葉って大変な発明だと思わない？」

「へえ？」

「だってさ、我々の御先祖様は、最初は細胞みたいなものでしょ。お猿さんぐらいになったって、やっぱり、うー、と、きー、ぐらいじゃない」

「ああ、なるほど」

「誰かいたのよ。最初に言葉使ったのがね。足かなんか、木にぶつけて、ウェー、イェー、……イテーとか何とか」


（同）

言葉のない世界――それを想像するのは難しい。しかし、確かに言葉のない世界から次第に言葉が形成されてきたことは間違いない。それは本当に不思議なことだ。だが、一旦言葉の網に捉われてしまうとき、今度はそこから抜け出すことの何と困難なことか。それは我々をがんじがらめにする。そこで、宗教家はしばしば言う。言葉を超越しなければいけない、悟りは言葉を超越している、と。それはすごく魅力的な誘惑だ。だが、言葉を超越するとはどういうことなのか。例えば、プディングの味は食べてみなければ解らない、と言う。それはその通りだ。失恋の苦しみと恋人を得た喜びは、それを体験したことのない人には解るまい。あるいはまた、言葉を介しない純粋経験というものがあるとも言う。ピアニストが意識せずに鍵盤に指を躍らせるとき、あるいはホームランバッターが好球に自然にバットが動くとき、そこに言葉は不要だ、と。

確かにその次元で言う限り、当っている。しかし、その場合の体験はあくまである枠の中、ある秩序の中の問題だ。バッターは野球のルールの中で動いている。そして、そのルールは言語で述べられている。言語の枠は容易には超えられない。もし失恋の苦痛がその枠を逸脱するとき、そこには死か狂気が待っているだけだ。そうとすれば、その枠を無制限に逸脱した悟りという言語外の体験世界を考えることができるのか。その問の設定そのものが言語の次元でなされているではないか。それは先にも触れた〈言葉で言い表されるもの〉と〈言葉で言い表されないもの〉の二元論であり、その二元論自体が言語の枠の中で成り立っているのである。「宗教体験」を余りにやすやすと言う人のいかがわしさはここにある。それほど容易に達せられ、語りうる「体験」は、所詮その枠から一歩も出ていない。

そこで、禅の場合はどうだろうか。禅は不立文字《ふりゅうもんじ》を言う。それ故、しばしば禅は言語否定の体験主義と考えられる。だが、そうだろうか。よく言われるように、禅宗ほど饒舌を尽くした語録が残されている宗派は他にない。その多くはなま悟りの反故だとしても、およそ不立文字はふさわしくない。むしろ不立文字はレトリックであり、それは言葉の洪水の世界だ。何故それほどまでに言葉に執着するのか。それは我々がそれだけ深く言葉の世界にはまり込んでおり、言葉を抜きには何も始まらないからだ。インドの仏教ならば、ある次元までは徹底して論理的な言語で押しつめてゆき、さあここまで、と突き放す。公案言語は、そうではなく、徹頭徹尾言語に付き合おうとする。だが、そのとき言語は日常的な論理性、つまり我々の生活空間を作っている枠を逸脱し、異形の相を現出する。そこはもはや我々が安心して身を任せている日常的な意味言語の世界ではなく、それが崩壊し、解体していく場に突き落とされるのだ。それを言語外の何か(例えば悟り)を持ち込むのではなく、どこまでも言語自体の自己運動として見極めようというのが公案の言語なのだ。

2、言語が生成される微妙なところ

趙州《じょうしゅう》が修行者たちに教えた、「最高の道は難しいことはない。ただ取捨選択を嫌うのみ。ちょっとでも言語に関われば、もう取捨選択になり、明々白々の境地になってしまう。わしは明々白々のところにはおらんぞ。お前たちは何を後生大事にしているのか。(至《し》道《どう》無《ぶ》難《なん》、唯《ゆい》嫌《けん》揀《けん》択《じゃく》。纔《わず》かに語言有れば、是れ揀択、是れ明白。老僧は明白裏《り》に在らず。是れ汝還《は》た護惜《ごしゃく》するや)」

ある僧が問うた、「明々白々のところにいない以上、何か後生大事にするものがありましょうか」

趙州、「わしも知らない」

僧、「和尚がご存じないのに、どうして明々白々のところにいないと言うのですか」

趙州、「質問はよろしい。礼拝して退け」　(第二則)

「至道無難、唯嫌揀択」は三祖僧璨《そうさん》の作と伝える『信心銘《しんじんめい》』の冒頭の言葉。「揀択」は言語的な判断を立て、それに基づいて取捨選択がなされることを言う。それ故、ちょっとでも言語に関われば、もうそれは「揀択」になってしまう。もとの『信心銘』の文では、「至道無難、唯嫌揀択」の後、「但だ憎愛莫《な》ければ、洞然として明白」と続いている。「明白」は「揀択」や「憎愛」を離れた理想の状態を言うのであるが、趙州は「明白」も「揀択」と並べて否定的に扱っている。「明白」は言語を介しない悟りの直接体験とも言うべきものであるが、余りに明々白々のその悟り臭さもここでは取捨分別とともに否定されている。

それに対して威勢のいい一人の僧が、「明白のところにいない以上、何か後生大事にするものがありましょうか」と斬り込んだ。明白を否定すれば、それを対象とする護惜ということ自体成り立たず、そんなことは問題にもできないはずではないか、ということ。それに対して、趙州の「わしも知らない(我不知)」は、いかにもとぼけた無責任な答であるが、第一則の「不識」と同様、それによって問そのものを吹き飛ばす破壊力を持つ。僧の再度の問も鋭いが、余りに真正直すぎ、もうそれまでと追い返される。

この問答のポイントは、「纔かに語言有れば、是れ揀択、是れ明白」と言いながら、趙州がぬけぬけと「老僧は明白裏に在らず」と「語言」をもって言い表したところにある。この自己撞着により矛盾律に基づく言語の論理構造が破壊され、一気に言語が流動化する。「我不知」もその延長にすぎない。言語で捉えられないはずの自らの境位を言語で表明した途端、それは犯すべからざるタブーの侵犯であり、ルールそのものの崩壊である。二流どころがそれをやったなら、笑止千万の猿芝居か、さもなければ自爆して果てるだけだ。僧の追求は正当でありながら、言語の秩序をはみ出すことができない。

そもそも「纔かに語言有れば、是れ揀択、是れ明白」ということ自体が「語言」であり、微妙な言い回しだ。ここで「纔か」とあるのは注目に値する。それは言語の生成の過程、すなわち、分節化されない「うー」とか「ぎー」とか、あるいはそこから「イテー」が出てくるその微妙な経緯を言うのに他ならない。言語が生成され、あるいは崩壊するところ、そこでは確かにあるはずの秩序が危機に曝され、その不安定性を露わにする。その微妙な秩序の隙間に楔《くさび》をいれてぐっとえぐりながら、その傷口に平然と居座ったのが「老僧は明白裏に在らず」なのだ。

この本則に対する雪竇の頌も見事である。詩であるから、書き下しの形でリズムを味わうことにする。

至道無難、言端語《げんたんご》端《たん》／一に多種あり／二に両般なし／天際に日上り月下り／檻前に山深く水寒し／髑髏識尽きて喜何ぞ立たん／枯木竜吟して銷《き》ゆるも未だ乾かず／難、難／揀択と明白と、君自ら看よ

ここでは「至道無難」に「言端語端」(言葉のはしばし)と言い添える。「唯嫌揀択」と全く逆方向である。言語は日常的な秩序で安定し、自足し、完結しているように見えながら、実はその一言一言が秩序を逸脱し、自己否定という爆弾をその中に抱え込んでいるのだ。髑髏・枯木の二句は香厳智閑《きょうげんちかん》の語に基づき、その具体的な話は評唱に見える。要するに、髑髏の目の玉や枯木の唸りのように、完全に干からび果てたところになお残るはたらきであり、何もないところにある何か、すなわち、「纔か」の領域だ。その「纔か」に眼を凝らすことによって、「唯嫌揀択」と「言端語端」の二極が融解し、

そこに「至道」が露わとなるのだ。

「至道無難、唯嫌揀択」はまた、第五十七、五十八、五十九則でも扱われ、いずれも趙州が主人公である。趙州は棒や喝ではなく、言語をもって指導したと言われ、「至道無難、唯嫌揀択」は趙州にとってもっとも原則に関わる問題であったと知られる。第五十八則で僧が「至道無難、唯嫌揀択。これはいまどきの修行者が居坐る洞窟のようなものですか」と問うているように、それは余りに手垢にまみれ過ぎたところもあったようだ。しかし、それに対して趙州が「かつて人に問われたが、五年かかっても説明しきれなかった」と言うように、この問題は汲めど尽くせぬ深みを持っていた。第五十七則では、「至道無難、唯嫌揀択。では、不嫌揀とは何か」という問に、「天上天下、唯我独尊」と答え、「これもまだ嫌揀ではないか」という僧の追求に「野暮天、どこが嫌揀か」とにべもない。

3、道元は極めてまっとうだ

言葉に関する公案、言い得ぬことを言わそうとする公案は少なくない。例えば、第七十、七十一、七十二則は「咽喉《のど》と唇吻《くち》を併却《ふさ》いで作麼生《いかに》か道《い》わん」という百丈の問に対する潙山《いさん》・五峰・雲巌の答を並べている。「咽喉と唇吻を併却いで」ものを言うということは、これもまたものを言えない状態にして言わそうということであり、まさに「うー」か「ぎー」の世界である。あるいは、第八十四則では維摩《ゆいま》の一黙を取り上げる。これはよく知られているように、菩薩たちがそれぞれ不二法門をさまざまな言葉で説いたのに対して、文殊菩薩から問われた維摩が沈黙をもって答えたという『維摩経』

に出る話である。第八十四則ではこの話を取り上げて、雪竇《せっちょう》は「維摩は什麼《なん》と道《い》いしぞ」とあくまでそれを「道う」ことを求める。沈黙もあくまで語られなければならないのだ。何と無茶苦茶ではないか。

　言い得ぬことを無理矢理言わせ、言葉の秩序を破壊すること――その非合理な言語を宋朝の禅者たちが「無理会話《むりえわ》」と呼んでいたことを道元は伝えている。

> いま現在大宋国に、杜撰《とせん》のやから一類あり、……かれらいはく、「いまの東山水上行話《とうざんすいじょうこうわ》、および南泉の鎌子話《れんすわ》ごときは、無理会話なり。その意旨は、もろ〳〵の念慮にかゝはれる語話は、仏祖の禅話にあらず。無理会話、これ仏祖の語話なり。……」　（『正法眼蔵』山水経）

　道元はこのような「無理会話」という理解を口を極めて罵倒する。「東山水上行」（東山が水上を行く）という雲門の公案を無理会話とみる解釈に道元は反対し、あくまで「念慮の語句」であることを主張する。「念慮の語句」とは、合理的に思惟される言語、すなわち秩序体系を持った言語だと考えられる。この点で道元はきわめてまっとうな言語観に立つと言うことができる。ここで注意すべきは、道元は「東山水上行」という公案自体を否定しているわけではないという点である。むしろこの公案を「仏祖の骨髄」と見ている。

　だが、どうして「東山が水上を行く」のが「念慮の語句」でありうるのか。道元は単純に意味的言語の秩序の世界に戻ることを主張しているわけではない。道元は「語句の念慮を透脱すること」を求めるのである。つまり、言葉を一気に解体させるのではなく、むしろ言語の意味を徹底的に押しつめることによって、その根源に至ろうとするのである。例えば、そこで言う「水」とは何か。

水は強弱にあらず、湿乾にあらず、動静にあらず、冷煖にあらず、有無にあらず、迷悟にあらざるなり。……しばらく十方の水を十方にして著眼看《ちゃくげんかん》すべき時節を参学すべし。人天の水をみるときのみの参学にあらず、水の水をみる参学あり、水の水を修証するゆへに。水の水を道著《どうちゃく》する参究あり、自己の自己に相逢《そうふ》する通路を現成《げんじょう》せしむべし。他己の他己を参徹する活路を進退すべし、跳出《ちょうしゅつ》すべし。

「水」を「水」として徹底的に究明するとき、常識レヴェルの「水」は超えられる。「無理会話」と逆の方向に、あくまで有意味的な言語にこだわることによって、それが突き抜けられ、日常言語の秩序が超えられるのである。まっとうでありすぎることによって、道元もまた逸脱してゆく。

四、世界の解体と〈私〉の跳躍

1、剝き出しの異形のもの

僧、洞山に問う、「仏とは何ですか」
洞山云く、「麻《ま》三斤《さんぎん》」　（第十二則）

「麻三斤」は長いこと謎とされていたが、入矢義高によって、種々の資料を引いてほぼ解明された。それによると、「麻三斤」とは、「麻の僧衣一着分を作ることのできる材料の単位」だという（『自己と超越』、九二頁)。それ故、この答はこう解される。

一着分の衣のできる材料はちゃんと揃っている。それは仏のために用意してあるのだ。さあ、それを衣に仕立てて仏に着せてやれるのは誰か。もしそれができたら、その人は「仏と同参」なのだ。

(同、九三頁)

このように解する限り、この「麻三斤」は通常の言語秩序の中で十分に有意味的である。雪竇においてはなお、この「麻三斤」を麻衣と見る解釈が生きていたようだ(入矢他『雪竇頌古』、四五頁注)。しかし、圜悟の頃にはすでにその意味は解らなくなり、何故洞山がこのように答えたかをめぐって、さまざまな議論がなされていたことが、その評唱から知られる。原義が解らなくなることによって、「麻三斤」はいわばそのまままるごとぽんと投げ出される。それに対して、しばしば「目の前にある麻三斤がそのまま仏だ」と言うような俗流解釈がなされるが、そのような平板なものでないことは明らかだ。圜悟もその評唱で、「ただこの麻三斤がそのまま仏」という解釈を否定している。「麻三斤」は「麻三斤」であり、それ以外の何ものでもない。それがそこにあるのだ。麻三斤はあたかもオブジェのように意味連関を失ってそこに投げ出される。それは多分このように言ってもよいであろう。

存在はふいにヴェールを剝がれた。それは、抽象的範疇に属する無害な様体を失った。それは、事物の捏粉そのものであって、この樹の根は存在の中で練られていた。というか、あるいはむしろ、根も、公園の柵も、ベンチも、貧弱な芝生の芝草も、すべてが消え失せた。事物の多様性、その個性は単なる仮象、単なる漆にすぎなかった。その漆が溶けた。そして怪物染みた軟い無秩序の塊りが――怖ろしい淫猥な裸形の塊りだけが残った。

（サルトル『嘔吐』、白井浩司訳）

ここで忘れてはならないことは、公案においてはあくまで「麻三斤」という言葉が問題であり、それによって指示された対象としての「麻三斤」が問題ではないということだ。言葉はすでに対象を指示しない。しかし、そう言ったからといって、空虚な言葉だけがあるというわけでもない。そうではなく、〈指示する言葉〉と〈指示されるもの〉という関係そのものがここでは破壊され、融解して、不定形のものとなっている。「麻三斤」という言葉は、言葉そのままに異形の〈もの〉であり、意味の体系が崩壊した中に、ただ「麻三斤」だけが剝き出しのままに投げ出されている。

そして、その「麻三斤」はまた〈仏〉でもあり、〈私〉でもある。「仏が麻三斤だ」ということは、「日常的なものが至高の価値を持っている」などという生易しいものでない。〈仏〉もまた異形のものとしてここに転がっているのだ。そして、それはまた他ならぬ〈私〉なのだ。外の対象かと思っていた「麻三斤」は実はこの〈私〉そのものであり、〈私〉そのものが規格をはみ出し、意味を失った異形の余計者であったのだ。

僧が雲門に問うた、「樹が枯れて葉が落ちた時はどうですか」

雲門云く、「体露金風（秋風まるだし）」

（第二十七則）

「体露」はまるごとそのままの意。「金風」は秋風。典拠は『涅槃経』で、沙羅双樹が枯れ朽ち、樹皮も枝葉も落ちて真実のみが残ったという。『寒山詩』にはこう歌われる。

樹あり林に先だって生ず／年を計るに一倍を逾《こ》えたり／根は陵谷《りょうこく》の変に遭い／葉は風霜に改めら

る／咸《み》な外の凋零《ちょうれい》せるを笑い／内の文彩を憐れまず／皮膚　脱落し尽くして／唯だ真実のみ在るあり

（入矢義高訳）

『寒山詩』では「外の凋零」に対して「内の文彩」を言い、内なる真実の充実を言う。しかし、ここではそのような「真実」も解体してしまう。何一つ隠れなく、すべては剝き出しに露呈され、秋風に解体して行く。ここではもちろん主題は〈私〉の主体そのもののあり方だ。余計な装飾をすべてとことん解体しきった主体がいかにありうるか。それこそが『碧巌録』が、そして公案禅が徹頭徹尾突き止めようとするところに他ならない。

2、死との戯れ

馬大師が病気になった。

院主（寺の事務長）が問うた、「和尚、ごきげんいかがですか」

大師云く、「日面仏、月面仏」

（第三則）

これはどうやら馬祖の臨終間近の時のことらしい。この「日面仏、月面仏」も圜悟の頃には解らなくなっていたらしく、評唱で当時の解釈を挙げた上、難解としている。雪竇の頌もどうも十分にその意味は解っていないようだ。しかし、『仏名経』に、日面仏は寿命千八百歳、月面仏は一日一夜とあるところから、寿命の長短に捉われない、生死を達観した境地と、一応は解されよう。ここでは圜悟のように、「日面仏、月面仏」の意味も解らずにそれで押し通すよりも、一応意味、それからこの語が語られた状況を前提として理解した方がよい。しかし、その上で一旦成り立った言葉の意味が再び解体してゆくのだ。生死達観というような俗な理解では、所詮表面をなでるだけにしかすぎない。

こうして「日面仏」「月面仏」も、そのような意味を内包しながら、剝き出しでヌッと顔を出してくる。「日面仏」「月面仏」は別の言い方をすれば死神だ。寿命の長いも短いも関係ない。黒いマントを被り、鎌を持ち、骸骨の顔をちらつかせ、すべての人を連れ去る死神だ。死そのものだ。院主の問は、圜悟が「仁義道中」(世俗のしきたり通り)と著語する通り、いかにも型にはまったどうしようもない挨拶だが、それを逆手にとって、馬祖はそこに死神を現出して見せる。死の超越とか、達観とか、ましてや永遠の生などというしろものではない。剝き出しの裸の死神と一緒に死の舞踏を踊るのだ。そして地獄の底を踏み破るのだ。そのすさまじさが解ったとき、馬祖に一歩近付いたことになる。

僧が洞山《とうざん》に問うた、「寒暑がやってきたら、どう避けたらよいのでしょう」

洞山、「寒暑のないところに行けばよいではないか」

僧、「寒暑のないところとはどういうところですか」

洞山、「寒い時はとことん寒く、暑い時はとことん暑くなれ(寒時は闍黎《じやり》を寒殺し、熱時は闍黎を熱殺す)」　(第四十三則)

洞山の答は今日多少手垢にまみれた感がしないでもないが、本当に「寒殺」「熱殺」することは、なまなかではできない。

僧が大隋に問うた、「劫火《ごうか》が燃え盛り、大千世界がすっかり崩壊する。這箇《しやこ》は壊れるか、壊れないか」
隋云く、「壊れる」
僧云く、「そうならばそれについて行きます」
隋云く、「それについて行け」（第二十九則）

「這箇」はもともと「これ」の意の代名詞。そこから、代名詞でしか表明できない「このもの」、すなわち、言語化が成り立つぎりぎりのところで提示される何ものかである。それを便宜上主体そのものとか、根本真理とか説明する。圜悟の評唱では、「衆生の本性」という解釈を示しているが、もちろんそれは便宜上の説明であり、圜悟の言葉によれば、「情解《じょうげ》」（分別による理解）によるものでしかない。その説明が成り立たないところが「這箇」である。「劫火」はこの大千世界の終末にすべてを燃やし尽くす大火災のこと。だが、もちろんそれは遠い未来にいつか来る世界滅亡の日を言うのではない。いまここで私の足元で劫火は燃え盛っているのだ。その劫火の中で、私の存在を支える根源の「這箇」もまた燃え尽くす。すべてが虚無の穴へ転がり落ちるとき、さあ、あなたはどうする。

僧の答は「そうならば、それ（這箇）について行きます」というもので、「這箇」もろともに劫火に飛び込もうという威勢のいいものだが、どうやら大隋の「壊れる」の恐ろしさを本当に解っていなかったようだ。大隋に「かってについて行け」とにべもなく追い払われる。世界が解体し、「這箇」が一直線に無に向かって堕ちていくとき、その目くるめく崖っぷちで〈私〉は「這箇」と一つになって無へ向かって跳躍する。さあ、それができるか。逃げることは許されない。

3、達人同士の空中戦

徳山《とくさん》が潙山《いさん》のところに行ったとき、荷物を持ったまま法堂を行ったり来たりして、見回して「無、無」と言って出てしまった。門のところで、「はやまってはならない」と、威儀を正して再び戻り、潙山にお目見えした。潙山が坐っていると、徳山は坐具(礼拝のための敷物)を手にして、「和尚」と言った。潙山が払子《ほっす》を取ろうとすると、徳山は一喝して袖を払って出て、法堂を背に草鞋をはいて行ってしまった。晩にそのことを首座から聞いた潙山は「こいつはいまに孤峰の頂上に草庵を結び、仏祖を叱りとばすぞ」と言った。　(第四則大意)

徳山は潙山以外の誰も相手にしない。「無、無」とは、ここには相手になるものは誰もいないということ。威勢はいいが、いささか直線的すぎる。門のところで戻ってきたのはその反省であり、潙山その人と立ち向かおうというのだ。潙山と徳山のやり取りは、一見潙山がしてやられたようだが、そこは年長者の老獪さ、徳山の勢いを受け流しながら、その将来を思って目を細める。潙山にしてはじめてこの生意気な徳山の力量を見極められるのだ。

公案を形成するのは、基本的に問答である。そこには修行僧に対して一流の禅者が教えるものもあり、また、達人同士が一歩も退かず、丁々発止と空中戦を展開するものもある。言語と世界の崩壊の中で剝き出しに露呈され、解体してゆく〈私〉は、正面からぶつかりあう別の〈私〉との出会いによって、裸の〈個〉として立ち現われる。個と個のせめぎ合いは、両者が同じ程度の力量の達人であって、はじめてそこに個としての手応えが成り立つ。そうでなければ、一方が他方を飲み込み、あるいは弾き飛ばし、個が個であることに耐えられずに崩壊する。

世界と〈私〉の関わりを徹底して問い、世界の解体に立ち会う禅の言語において、他者がどのようにして認められ、他者との関わりが成り立つか、一見難しそうである。そもそも言語は他者とのコミュニケーションの場においてはじめて有意味的である。その意味を剝ぎ取ることは、他者との関わりを成り立たなくさせるのではないか。否、そうではない。禅における言語と世界の解体は、無言語空間への飛躍でなく、むしろ言語の生成・解体のその微妙なところの追求であった。そうとするならば、他者もまた言語解体の過程において、そのぎりぎりの裸の姿をさらけ出すことになる。日常言語の世界では、まず秩序の網の目があって、その網の目を埋める存在として個が考えられる。そこから秩序の衣を剝ぎ取り、正面から裸同士でぶつかり合うのだ。そのことによって、そこに何か新しいものが生まれてくる。秩序があって、それから個があるのではなく、個と個の緊張関係から別の秩序が生まれるのだ。

あるひ、東西の僧堂の僧たちが猫について争った。南泉《なんせん》がそれを見て提起した、「言いえたならば猫を斬らない」

僧たちは答えなかった。南泉は猫を二つに斬った。（第六十三則）

南泉はこの話を取り上げて趙州《じょうしゅう》に尋ねた。趙州は草鞋を脱いで、頭上に戴せて出た。

南泉、「お前がいたならば、猫を救えたのに」（第六十四則）

有名な南泉斬猫《ざんみょう》の話である。趙州が頭に草鞋を戴せたのはなぜか。これも諸説あるが、やはりもともとは何らかの有意味的な行為であったであろう。足に履くべき草鞋を頭に戴せたことで、人間以外、つまり猫を言おうとしたものか。ともあれ、ここではその意味は問わないとして、趙州のみがはじめて南泉との対話を成り立たせている。趙州がいなければ、南泉は猫を斬ってすべて崩壊させる他はない。趙州が南泉をぴたりと受け止めることにより、はじめて猫も救い得た、すなわち、そこにわずかに南泉と趙州のみが関わりうる秩序ある世界が成り立ちえたのだ。

公案の言語は余りにラディカルに日常性の解体へと突き進む。それが、際どいところでこうして他者との関わりを回復する。だが、そこからどのようにして改めて日常的な秩序が出てくるのか。例えば、禅寺の厳しい規律や序列がどこから出てくるのか。もちろん、その規律あっての自由であり、禅は日常性を重んずると言われるのもその通りである。しかし、公案の言語からは秩序の言語は出てこないように思われる。それはレヴェルが違うのだ。秩序の言語と秩序を解体する言語と、それらがどう関わりうるのか。それはまた改めての課題である。

（付記）　拙著『「碧巌録」を読む』（岩波書店、一九九八）は、本論文のテーマを敷衍したものである。

3　他者への隘路

一、他者の現われ

1、「ごっこ」の世界

「寒いね」と話しかければ「寒いね」と答える人のいるあたたかさ

ひところの万智ちゃんブームもどうやら過去のものとなったみたい。ボクなんかミーハーだから、評判になった頃、「読んでみたいなあ」と思ったんだけれど、うちのカミサンが短歌に一家言ある人で、「あんなのとても許せない」というわけで、お預けを食らっていた。それに、いい年したオジサンが本屋さんで「『サラダ記念日』下さい」なんて言うの、ちょっと気恥かしいじゃない？　そんなわけで、随分遅れて文庫本で『サラダ記念日』を読みました。うん、これはさすがだ。感覚がいい（なんてエラそうなことを言って）。ともかく読んでスッと解るところがいい。万智ちゃんのマネをして、「アッ、これなら私でもできる」と、誰でも歌を作ろうと思ったのも無理ないし、だけど誰も万智ちゃんのようには行かなかったのも無理はない。

ところで最初の歌、これなんか「うん、解る、解る」の典型的なのだ。でも、万智ちゃんの歌は、感覚的にはスッと解ってしまうんだけど、よく考えると、これがどうもいまひとつ解らないんだな。この「人」は誰？　まず異性であることは間違いないでしょうね。「恋人」と言ってよいのかしら。このひとつ前には、「おみせやさんごっこのような雑貨店にて購いし君の歯ブラシ」とあって、相手の歯ブラシを買いに行くくらいだから、同棲しているか、あるいは、それよりもきっとときどき自分のアパートに彼が泊りにくる、なんて仲なんだろうな。アッ、これって、中年男の厭らしい想像かしら。

だけど、ここが大事なところだけど、万智ちゃんの歌って、ナマのセックスのにおいがまったくしないんだよね。たとえば、最初の歌、こんなパロディーを作ってみたんだけれども、どうかしら。

「寒いね」と話しかければ「寒いね」と友は答える息はずませて

上手下手はともかく、これだったら女子高校生同士の会話って感じじゃない？　ちょっとした工夫でこんなパロディーができるということは、つまり「人」も「友」もあんまり質的に変らないってことではないかしら。

「寒いね」と声をかければ「寒いね」と厨の母の声のぬくもり

これはちょっと苦しいかな。でも、何か解りそうだよね。少し強引に言ってしまえば、「人(＝恋人)」でも「友」でも「母」でもみんな同じようなものだっていうわけ。セックスのにおいがしないと言うのは、こういう深遠な(！)ことが言いたいわけで、決して厭らしいばかりではないんです。例えば、こんな歌って、本当にギョッとしますよ。

君と食む三百円のあなごずしそのおいしさを恋とこそ知れ

エッ、「恋」ってことば、どういう意味だっけ、と思わず辞書を引いてみたくなる。このあなごずしはスーパーか京樽さんかで買ってきたものでしょうね。それを一緒に食べているのだから、公園のベンチでもいいけれど、彼か彼女のアパートの方がそれらしいよね。その三百円の味に満足して、「恋」という言葉が出れば、一昔前ならば「神田川」のイジイジメジメした世界だけど(みなみこうせつさんの切ない歌がはやったんだ)、それが全然なくて、アッケラカンとしているんだ。「忍ぶ恋」とか「かなわぬ恋」とか「燃える恋」とか、「恋」という言葉につながりそうな形容詞がみんなどこかへふっとんで行ってしまった。これはすごいよ。哲学者の使う何だかよく解らない難しい言葉を振り回せば、「恋の脱構築」とでも言うのかしら。もうオジサンにはついて行けない。

「この味がいいね」と君が言ったから七月六日はサラダ記念日

もうこれは極めつけ。この歌、事実でないとすぐ解るでしょう。ボクはもちろん「歌は事実を歌わなければならない」なんて信じていないから、ウソでまったく構わないけれど、でも、よくできているよね。まず、これは「七月六日」でなければならない。「七月七日」なら七夕になってしまう。その直前、梅雨明けも間近くなって、しかし、まだ夏の暑さには間がある、その爽やかなイメージは「七月五日」でも「七月八日」でも狂ってしまう。それに、ここは「肉じゃが」でも「コロッケ」でもだめで、「サラダ」でなければならない。要するに、生活感を消し去った、これもイメージの問題。この場合でも、一応手作りの料理を食べる仲だけど、セックスのにおいがしてこない。あるいは男女のどろどろしたにおいがしてこない。つまり、友達感覚とでも言うのかな。それがみんなから好まれるところなんだろうけどね。実を言うと、万智ちゃんの世界では、恋人だけでなく、誰でも友達感覚になってしまうみたい。

おしぼりで顔を拭くとき「ああ」という顔見ておれば一人の男

これは父親のことを歌っているのだけれど、でも、別の一連の中に紛れ込ませれば、これだって恋人の歌だと言えなくもない(それには少し年寄りっぽいかな)。「万智ちゃんを先生と呼ぶ子らがいて神奈川県立橋本高校」という歌も有名だけど、これも友達感覚だよね。つまり、男女、親子、先生・生徒という関係で生じるはずの葛藤、対立、いやらしさ、みにくさ、そういうものがどこにもない。何だかお互いに「きたないことは見せないようにしよう」という暗黙の了解をして、その上に成り立っているみたいだ。これはやっぱりウソッぽいぞ。

約束のない一日を過ごすため一人で遊ぶ「待ち人ごっこ」

一人でいるときは「待ち人ごっこ」。それならば、他者といるときは「恋人ごっこ」「親子ごっこ」「先生・生徒ごっこ」で行こう、そんな調子。別にそれが悪いわけではない。つまりメルヘンだ。だから面倒臭い現実の人間関係より、万智ちゃんの「ごっこ」の世界の方が、きれいで雰囲気があって、素敵ということになる。でも、それで本当にうまく行くのかな、とちょっと思ってしまう。「ごっこ」を踏み出してしまったとき、どうなるのだろう。

愛された記憶はどこか透明でいつでも一人いつだって一人

万智ちゃんは賢明だ。現実に他者に裏切られる前に、一人の世界に戻って行くことを知っている。

「ごっこ」の世界はお互いに傷つけ合わないルールの上に成り立っている。だから、危なくなったら「一人」に引きこもる。それで、多分うまく行くんだろう。でも、そうかな。やっぱり不安は残る。傷つき合っても、とことん他者と関わるってこと、あるんじゃないかな。別にそれを万智ちゃんの世界に求めはしないけれど、「ごっこ」の世界で夢を見たら、今度は少し別の世界を覗いてみよう。

2、敵対する他者

迫りくる楯怯えつつ怯えつつ確かめている私の実在

「幾時代かがありまして」という中也の詩ではないけれど、むかし全共闘時代と言うのがあった。実はボクもその終り頃、大学に入学して、だけどボクはからっきし政治向きのことは解らないから、ただ右往左往。大学は無期限ストでバリケードを築いて閉鎖。ボクはちょうど健康も害して、その上(というより、それがいちばん問題だったのだけど)、自分がどう生きたらいいのか解らなくなって、ノイローゼみたいな状態だった。だから、余りいい思い出はないし、若い大事な時期をほとんど無為に過ごしてしまった。でも、バリケードの中を通って、薄暗い教室でクラス討論をしたり、どこそこで機動隊と衝突してるぞとか言って遠くまで見に行ったり、何か緊張感と不思議な解放感があった。

全共闘の思想は確かにボクには解らないところが多かったが、でもそんな時代が終わって数年してから、遅まきながら彼らが主張し、実践したことがものすごく大事な問題を含んでいたということが、少しずつ解ってきた。運動に積極的に関わり、その後、そこから離れて学問に専念していたかに見えた友人が、不意に大学をやめて実践の世界に跳び込んでいくのを見て、すごくショックを受けたりした。傷つき、屈折しながら、それでも真剣に自分の道を切り開いていこうとする彼らを前に、ボクは世俗の中でそれなりにうまく立ち回りながら、それでも人間の生き方を考えています、なんていうポーズを取っている自分が、ひどくみにくく、そして恥ずかしく思われた。否、過去形でなく、いまでもそう思う。彼らの提起した問題は、いまでも色褪せることなく、ボクを撃つ。

道浦母都子の『無援の抒情』は、福島泰樹とともに全共闘文学の白眉だろう。先に引いたのはその巻頭歌だ。この歌にはボクは何もコメントする資格もないし、するつもりもない。代りに道浦さん自身の言葉を引いておく。

> あの頃、デモをしていて、機動隊の楯が目の前に迫ってきた時、もうこの先、どうなるのかわからないっていう気がするんですね。けれども、ここに今自分が存在しているということ、それはすごく大事なことなんだ、そのことが大切なんだって、そういう思いが非常に強かったものですから、そうした気持ちをうたったのがこのうたです。
>
> （「うたで語る自分史」、同時代ライブラリー版『無援の抒情』所収）

作品そのものの緊迫感に較べると、自作解説であっても少し間延びのしたものになっていることはしかたあるまい。それはともかく、ここで問題にしたいのは、「私の実在」が敵である機動隊の存在によって確認されるという構造である。それはもう「ごっこ」の甘い世界ではなく、本当に生死をかけてぶつかる他ない緊張関係なのだ。

もっとも、この歌の自己認識が優れているのは、敵対味方という単純な集団論になってしまわずに、「私」という個の問題に引き戻っている点にあって、実はそれが結局全共闘というものの強さであり、弱さであったと思う。当時、学生運動のもう一方に民青というのがあって(これは今も健在だけど)、全共闘とは対権力以上に決定的な対立関係にあった。民青というのは、つまり日本共産党直系の学生組織だから、首尾一貫して政党の論理、政治の論理に立っていた。それに対して、全共闘の方はいろいろごちゃごちゃしていたけれど、政治と個の関わりという形で、個の問題にこだわるところが強かった。むしろ個の責任をぎりぎり問いつめようとするストイックな正義感があって、それだけものすごく純粋だったと思う。全共闘世代に圧倒的に支持された作家高橋和巳の作品なんかを読んでみれば、そこのところがよく解る(このあたりのことは、道浦さん自身が「うたで語る自分史」の中で、的確に語っている)。でも、それでもその基本に敵対味方構造があって、その上に「私の実在」の確認がなされていることは、やはり注意しなければならない。

ガス弾の匂い残れる黒髪を洗い梳かして君に逢いゆく

ボクは長い間、結句を「君に逢いにゆく」だと覚えていて、最近間違いに気がついた。「逢いゆく」

だとちょっと意味が解りにくい気がするが、どうだろう。その点はさしおいて、この歌なんか、本当に「青春してる！」って、教科書みたいな作品だね。ボクなんか同世代でもこういう経験がなかったし、いまの若い人たちも経験できないことだろう。戦後五〇年代から、六〇年安保を経て、七〇年前後の全共闘時代で打ち止めになった、古典的青春の優等生って感じ。決して茶化して言っているんではなくて、こういう青春を持てたことを羨ましいと思う。あの頃、ただイジイジと暗い青春してしまったボクから見れば。

ここでもコメントするまでもないと思うけど、敵(ガス弾→機動隊→権力)対味方構造があって、「君」はもちろん味方＝同志でなければならない。この敵対味方構造が強烈にインプットされていなければ、機動隊にぶつかって、逮捕され、黙秘するなんて、筋金入りのことはできはしない。「釈放されて帰りしわれの頰を打つ父よあなたこそ起たねばならぬ」なんて、コワい歌もある。

敵対味方構造が根底にあるから、恋愛関係も決定的にその構造の規制を受ける。男と女が生身で触れ合うというよりも、まずその思想が問題とされる。

日共支持に傾きゆける君の論理どうしようもなくただききており

かみ合わぬ理論投げ合い疲れ果てかたみに寂しく見つめあいたり

先ほど触れた全共闘対民青という図式で、「君」は次第に民青側に移っていったらしい。

党員であるまえに僕は一人の人間だ私を刺して動かぬ言葉

これだけ取れば、すごくもっともな言葉だと思う。そのもっともな論理が通用しなくなったとき、これは少し危ないところまで行き過ぎてしまったようだ。

恋愛は闘争からの逃避だと鋭き指摘を身に受けていつ

ストイックな論理はどんどん鋭角的になり、過激になる。人間性を回復することを目指したはずの闘争が、人間性を否定するようになってしまう逆説。全共闘は過激派と呼ばれ、社会から孤立してゆく。運動そのものがもはや終焉に近付いている。どこがおかしかったのか。無論、安全なところから、今さららしく偉そうなことを言うべきではない。それを承知の上で、あえてここでの課題の他者認識の問題について言えば、要するに、他者を敵対味方という二分構造で捉えることが、それほど堅固な動かしがたい必然的なものだったか、と言うことだろう。やっぱりボクはこの論理にはついて行けない。

全共闘世代に人気のあった吉本隆明という人(ばななのお父さん)が、「共同幻想」ということを言っている。国家論なんかについて言うみたいだけど、敵対味方という構造も、もしかしたら一つの共同幻想かも知れない。道浦さん自身「ああわれらが〈共同幻想〉まぼろしのそのまた幻となりし悲しみ」と歌っている（『水憂』）。もちろん、例えば、人種問題のように、容易に融和しえない対立構造があることも否定できない。ただ、それでも敵対味方構造が絶対化するとき、それはきわめて危険な図式となることは心しておかなければならない。

闘争が解体し、個に投げ返されたところから、道浦さんの苦しい模索が始まる。闘争そのものの意味を問い直し、その挫折した正義感がどのように方向付けられるのか。同志との結婚、そしてまた思想的な次元での離反という過程が、かつてのような高揚した極限においてではなく、沈んだ日常性の中で進行してゆく。

人知りてなお深まりし寂しさにわが鋭角の乳房抱きぬ

共同幻想を剝いだところで、生身の人間の弱さが自覚される。だが、他者との関わりの挫折から、新たなる展望は容易には開けない。

こみあげる悲しみあれば屋上に幾度も海を確かめに行く

「海」は自己の原初の存在の象徴であろう。かつては敵との対立の中で確かめられていた「私の実在」が、いまは心もとなく裸のまま投げ出されている。外から「私の実在」を確証してくれないから、幾度も幾度も私自身に問いかけ、私自身に沈み込むより他はない。他者への通路はどこに開かれるのであろうか。高揚の時期の何倍も厳しい苦難の時期が続いていく。

3、他者の不在

かたはらにおく幻の椅子一つあくがれて待つ夜もなし今は

短歌という極めてマイナーな世界と関係している人以外で、大西民子という人の名を知っているのは余程の変り者だろう。どうも短歌というと、イジイジジメジメという暗いイメージが付きまとう。このマイナーな領域を、万智ちゃんは一気に突き破ってメジャーなものにしてしまったが、これは例外だと思う。ボクは二十代の頃、イジイジジメジメ過ごしていたから、この暗い世界が性に合ってのめり込んでしまった。けれど、大西民子というこのスゴい人の作品を知ったことは、暗いと言われようと、何と言われようと、何ものにも代えがたい。それと同時に、マイナーな領域だからと言って、彼女が余りに知られていないことに義憤を覚える。大西民子を通らずに、今日の日本で他者を論ずることはできないというのが、ボクの独断と偏見に満ちた信念だ。

普通、出会いがあって、それから別れがあるものだ。ところが、大西さんの処女歌集『まぼろしの椅子』はいきなり「別れている」現実から始まる(これは逆年順の配列による作意ということもあるが)。

酔へば寂しがりやになる夫なりき偽名してかけ来し電話切れど危ふし
いさぎよく無視されたきに酔へばまた逢ひたしなどと言ふ夜半の電話に
共に死なむと言ふ夫を宥め帰しやる冷たきわれと醒めて思ふや
見えざるものを見つめて生くる如きわれに堪へ得ざりし夫と今は思ふも

どうやら夫は愛人でも作って、一度家を出たらしい。しかし、うまく行かずにまた古巣に戻ろうとする。けれども、今度は大西さんの方が頑なにそれを拒否している、というところだろう。夫はどうやら善良で気が弱く、平凡な人だったようで、大西さんの方が折れれば一件落着したのだろう。だが、大西さんが相手では分が悪かった。「見えざるものを見つめて生くる」女性が相手では、およそ歯が立たない。未練がましい夫は集中ときどき顔を出す。死産した子供、独居の母、苦学する妹――どれを取っても暗い私小説的世界で、余程イジイジメジメした世界に浸った人間でないと、読み通すのが苦痛だろう。

だが、大西さんのスゴいところは、この私小説的世界をバネに、一気に存在論的とも言うべき世界に駆け上がって行ったことだ。冒頭に挙げた一首などを含めて、わずか数首のためにこの一冊の歌集は価値を持ち、他はすべてそのための捨石だと言っても言いすぎでない。冒頭の一首では、もはや問題は夫という具体性をもった存在ではない。そうではなく、端的に「他者」の不在が提示されているのだ。「見渡せば花も紅葉もなかりけり」の類で、「あくがれて待つ夜もなし」は、実は「あくがれて待つ」ことの極限に成り立つ。「幻の椅子」は充足されて実在することを対極に持つことにおいて成り立つ。「他者」はそこに実現されなければならない。しかし、現実に実現されることはない。ここで言う「今」は、もはや「過去」と対比される「今」ではない。無限の過去から、無限の未来に向かって「今」は続いている。「私」は永遠に他者の欠如態としてある。

こうした読み方は深読みではないかと批判されるかもしれない。これはたまたま表現が抽象的になったので、あくまで夫との関わりから読むべきだ、と。だが、こんな歌もある。

神々も渇く夜あらむわがひとり夜更くればまた眠る外なく

「神々も渇く夜」はやはり強烈だ。「神々」で何をイメージしたらよいのか。複数形だから、ユダヤ＝キリスト＝イスラム系の一神論の絶対神ではない。だからと言って、大らかな八百万の神々でもなさそうだ。もっと抽象的な感じだ。いわば人間を超えた天的な存在が含意されていると見てよい。その「神々も渇く」、すなわち何ものかを欠如しているのだ。「神々」は私に対して現われる他者ではない。そうではなく、私が他者の欠如態としてあるように、より高次の存在である「神々」も同じように欠如態としてあるということだ。大西さんにとって、「あるべきものの欠如」は存在が不可避的に負わされた運命なのだ。

大西さんの一生は、ひたすらこのモチーフをめぐって展開され、ただそれのみを見つめ、歌い続ける。死産、夫との別居と離婚、母の死、妹の死、そして自らの死へと、あたかもそれが自らの意志であるかのように、係累をもぎ取り、自らを孤独へ、孤独へと追いやっていく。永遠の他者の欠如の中で、大西さんの想像の世界は無限に膨らみ、「神々」のみならず、同じように欠如を持つ様々な存在と触れ合う。

完《まった》きは一つとてなき阿羅漢のわらわらと起ちあがる夜無きや(『不文の掟』)

手に重き埴輪の馬の耳ひとつ片耳の馬はいづくにをらむ(同)

「阿羅漢」は五百羅漢か。時代を経て(あるいは永遠の昔から)、自らのうちにどこかに欠如を持つ阿羅漢たちは、その満たされぬ思い故、夜毎に「わらわらと起ちあがる」。「阿羅漢」は「神々」と同じ次元の存在であり、「わらわらと」に神々の渇きと同類の癒しがたい渇望が表現される。後者は「埴輪の馬の耳」からの発想。そこから、一つの耳をここに残した残りの馬の存在へと想いは馳せる。ここでは「片耳の馬」はどこか遠い世界を自由気ままに駆け回っているかのようだ。だが、「片耳」の欠如はやはり永遠に満たされることがない。

大西さんの作品をもっと挙げることはできるけれども、今はそれは略して、彼女によって指摘された他者の不在の持つ意味を考えてみよう。ボクらが哲学を学ぶとき、現代の精神状況を示す象徴的な言葉として、ニーチェの「神の死」が常に取り上げられる。だが、ボクがいつも不思議に思っていたのは、「神の死」がそれほど普遍的な問題なんだろうか、ということだった。確かにそれはキリスト教の長い支配を経て来た西欧世界にとっては衝撃的であったはずだし、それが西欧の現代思想の原点を作ったことは間違いない。だけど、だからといって、それが日本の現代の精神状況にとっても同じように緊急の問題であるとは、直ちに言えないのではないか。ボクらにどれだけ切実に「神の死」を受け止めることができると言うのか。

もちろん、キリスト教的な神がドンと実在しているのであれば、他者論はほとんど展開する必要がない。神は絶対の他者として疑いようもないからだ。その意味で言えば、「神の死」という状況が他者論を生み出したとも言える。だが、そうした西欧世界の問題をどうして日本に持ち込まなければならないのか。ボクらにとっての問題は、ボクらにとってその問題がどれだけ必然性があるかということではないのか。万智ちゃんの「ごっこ」の世界、道浦さんの敵対する他者、そして大西さんの不在の他者――それらは壮大な哲学者の目から見れば、余りに卑近過ぎるかもしれないけれど、でも、どこの哲学の受け売りでもなく、今日ボクらが直面している他者の困難を、彼女たちは自ら生き抜き、そして正面から自分の言葉で表現している。それはとてもスゴいことだとボクは思う。特に大西さんが自らの一生をほとんど実験台にして、「あるべき他者の欠如」という事態を目の前に提出したことは、ボクらにとって逃れることのできない問題を突き付けているのだ。

だが、他者の不在ということはボクらにとってそれほど切実な問題なのだろうか。必要以上に拘りすぎているのではないか。でも、逆に問うならば、他者が本当に「私」に対して他者として現われているということは、それほど自明なことなのだろうか。「ごっこ」の世界では、他者は恋人・友人・家族等という形で現われたが、でも、それは互いにその「ごっこ」の了解を壊さない範囲でのみ有効なものであった。敵対する他者はきわめて緊張に満ちた切実な問題ではあるが、それが固定化されるとき危険なものとなってしまった。そうとすれば、本当に他者と出会うということはどういうことなのか。ボクらが家庭や会社や学校で毎日顔を合わせている他者は本当の他者の姿なのか。そもそも他者に「本当の姿」などというものがあるのか。それは、それほど自明な問題ではないように思うのだ。

二、他者は必然か

1、このうさん臭い世界

突然話変って『法華経』が出てくる。それは余りに唐突ではないか、何の必然性があるのか、無茶苦茶ではないか、と言われるかもしれないが、それには返す言葉もない。種を明かせば、ボクは実は大学で仏教を教えている端くれだからなのだが、これでは理由にならないだろうな。大体、仏教の研究者というのは立派な方が多くて、自分の深い信仰を底に秘めながら、冷静かつ客観的な論の進め方をして、それでもなるほど仏教ってスゴいんだ、と思わせてしまうんだね。ボクなんかもそれにダマされて足を突っ込んだんだけど、往生際が悪いというか、生来の不信心は改めようもなくて、そのうさん臭さというか、いかがわしさみたいなのが目について、それでもそこが面白いなんて、歪んだ見方しているから困っちゃうんだけどね。

だけど、そうじゃない。例えば、お葬式とか法事とかでお経を上げるのって、なんかうさん臭くない？　あのお経って何の役に立つんだろうね。お経を読むと功徳があって、その功徳で死んだ人が極楽往生したり、成仏したりするっていうの、真剣に考えてみると、そんなにうまいメカニズムってあるのかな、と思ってしまう。それで結構なお布施を取るのって、少し詐欺っぽくない？　でも、世間でそれを許しているわけだし、セレモニーってそれなりに必要だと思うから、それもいいかな、とは思うけどね。いかがわしさが全くなって、ただ清潔で合理的なだけの社会というのも怖いと思うよ。

お経っていうのは、そもそもその成り立ちからしていかがわしいんだね。南伝系の仏教で使われているような部派の聖典は、それぞれの部派で公認されたものだし、曲がりなりにもブッダに由来している教えを伝えている要素が大きいと考えられるけれど、大乗経典というのは全然そうじゃないことが解っている。それでも釈迦が説いて、仏弟子たちが聞いたことになっている。嘘もいいところだ。だから、大乗非仏説論(大乗仏教はブッダが説いたものではない、という議論)がしばしば繰り返されることになる。そのような批判があったことは、すでにインドで成立した経典自体の中にも説かれているけれども、特に江戸時代以来、仏典の成立が近代的な学問の方法によって解明されてくると、無視できない問題になった。江戸時代のうちは、まだ外側から出てきたマイナーな説だったけれども、明治になって、西欧経由で南伝系の仏教が知られるようになると、それまでの大乗の優位性は完全に崩れ、仏教研究者がそれから目を背けることはできなくなった。それでも、その説を提示した村上専精が僧籍を離脱するような騒ぎにはなった。

では、その結果がどうなったかというと、実はうやむやなのだ。大乗非仏説論を説いた村上は、その論争の総括として、『大乗仏説論批判』という本を出したが(一九〇三)、そこで彼が示した結論というのは、この問題を「歴史問題にして、教理問題にあらず、学術問題にして、信仰問題にあらず」と、歴史問題=学術問題/教理問題=信仰問題という二分化の論法を使って片付けることであった。すなわち、「大乗仏説論たるや、教理の方面にありては確乎として成立するにも係はらず、歴史の方面にありては成立し難し。歴史の方面にありては成立し難しと雖も、教理の方面にありては明かに成立して動かざるなり」というのである。整理すると、こうなる。

大乗仏説論　=教理問題=信仰問題
大乗非仏説論=歴史問題=学術問題

村上のこの論によって論争はほぼ終焉したようで、その後もはや議論されることはほとんどなくなった。だが、これで本当に解決したと言えるのか。単に教理問題=信仰問題を棚上げしただけではないのか。もちろん、信仰の問題は個人の信念の問題だから、何を信じようと勝手だと言えばそれまでだが、歴史問題＝学術問題を頭から無視して、「明かに成立して動かざるなり」という「明か」さはどこから出てくるのか。この問題は、キリスト教界で言えば、史的イエスと宣教のキリストの問題と類似的だが、少なくともキリスト教界はこれほど問題を簡単に切り捨てていないと思う。こう簡単に解決がついてしまうところがまた、いかにも仏教的でいかがわしいわけだけれども。

そんなわけで大乗経典というのはいかがわしい。とりわけ『法華経』は、これまでブッダが説いた教説は全部方便で、この『法華経』こそブッダの真実の教えだ、などと言うのだから、これはいかがわしさを通り越して、ほとんど狂信的な大ボラだ。最終解脱に達して、空中浮遊できる、などと言うのと大差ないではないか。

それでも何故、『法華経』が気になるのだろうか。あえて言えば、伝統ということではないかと思う。一朝一夕の問題ではなく、実に二千年にわたって生命を保ち、人々を動かしてきたとしたら、どんなホラだとしても、ちょっと桁が違うし、何かある、と思ってもいいんじゃあないだろうか。それは研究する価値があると思う。アッ、でも、こういう考え方も、少しヤバいかな。伝統があるからと言って、それで認めるならば、これはスゴい右翼的な伝統主義になってしまうんではないか。言いわけ的になるかもしれないけれど、ひとまずここでは、伝統を問題にするということは、伝統に盲従するということではない、と言っておこう。むしろ伝統は解体され、新たに読み直されることを、常に要求しているのだと思う。それが怠られる時、伝統は硬直し、死臭を発することになるのだ。

2、『法華経』を読み直す

そんなわけで『法華経』が出てくる。そして、『法華経』を他者論として読んでみようと言うのだ。これもちょっとこじつけではないか、と言われるかもしれない。でも、ボクは真剣なのだ。そもそも、大乗経典の中で『法華経』はちょっと異質なところがある。それはどこかと言うと、大乗経典の大きな主流をなす般若経典では、〈空〉の中に万物が解消してしまう。それに対して、華厳《けごん》系の経典では〈心〉を持ち出す。〈空〉や〈心〉とは何かと言えば、仏の悟りの絶対の世界であり、そこにおいて万物がその本来のはたらきを示す〈場〉であると言ってよい。それを衆生に内在する形で表現したのが、〈如来蔵〉とか〈仏性〉とかいう考え方だ。こうした一種の唯心論的な発想に対して、『法華経』とか『無量寿経』は〈空〉とか〈心〉に解消されない他者を指示しようとする。『無量寿経』の場合、救済者対被救済者という構造だが、『法華経』の場合、もう少し複雑な他者論になっている。

『法華経』は二十八品《ほん》(「品」は章のこと)からなるが、伝統的な天台の解釈では、前半十四品を迹門《しゃくもん》、後半十四品を本門《ほんもん》と呼ぶ。近代の研究では、『法華経』を三つに分け、方便品《ほうべんぼん》から授学無《じゅがくむ》学人記《がくにんき》品までを第一類、法師《ほつし》品から嘱累《ぞくるい》品までと序品《じょぼん》を第二類、薬王《やくおう》品以下を第三類として、この順に成立したという説が支配的であった(三類の区切りに関しては異説がある)。それに対して、最近では二十八品同時に成立したという説も出されており、その成立に関してはまだ検討しなければならない問題が多い。ボクは従来の三段階成立くらいが妥当と考えているが、この問題はひとまず措くことにしよう。

ここで問題にしたいのは、三類に分けると第一類、迹門・本門に分けると迹門で説かれている教説だ。迹門の中心説は方便品の一乗《いちじょう》説であると言われる。序品に続く経の本論とも言うべき最初に位置する方便品で、釈尊《しゃくそん》(釈迦仏のことを以下こう呼ぶことにする)は弟子の舎利弗《しゃりほつ》に対して、「自分はこれまでいろいろに方便して衆生(人間だけでなく異類の生物を含む)のために説いてきた。でも、いちばん奥深い、これこそ自分がこの世に出現した目的であるところの真理は未だ説いていない」と言う。突然、釈尊がこんなことを言い出したものだから、五千人の弟子たちは、「そんな馬鹿な」とばかり、席を立って出て行ってしまう。無理もないと思う。これは『法華経』自体が成立時に置かれていた状況を示すものだ。そこで残った弟子たちに釈尊が説いたのが一乗の説である。

一乗の説とは何か。経典によると、釈尊が世に出現した唯一の目的は、「衆生をして仏の知見を開かしめる」ということであり、ただそれのみが目的である。それ故、仏はただ一仏乗のみを説くのであって、三乗を説くのではないと言う。「乗」は乗り物であるが、進んで行く道と考えてよい。だから、一仏乗と言うのは、仏(ブッダ)になるというただ一つの道筋、ということである。それに対して、三乗というのは、声聞乗《しょうもんじょう》・縁覚乗《えんがく》・菩薩《ぼさつ》乗の三つである。声聞は仏の教えを聞いて悟りを開く弟子たち、縁覚は自分ひとりで縁起の理法を知って悟りを開く人(独覚とも言う)で、菩薩は仏の悟りを目指して進む人のことである。声聞や縁覚の悟りは仏の悟りより次元の低いものと考えられているから、声聞乗や縁覚乗を進む人は仏の悟りには達せられないことになる。三乗の菩薩乗を一仏乗と同一と見るべきか、別と見るべきかについては議論があるが、今はさし措く。

ともかく方便品で釈尊が言いたいのは、このように三乗に分けていろいろな説を説いてきたのは、いきなり誰彼の区別なく、「君は仏になることができる」などと言っても、誰も信じないから、とりあえずもう少し低いレヴェルで三つに分けて納得させ、それである程度進んだ段階で、「実は誰もが仏になることができるのだ」と説いて、それで低い次元で満足していた人たちも、「ああ、そうか」と解って、高い次元に進むことができるのだ、ということである。

これが『法華経』の一乗説であり、人々を感激させてきた素晴らしい説だと言うのだけれども、ピンと来るだろうか。何か有難い説みたいだけれども、ボクなんか不信心なものだから、「あなたも仏になれます」なんて言われても、それで跳び上がって喜ぶほど感激しそうもない。日本では誰でも死ねば成仏するみたいに考えられて、それが常識化してしまっているから、いまさらこんなことを言ってもインパクトが小さいのかもしれない。もっとも、その常識自体が実は『法華経』の受容から出て来た一面もあるわけだけれど。常不軽菩薩《じょうふきょうぼさつ》品には、誰彼の見境なく、「あなたは仏になれます」と礼拝して、迫害されるボサツのことが出てくるけど、街角で「あなたは仏になる方ですから、礼拝させて下さい」なんて声をかけられたら、ボクなんか、「結構です」って逃げちゃうだろうな。それって間違っているだろうか。

そんなわけで、ボクにはどうも『法華経』の一乗説というのも、うさん臭い感じがしてならない。大体、声聞の道、つまり部派の修行の道が間違っているのならば、東南アジア系の坊さんはみんな間違っていることになるけれど、『法華経』を信じている人が必ずしも東南アジアの坊さんたちより偉いと言えるだろうか。どうもそうとは言えないように思うのだけれど。

それでは『法華経』のどこが引っ掛かるのかと言うと、方便品の後の数品で、釈尊の弟子たち、つまり声聞たちが自分たちの誤りに気づき、一乗の立場に転向するところが続く。これが一乗説を方便品のように抽象的にではなく、より具体的に説いていて、なかなかおもしろい。そして、そこに他者論を考えるヒントがあると思うのだ。

3、押し付けがましい他者

方便品の次の譬喩品《ひゆ》では、方便品で釈尊の相手をしていた大声聞の一人舎利弗《しゃりほつ》が自分の誤りを認め、自分もボサツ(以下でやや特殊な解釈を示すので、あえて片仮名で表記する)として仏への道を歩んで行くのだと自覚する。それに対して釈尊は、実は二百万コーティ・ナユタという気の遠くなるほど長い間、舎利弗は釈尊に従って学び、ボサツとして修行して来たのだが、それを忘れて声聞であることに満足していたのだ、と言う。そして、舎利弗はまた気の遠くなるほど長い間ボサツとしての修行を積んだ上で、華光《けこう》如来という仏に必ずなると予言する。このような予言のことを「授記《じゅき》」と呼び、この後の品では他の声聞たちにも授記が与えられるが、それらを総称して「声聞授記」と呼ぶ。声聞授記は方便品の真実性を補強するものとされ、それ自体の価値を余り与えられていないように見えるが、結構重要ではないか、というのがボクの読み方だ。何故ならば、ここではじめて過去・現在・未来という時間の中で釈尊と声聞たちとの必然的な関わりが示されるからだ。ここに他者論の地平が開かれる。

そのためにまず注意すべきは、ボサツというものの性格だ。ごく常識的に、声聞や縁覚は自分の悟りのことだけ考えて、他者のことを考えない利己主義者だとされ、それ故、彼らは小乗と呼ばれ、それに対して、ボサツは自利利他の精神で、他者に対する慈悲に満ちた存在で、それ故その立場は大乗と呼ばれるのだと言われる。でも、そうだろうか。声聞が決して利己主義者とは言えないのは、南伝系の修行者たちを見ても解る。それに、利他的であるということはどういうことだろうか。ボクは仏教を勉強し始めた頃、こうして本ばかり読んでいてよいのだろうか、大乗仏教を学ぶのならば、利他の精神でもっと社会へ出て活動しなければならないのではないか、と真剣に悩んだ。でも、それは結局ボクにはできなかった。それはいけないことだろうか。今でも自分でまだ解決できていない。もちろん本ばかり読んでいても、それはそれで一つの社会的貢献だ、とは言えよう。でも、それならば声聞の修行も立派な社会的な貢献ではないのか。ボサツの利他というのも、もちろんそれを立派に実践している人もあるけれども、多くの場合、やはりうさん臭い感じがしないだろうか。

むしろボクは、声聞かボサツかというのは、実践の底にある他者認識の問題ではないか、と思う。声聞というのは、自己の存立のために必ずしも他者を必要としない、あるいは、少なくとも他者を必然的な存在として要請しない立場と言うことができないだろうか。自利とはそのように考えることができる。それに対して、ボサツが利他を必然的に要請されるということは、自己の存立の根底に他者が必然的に要請されているということに他ならない。他者なくして利他は不可能である。

そのように考えるならば、一乗ということに対しても、別の解釈が可能となる。先ほど、時間が重要な意味を持つと言った一つの理由はここにある。すなわち、一乗を成仏するかどうかという未来の問題ではなく、現在ボサツとしてあるかどうかと、現在に視点を据えて見るのである。ボサツとしてあるということは、他者を自己の存在の不可欠な要因として認める立場である。三乗が実は一乗に帰着すると言うのは、たとえどのように自己を単独存在と考えていても、実はボサツとしてしか存在しえない、つまり、他者なくして存在しえない、ということを意味するのである。これは実践の問題である前に、存在の問題であり、認識の問題である。あらゆる人(より広くは衆生)がボサツとしてある、ということは、あらゆる人は他者なくして存在しえない、ということである。他者なくして自己は存在しない。自己とは常に他者に差し向けられた存在である。他者は否応なく、押しつけがましく私に迫ってくる、私を侵してくる。

『法華経』はそれを決して哲学的に証明するわけではない。そうではなく、宗教詩として寓話の形をとって物語る。それを認めるか認めないかはあなたの勝手だ。だが、と『法華経』は言う、それでもあなたは他者を免れることができない。それならば、他者から逃げるのではなく、積極的に関わるべきだ、というのが、ボサツの実践論なのだ。

そこで声聞授記の問題に戻ると、声聞ももともとボサツであったというのは、声聞も本質的に他者との関わりの中にいるということである。それを忘れて自己のみで完結しているかのように思い込んでいたのが声聞の状態であり、それを再び思い起こさせ、ボサツの状態に引き戻すのが釈尊の役割である。だから、この声聞たちのことを自分とは関係ない小乗の人たちの話だと見る解釈にボクは反対する。他者から逃れようとする声聞たちとは、他ならぬボク自身であり、そしてあなたたちのことだ。

ここで、釈尊は徹頭徹尾、過去から未来まで声聞に付きまとう他者である。ボサツの象徴として、釈尊はどこまでもお節介に同伴者たろうとする。そもそも、ボサツと仏とはそれほどかけ離れた存在だろうか。時間的に見れば、仏はボサツの未来に設定される。しかし、過去・現在・未来は単純に直線的な時間軸に並置されるものではなく、過去は現在の本質として現在の背後にあり、未来は現在のあるべきあり方として現在を照らし出す。過去と未来は、こうして現在を構成する要因となるのである。それ故、未来の成仏は、それが目的であって、現在がそのために無化されるというあり方を意味するのではなく、むしろボサツの完成態として、現在が志向する方向性を指示するのである。現在はその方向性を与えられることによって、現在を離脱し、停滞することなく、未来へ向かって進むことができる。だから、声聞に付きまとう釈尊もまた、理想態としてのボサツであり、他方、声聞は不完全なボサツに他ならない。それ故、釈尊と声聞の関わりも、突き詰めればボサツとボサツの関わりであり、先に目覚めたボサツが遅れてくるボサツを導くという形になっているのである。未来においては、遅れて来たボサツたちが今度は先進者となって、さらに後進のボサツたちを導いてゆくだろう。

『法華経』をこうして他者論と読み解いてゆくことが果して適当かどうか、それが判断できるためには、もっときちんとした本文解釈が必要だろう。ここで示したのはそのアイディアのごく粗いスケッチであり、詳細はいずれ改めてきちんと論証しなければならない。今はその点に十分に立ち入る余裕がないが、ただ、このような解釈が決してすんなり出てくるわけでないことだけは触れておかなければならない。

例えば、譬喩品で舎利弗は過去以来の釈尊との関係を告白するが、そこで説かれた喩え話では必ずしもこのことが明白に出ていない。この喩え話は三車の喩とか火宅の喩とか呼ばれる有名なものだ。ある長者の家が火事になった。そのとき、子供たちは家の中で遊んでいて、外に出ようとしなかった。そこで長者は何とか子供たちを外に出そうとして、「外に羊車・鹿車・牛車があって、遊ぶことができる」と言ったところ、子供たちは喜んで外へ飛び出し、助かることができた。そこで長者は三つの車よりはるかに素晴らしい大白牛車《だいびゃくごしゃ》を子供たちに与えた。三つの車は方便としての三乗であり、大白牛車が仏乗である。

こういう話だけれども、実はそれ程いい譬喩と言えるのかどうか、ボクにはよく解らない。子供たちが三つの車を欲しがったのならば、それを上げる方がいいんじゃないか。欲しがってもいないものを子供に与えるのが本当にいいんだろうか、なんて思ってしまう。それはともかく、この喩えでは過去からの因縁は触れられていない。

他方、次の信解品《しんげ》では、須菩《しゅぼ》提《だい》・摩《ま》訶《か》迦《か》旃延《せんねん》・摩《ま》訶《か》迦葉《かしょう》・摩《ま》訶《か》目揵連《もっけんれん》の四人のこれまた大声聞（四大声聞と呼ばれる）が、やはり自分たちの誤りを認めて、仏の一乗の教えを喜び、薬草喩品を経て、授記品で未来の成仏を予言される。ところが、これらの三人の声聞については、過去からの釈尊との因縁が必ずしも明白に述べられていない。それではボクの解釈は通じないのだろうか。実はここではむしろ信解品に説かれた譬喩の方に注目する必要がある。

ある長者の息子が父を捨てて他国に行き、貧窮して散々苦労した。放浪して父のいるところに至ったが、大金持ちの父を見てもそれと解らず、恐れるばかりであった。父はそれと知って、息子を雇い、まず卑しい仕事に就かせ、次第に自分に親しむようにさせた。臨終のとき、はじめて親子であることを名乗り、その財産をすべて譲った。この父が仏であり、息子が声聞である。

聖書に出る放蕩息子の話とよく似た話として知られる。職業差別が歴然としているし、金持ちがいいという価値観も嫌味だけれど、この親心は解らないわけではない。ここで大事なことは、仏(釈尊)と声聞の関係が父子関係として設定されていることだ。つまり、釈尊と声聞たちとは最初から決して切ることのできない必然的関係の中に置かれていて、それが声聞たちの離反によって一時的に見えなくなっていたのが、釈尊の方便を経て、最後にようやく自覚に達するというのだ。つまり、三人の声聞の場合、直接には過去からの釈尊との関わりは述べられていないが、譬喩の方にそれが示されているのだ。

このように、釈尊と声聞の関係について、直接の叙述と譬喩とは必ずしも一致していない。このことは、恐らく『法華経』の作者によっても必ずしもこの問題が十分に自覚されていなかったことを示していよう。『法華経』の解釈に当って、これまでこの問題が無視されてきたのも故なしとしない。だが、にもかかわらず、注意深く読んでいけば、『法華経』の中に釈尊と声聞の関わりという形で埋め込まれた他者論を探り当てることができると、ボクは思っている。放蕩息子のように逃げ出そうとしても、他者である釈尊との関わりは最初から「私」の中に埋め込まれていて、逃げ切ることはできないのだ。

他者は必然だ。他者は押し付けがましく迫ってくる。では、なぜ他方で「他者の不在」が言われるのか。それは矛盾ではないか。

「他者の不在」とは、その不可欠の他者と現実に関わることがいかに難しいかを示すものに他ならない。他者は時には不可欠でありながら、私から離れ、私の呼びかけに答えてくれないかもしれない。あるいは、他者は時には私の存在を無理やり侵し、私を傷つけ、私を崩壊させるかもしれない。他者は他者なる故に、常に不確かで、私には知りえない暗黒部を持つ。理想の他者としての「仏」が現実を超えた形で提示され、また、ボサツにとっては未来にしか実現しない理想でしかないのはこのためである。他者は私にとって不可欠でありながら、どこまでも厄介な存在である。

だが、不確かで厄介なのは他者だけだろうか。私にとっての私もまた、他者と同じように不可解で、扱いにくい存在ではないのか。他者は必ずしも外にいるばかりではない。他者は私自身の中にも住みついている。

4　宗教と倫理の狭間――親鸞における「悪」

一、仏教の倫理性欠如

今日、生命倫理や環境倫理など、宗教に対して倫理的な問題が正面から問われている。それに対して、仏教の立場からもさまざまな議論がなされている。確かに、その中には地道な取り組みで成果を挙げている試みも少なくないし、そうした取り組みに水を差すつもりはない。しかし、猫も杓子も応用倫理に首を突っ込んではいるものの、そのもっとも原理的、理論的なところから、仏教における倫理の可能性が本当に正面から議論されているであろうか。社会で問題にされているから、仏教でも何か立場を取らなければならない、というのでは、余りに情けないではないか。

戦争になれば戦争協力の理論を華々しく打ち上げ、平和になれば仏教は平和主義だと言い、生命倫理や環境倫理が問題になれば、仏教こそその問題を解決するいちばんいい理論だという。それは教団が社会の中で生きていくためには必要な処世術かもしれない。しかし、時流にあったことをその時次第で言うだけならば、倫理的であるよりは、むしろ節操のない倫理性の欠如を暴露しているようなものだ。宗教がまず問題にしなければならないのは、もっとその根本の原理そのものでなければなるまい。そもそも倫理そのものが成り立つのか、成り立つとすればどのような次元で成り立つのか、その根源のところから問うことなしに、表面だけつじつまを合わせていてよいのであろうか。

田村芳朗はかつて、「仏教における倫理性欠如の問題」というきわめて刺激的な題の論文を発表している(『日本仏教論』、春秋社、一九九一所収)。それによると、仏教は「もっぱら、現実そのものに目をむけ、そこから、解決の道をみいだそうとした」故に、本来、「倫理性にとむ宗教であろうと想像され」るはずなのに、「しばしば、倫理性が欠如しているという批判の声を耳にするのは、どういうわけであろうか」という問題を提起する。そして、仏教に対する批判論を分析し、それに、(1)仏教の遁世主義、(2)空・一如思想、(3)神秘主義思想の三点があることを指摘する。第一点は、仏教は世俗の超越を説くから、世俗における倫理が出てこないというものである。第二点は、空・一如の理論が「単なる同一性論理におちいり、歴史社会への生成・対決という動的な倫理実践が消失すると評されるのである」。第三点は、仏教の神秘主義的性格から行動倫理が出てこないという批判である。これら三点からの批評を取り上げた上で、田村は次のように論ずる。

たとえば、仏教思想史上において、そのこと〔社会倫理――引用者注〕に関し、たえず、論がねられてきており、また、種々の倫理徳目がときだされてきたことを表示することができるだろう。ただしかし、それが実際に、どれほど具体的に発揮され、現実社会に具現化されたかということになれば、やはり、相当の問題があるとおもわれる。

この率直な田村の問題提起が、果してどれだけ真剣に研究者によって考えられてきただろうか。

本稿は、こうした大きな問題を全面的に扱おうとするものではない。そうではなく、親鸞における「悪」の問題を正面に据えて考えてみたい。「悪」は倫理の問題であると同時に、宗教の根幹に関わる問題でもある。それを通して、宗教と倫理がどう関わるのか、その一端をうかがうことができるであろう。また、親鸞における「悪」と言えば、直ちに『歎異抄』の悪人正機が思い浮かぶ。だが、『歎異抄』の悪に関する説を直ちに親鸞の説と認めてよいかどうかは実は疑問がある。そうした問題も合わせてここで考えてゆくことになる。

二、『歎異抄』

1、瞞されてもよいのか

親鸞におきては、たゞ念仏して弥陀にたすけられまひらすべしとよきひとのおほせをかぶりて信ずるほかに別の子細なきなり。念仏はまことに浄土にむまるゝたねにてやはんべらん、また地獄におつべき業にてやはんべるらん、惣じてもて存知《ぞんち》せざるなり。たとひ法然聖人にすかされまひらせて念仏して地獄におちたりとも、さらに後悔すべからずさふらう。そのゆへは、自余の行もはげみて仏になるべかりける身が念仏をまふして地獄にもおちてさふらはゞこそ、すかされたてまつりてといふ後悔もさふらはめ、いづれの行もおよびがたき身なれば、とても地獄は一定すみかぞかし。

（『歎異抄』第二条）

『歎異抄』、特にその前半の親鸞の言葉は、どこを取っても生き生きとした親鸞の肉声をその場で聞くような臨場感があり、相手に合わせて、あるときは厳しく、あるときは諭すように教えるその人間味に、多くの人々が魅せられて来たのも無理はない。だが、その魅力を認めた上で、今日果してその説を無条件で受け入れることができるかというと、いささか疑問を感じないわけにはいかない。

この第二条も、「おの〳〵十余ケ国のさかひをこえて身命をかへりみずしてたづねきたらしめたまふ御《おん》こゝろざし、ひとへに往生極楽のみちをとひきかんがためなり」と、いきなり切り出す。晩年、親鸞が上洛してから、関東の弟子たちがさまざまな異義の中に揺れ、親鸞の教えを聞こうとわざわざ遠路はるばる親鸞のもとにやってきたのである。

彼らに対して、親鸞は、「しかるに、念仏よりほかに往生のみちをも存知し、また法文等をもしりたるらんとこゝろにくゝおぼしめしておはしましてはんべらんはおほきなるあやまりなり。もししからば、南都・北嶺にもゆゝしき学生《がくしよう》たちおほく座《おわ》せられてさふらうなれば、かのひとにもあひたてまつりて往生の要よく〳〵きかるべきなり」と強く言う。その後に冒頭の文が続いている。

だが、それにしても、こうした言葉のニュアンスの取り方は難しい。佐藤正英は、「「見当違いな、役にも立たない質問」を発したひとたちを前にして、親鸞は「驚きもし、あきれもし」ている」という石田瑞麿の解釈を批判して、「第二条を通読したときに見えてくるのは、叱責でも冷やりとした感じでもまして皮肉や揶揄ではない。少しのけれん味もない卒直さである。……唯円《ゆいえん》らの一行を前にして少しも気張ることなく、淡々とした息遣いで語る親鸞がいる」としている（『歎異抄論註』、青土社、

一九八九、五二七頁)。だが、それほど確定的に言いうるのか。私には石田の解釈も十分に成り立つように思える。

『歎異抄』の難しさは、ある「場」で行われた談話が、しばしばその「場」を抜きにして伝えられるために、親鸞の真意とレトリックが入り組んでわかりにくくなっているところにある。唯円の記録がかなり忠実に親鸞の言葉を伝えていたとしても、ある「場」で言われたことは、必ずしもその「場」を無視して普遍妥当性を主張できない。その中で、第二章は上洛した弟子たちを前に語るという「場」の状況がかなり明らかな章であるが、それでもこれだけニュアンスの取り方に差が出てくるのである。『歎異抄』を中心に親鸞を語ることの危険はまさにここにある。『歎異抄』によって唯円を語ることはできよう。また、親鸞の一面をそこに見ることも許されよう。しかし、親鸞自身が与《あずか》り知らぬ間に筆録された会話の一部をもって、親鸞の中心思想を語ろうとするのは、まったくもって見当違いと言わなければならない。

ところで、ここで問題になるのは、「たとひ法然聖人にすかされまひらせて念仏して地獄におちたりとも、さらに後悔すべからずさふらう」というところである。確かに当時の親鸞の心境として嘘偽りのあるものではないであろうし、その心情は十分に理解できる。だがそれにしても、そこに至るまでの長い遍歴があるのであり、それを無視して、この語のみを取り出すことはきわめて危険である。親鸞にとって法然は確かに勢至《せいし》菩薩の化身であり、絶対的な信頼を置いていた。しかし、そのことは、法然が理不尽な非合理的な信仰対象であることを意味しないはずだ。

なぜこんなことを改めて問題にするのかというと、この語から、例えばオウム真理教の教祖への絶対帰依を思い浮かべたとしたら、それはまったく不当なことと言えるであろうか。オウム真理教の事件の後で、仏教者も少なからず、それをめぐっての論評に加わった。麻原彰晃自身が自らの立場を仏教として位置づけているのだから、仏教との関係が問われるのも当然である。その際、仏教側からの論評が多く密教研究者からなされており、それはオウムがインド後期密教からチベットへの展開に影響を受けている以上当然ではある。だが、私はまず『歎異抄』のことを思わずにはいられなかった。

もちろん私は親鸞の信の構造がオウムと同じだと言うつもりはない。親鸞は決して無批判に師の言うことならば何でも従うというのではない。もしそうならば、どうして『教行信証』のような大著に長年のエネルギーを使う必要があったのか。三部経読誦や三願転入の苦しい体験を経なければならなかったのか。あえて思うのだが、『教行信証』で法然の『選択集《せんちゃくしゅう》』をそっくり行巻に投げ入れ、その後、信巻に自らの中心的な思想を展開したのは、法然への批判、あるいはそこまで言えなくとも、少なくとも法然を一歩進めたという自負があったのではないか。いずれにしても、ただ単に無批判に法然の言うことならば頭から信じ込むというのではなかったはずだ。そうした経緯を経た晩年になって、はじめて「法然聖人にすかされまひらせて」という言葉が出てくるのだ。

だが、もしそうした経緯を無視してこの個所だけ取ったならば、そこにオウム的な絶対帰依に近いものを読む危険がないといえるだろうか。師への随順というのとは違うが、こんな言葉が実際に真宗学者によって語られているのだ。

「われ」を忘れて本願に帰し奉る絶対無我の感情は、小さき個人の功利を離れて、大君《おおきみ》の御前《ごぜん》に承詔必謹《しょうしょうひっきん》する臣民道の神髄に通ふものであつて、ここに「神ながらの道」のさながらなる開顕を発見し奉る。

（普賢大円『真宗の護国性』。大西修『戦時教学と浄土真宗』、社会評論社、一九九五、六〇頁所引）

『歎異抄』第二条においては、きわどいところで無批判的随順が避けられている。それは、上記の引用箇所に続いて、「弥陀の本願まことにおはしまさば、釈尊の説教、虚言なるべからず。仏説まことにおはしまさば、善導の御釈、虚言したまふべからず。善導の御釈まことならば、法然のおほせそらごとならんや。法然のおほせまことならば、親鸞がまふすむね、またもてむなしかるべからずさふらう歟《か》」と言われるところである。これは一見自説の強引な権威付けとしか見えないが、実はこのことこそ『教行信証』や、この場合むしろ遡って法然の『選択集』で論証しようとしていたことに他ならない。究極を弥陀に置き、仏教の伝統すべてを受けるところに法然への信頼が成り立つのだ。そこを見損なうとき、第二条はオウム的なものへ落ち込む危険を十分に孕んでいるように思う。

2、悪はなし放題か

「弥陀の本願不思議におはしませばとて悪をおそれざるは、また、本願ぼこりとて往生かなふべからずといふこと」という表題を持つ第十三条は、『歎異抄』の中でももっとも問題の多い箇所である。『歎異抄』はよく知られているように、親鸞の言葉を記した前半十章と、異義を批判した後半八条からなるが、これは後半に属し、異義に対する唯円自身の主張を親鸞の言葉によって補強するという構造になっている。標題として挙げられたのは異義であり、それに対して唯円は「この条、本願をうたがふ」以下の解答を与える。それは長いものであるが、いくつかの段落を立てることができる。

1「この条、本願をうたがふ」以下の総論的な箇所。

2「また、あるとき」以下、親鸞と唯円の問答を中心とする箇所。

3「そのかみ邪見におちたるひとあて」以下、親鸞が悪をとどめたことを会通《えつう》する。

4「また、うみ・かわにあみをひき」以下、職業的な悪業の場合を引き、「賢善精進の相」を示す態度を戒める。

5「願にほこりてつくらんつみも」以下、改めて「本願ぼこり」を肯定する。

基本的な解答は第一段落に示される。すなわち、「この条、本願をうたがふ、善・悪の宿業をこゝろえざるなり。よきこゝろのおこるも宿業のもよほすゆへなり。悪事のおもはれ、せめらるゝも、悪業のはからふゆへなり」と言われる。そして、「卯毛《うもう》・羊毛《ようもう》のさきにいるちりばかりもつくるつみの、宿業にあらずといふことなしとしるべし」という親鸞の言葉を引く。すなわち、われわれの作る善悪はすべて宿業によるものであり、悪を為したくて為すわけではないのだから、悪を恐れる必要はないというものである。

だが、この説は問題だ。親鸞の著作には善悪が宿業によるものだという説はまったくないわけではない。親鸞自身の言葉でなく、引用であるが、『教行信証』信巻に引く『涅槃経』の文には、阿闍世《あじゃせ》について、「業因縁のゆへに悪逆の心を生じてその父を害せんとする」とあり、宿業が悪行の原因であると言っている。しかし他方、親鸞の重視する聖覚《せいかく》の『唯信抄』には、「われら罪業おもしといふとも五逆おば作らず、善根すくなしといゑどもふかく本願を信ぜり。逆者の十念すら宿善によるなり、いはむや尽形《じんぎょう》の称念《しょうねん》むしろ宿善によらざらむや」と言っており、むしろ宿善の側を表に出して、本願に出会い、称念できることを宿善によるものだと宿善説に積極的な意味を認めている。

一般的に考えても、仏教の業説は生存の状況を決定するものであっても、行為を決定するものではないはずだ。よしんば後に出るように、猟師や農民のように罪を犯さざるをえない状況に生まれたことを業によるものだと認めたとしても(この説は文字どおりに取れば職業差別につながるが)、「卯毛・羊毛のさきにいるちりばかりもつくるつみ」まですべて宿業によるという決定論は出てこないはずだ。もしそれを宿業によるものだと認めるならば、『唯信抄』に言うように、弥陀の本願に出会ったことも宿業によるということを認めなければならず、善悪は帳消しにされる、というよりは、弥陀に出会った宿善の方がずっと大きいはずである。

このように、本条の宿業説は基本的におかしいところがあり、この箇所の親鸞の言葉も親鸞自身の著作と照らして、疑問が大きい。しかし、それだけにここには唯円独自の問題意識が顕著に見えるのであり、その点、きわめて注目されるところでもある。

第二段落は親鸞と唯円の問答を中心とする。あるとき、親鸞は唯円に、「唯円坊はわがいふことをば信ずるか」と問い、「さんさふらう」という答に、重ねて、「さらばいはんことたがふまじきか」と畳み込み、その上で、「たとへばひと千人ころしてんや、しからば往生は一定すべし」と説く。「おほせにてはさふらへども、一人もこの身の器量にてはころしつべしともおぼへずさふらう」と答えると、「なにごともこゝろにまかせたることならば、往生のために千人ころせといはんに、すなはちころすべし。しかれども一人にてもかなひぬべき業縁なきによりて害せざるなり。わがこゝろのよくてころさぬにはあらず」云々と、善悪の行為が宿業によることを改めて説くのである。

この話は、よく知られているように、央掘摩羅《おうくつまら》（アングリマーラ）の故事によっている。外道の師から千人の人を殺せば悟りが開けると教えられた央掘摩羅は、九百九十九人の人を殺し、千人目に釈尊に出会って自らの誤りを知り、釈尊に帰依するのである。ここでもまた、オウムのことが思い合わされる。実際、オウムの信者は人を殺すことによって悟りに近づけると考えてその師の命令に従った。もしこの条からその行為を考えるとき、どうなるであろうか。それも宿業によるもので、彼ら殺人者には何の責任もないのであろうか。

オウムの問題を親鸞と結び付けてもっとも深く取り上げたのは吉本隆明である。吉本は言う。

親鸞はもしかすると、逆説じゃなくていまのオウム―サリン事件みたいな問題に現実に直面して、これを肯定してほんとにいいんだろうか、よくないんだろうか、と本気になってかんがえさせられたんじゃないか。そのあげくに、じぶんは造悪というか、悪をすすんでつくる「極悪深重の輩」をじぶんの〈善悪〉観のなかに包括できるという確信をもてるようになるまでかんがえぬいて、それで「善人なほもて往生を遂ぐ、いはんや悪人をや」ということを言ったんだというふうにぼくはかんがえてみました。

（吉本隆明・芹沢俊介『宗教の最終のすがた』、春秋社、一九九六、二〇三頁）

後に見るように、確かに親鸞は悪の問題をいかにして包括できるかということを考え抜いたと言うことができる。しかし、それは人を千人殺すことができるか、というような問題とは別の次元にあった。たとえ唯円との間でこれに近い問答が実際にあったとしても、それは唯円にとっての大きな関心事であっても、親鸞にとっての中心的な関心事は別のところにあったと思われるのである。

第三段落は親鸞の語との会通が問題とされる。親鸞の晩年に関東の弟子たちの間で起こった異義の中に、まさにこのような造悪無碍説《ぞうあくむげ》があり、それに対して、親鸞は口を極めて厳しい批判を投げている。例えば、「不可思議の放逸無慚のものどものなかに、悪はおもふさまにふるまふべしとおほせさふらふなるこそ、かへすぐ〲あるべくもさふらはず」（『末灯鈔』第十六書簡）等と戒めている。確かにそれは唯円の言うように、「かの邪執をやめんがためなり。またく悪は往生のさはりたるべしとにはあらず」ということにはなるが、にもかかわらず親鸞と唯円とでは重点の置き方が正反対に向いているのである。

第四段落で、唯円の関心がもっとも具体的に正面から提示される。すなわち、そこでは、「うみ・かわにあみをひき、つりをして世をわたるものも、野やまにしゝをかり、とりをとりていのちをつぐともがらも、あきなゐをし、田畠をつくりてすぐるひとも、たゞおなじことなり」と、悪の問題が抽象的な議論ではなく、社会的な職業・階層に関わる問題であることが明らかにされる。

親鸞においても同様の問題意識がないわけではない。『唯信抄文意《もんい》』には、「ひとすぢに具縛《ぐばく》の凡夫、屠《と》沽《こ》の下《げ》類《るい》、無碍《むげ》光仏《こうぶつ》の不可思議の誓願、広大智慧の名号を信楽《しんぎょう》すれば、煩悩を具しながら、無上大涅槃にいたるなり」と言われ、「屠沽」について、「屠はよろづのいきたるものをころしほふるもの、これは猟師といふものなり。沽はよろづのものをうりかふものなり、これはあき人なり。これらを下類といふなり。かやうのあきびと、猟師、さま〴〵のものは、みないし・かはら・つぶてのごとくなるわれらなり」とコメントしている。親鸞も猟師や商人を「われら」と呼んで、自分自身をその中に位置づけているのである。ここで注目されるのは、親鸞は必ずしも猟師や商人を「悪人」の代表として挙げているわけではないことである。むしろ「いし・かはら・つぶてのごと」き存在として位置づけている。これは「能令瓦礫変成金」(能《よ》く瓦礫《がりやく》をして変じて金に成さしむ)という『唯信抄』に引かれた『五会《ごえ》法事《ほうじ》讃《さん》』の「瓦礫」の解釈であるから当然ではあるが、『歎異抄』における位置づけと微妙に異なっていることに注意すべきである。

さて、『歎異抄』では、猟師・漁師・商人・農民を具体的に「悪人」の例として挙げている。殺生が罪であるという点からすれば、人を殺す職業である武士が入ってこなければならないが、それが入らないのは、親鸞の門流の社会的階層を表わすものと考えてよい。第三章のいわゆる悪人正機説の「悪人」を考える際も、この点は考慮される必要がある。また、ここで考えられている「悪」は、殺生や商取引、特に殺生が中心に捉えられている(農民も虫などを殺すことが問題となるのであろう)。このことは、先に出た「人千人ころしてんや」と照らし合わせてみても明らかである。後に見るように、親鸞における最大の悪の問題が五逆・誹謗正法《ひぼうしょうぼう》として捉えられるのとは大きく違っている。次に見る第三条もそうであるが、唯円が悪の問題に固執し、親鸞の意に反してまで造悪無碍に積極的な評価を下すのは、恐らくこのような社会的な背景があってのことと考えられる。

なお、もう一つ注目されるのは、善行を求める当時の念仏者に対して、「ひとへに賢善精進《けんぜんしょうじん》の相をほかにしめして、うちには虚仮《こけ》をいだけるものか」と批判している箇所である。これは言うまでもなく善導《ぜんどう》『観経疏《かんぎょうしょ》』の至誠心釈《しじょうしんしゃく》の文によるもので、これについては、次の第三条を論ずる箇所で考えてみたい。

3、いわゆる悪人正機の問題

以上の考察を前提として、第三条のいわゆる悪人正機を考えてみよう。

> 善人なをもて往生をとぐ、いはんや悪人をや。しかるを、世のひとつねにいはく、悪人なを往生す、いかにいはんや善人をや。この条、一旦そのいはれあるににたれども、本願他力の意趣にそむけり。そのゆへは、自力作善《じりきさぜん》のひとは、ひとへに他力をたのむこゝろかけたるあひだ、弥陀の本願にあらず。しかれども自力のこゝろをひるがへして、他力をたのみたてまつれば、真実報土の往生をとぐるなり。煩悩具足のわれらはいづれの行にても生死をはなるゝことあるべからざるを、あはれみたまひて願をおこしたまふ本意、悪人成仏のためなれば、他力をたのみたてまつる悪人、もとも往生の正因なり。よて善人だにこそ往生すれ、まして悪人は、とおほせさふらひき。

この条をめぐっては、これまでにもさまざまな議論が展開されてきている。特に、『醍醐本法然上人伝記』に、「善人尚以往生、況悪人乎事」という項目があり、悪人正機説は法然に遡るのではないかという点、それと関連して、この『歎異抄』第三条の「おほせさふらひき」の主語が親鸞なのか、法然なのかという点などについては、議論が絶えない。これについては、以前多少考察を試みたこともあり(「悪人正機説をめぐって」、『日本仏教思想史論考』、大蔵出版、一九九三所収)、いまは立ち入らないことにしたい。

ここでまず注目されるのは、「他力をたのみたてまつる悪人、もとも往生の正因なり」と、悪人に対して「正因」の語が使われていることである。ここから、「悪人正機」ではなく、「悪人正因」と呼ぶべきだという説もなされている(平雅行『日本中世の社会と仏教』、塙書房、一九九二)。これについては、「因」は結果に対する直接的原因を、「機」は人を指す。従って「悪人正因」とは言えない。……この他にも『歎異抄』は仏教用語の誤用・親鸞とは異なる用語法が目立ち、安易に踏襲することはできない」という指摘(遠藤美保子「親鸞の他力思想と悪人正機説に関する再検討」、『仏教史研究』三二、一九九五)に注目したい。『歎異抄』が「悪人正機」でなく、「悪人正因」であるところに、まさに本書の記述が仏教用語に通じた親鸞の言葉そのままでなく、それに十分通じていなかったと思われる唯円に由来する要素が入ってきていることが如実に示されている。本書が親鸞の思想を語るのにそのまま用いることができないことが、ここからも知られるであろう。

ところで、本条は『教行信証』化身土巻の第十九願、第二十願解釈を踏まえており、この点では

『教行信証』と必ずしも相違するとは言えない。第十九、二十願解釈については次項でもう少し考えてみたいが、要するに第十九願の『観経《かんぎょう》』(『観無量寿経』)の機が自力作善の機であり、第二十願の『小経』(『小阿弥陀経』)の機が自力念仏の機である。それらは化土に往生し、直ちに報土に往生できないとされている。それに対して、第十八願の機が他力念仏の機である。『歎異抄』第三条で「自力作善の人」云々と言っているのはこの第十九願の機のことと考えられる。また、化身土巻では、楞厳《りょうごん》の和尚(源信)の説に触れて、「観経の定散《じょうさん》の諸機は、極重悪人、唯称弥陀と勧励したまへるなり。濁世《じょくせ》の道俗、よく自ら己が能を思量せよとなり」と言っており、「観経の定散の機」である「極重悪人」が第十八願の念仏に帰すべきことが言われている。その少し先では、『観経』の文を解釈して、「「汝《によ》是《ぜ》凡夫《ぼんぶ》心想羸劣《しんそうるいれち》」と言へり、則ちこれ悪人往生の機たることを彰はすなり」と「悪人往生の機」という語が明瞭に言われている。このように見るならば、確かに『歎異抄』第三条は『教行信証』を踏まえていると言うことができる。

なお、これに関連するものとして、もう一つ善導『観経疏』の至誠心釈を挙げることができるであろう。至誠心は『観経』に説く三心(至誠心・深心・廻向発願心)の一で、『観経疏』散善義はかなりのスペースを割いて三心の問題を論じ、それを親鸞も『教行信証』信巻に引用して重視している。至誠心釈冒頭は親鸞が読み替えをしていることでも有名であるが、親鸞の読みによって引用しておこう。

> 至とは真なり、誠《じょう》とは実《じち》なり。一切衆生の身口意業の所修《しょしゅ》の解行《げぎょう》、必ず真実心の中に作《な》したまひしを須《もち》ゐることを明かさむと欲《おも》ふ。外に賢善精進の相を現ずることを得ざれ、内に虚仮《こけ》を懐《いだ》いて、

貪瞋邪偽《とんじんじやぎ》奸詐《かんさ》百端《ひやくたん》にして悪性侵《や》め難し、事、蛇蝎《じやかち》に同じ。

（七六頁。以下、『教行信証』の引用は、思想大系本により頁数のみ記す）

親鸞の解釈によれば、「真実心」は阿弥陀仏の心であり、「内に虚仮を懐い」た衆生が「賢善精進の相」を示すことは認められないのである。ここで「賢善精進の相」は「自力作善」のすがたであり、それを否定する態度は『歎異抄』第三条に通ずるものである。

以上のように見るならば、『歎異抄』第三条は基本的に『教行信証』の説と必ずしも相違しないということができる。では、どこが問題なのであろうか。それには二点を挙げることができる。

第一に、第三条の内容に関してまず指摘すべきは、第十三条と関連させることにより、ここで課題となる悪は五悪・十悪の範疇に入るもので、特に殺生を代表とするものが中心と考えられる。これに対して、後に述べるように、親鸞においては、より根源的な悪である五逆・誹謗正法こそが最大の問題となっている。それ故、『歎異抄』の悪人正機説では親鸞における悪の問題のごく一端しか取り上げていないと言わなければならない。

第二に、親鸞にとって確かに自力の善行は否定されるべきものであるが、同時に三願転入によっても知られる通り、親鸞自身もその自力を通ってきているのであり、決して第三者的な問題では済まされない。『歎異抄』に言うほど「悪人」に徹することは決して容易ではないのである。その難しさがここでは無視され、「悪人」たることが単純に謳歌されている。

このように、親鸞において、悪の問題ははるかに重層的で、複雑な構造を持っている。それを唯円はきわめて単純化し、平板化しているのである。それ故、確かに親鸞の説と全く異なるわけではないし、この言葉が親鸞の言葉をかなり忠実に伝えている可能性も否定するわけではないが、にもかかわらず、親鸞における悪の問題を十分に反映しているとは言い難いと言わなければならない。本条を親鸞の中心思想として論ずることが不適当であることは明白である。むしろ、この言葉を大きく取り上げたところに、第十三条と絡めて唯円の問題意識を見るべきであり、あえて言えば、親鸞プラス唯円の思想として理解すべきものと思われるのである。

三、『教行信証』

1、五逆・誹謗正法

『歎異抄』における悪は殺生などを中心とするもので、仏教的には五悪や十悪の範疇に入るものと考えられる。五悪は、殺生《せっしょう》・偸盗《ちゅうとう》・邪婬《じゃいん》・妄語《もうご》・飲酒《おんじゅ》であり、十悪は殺生・偸盗・邪婬・妄語・綺《き》語《ご》・悪口《あっく》・両舌・貪欲《とんよく》・瞋恚《しんに》・愚癡《ぐち》で、後者は身三・口《く》四・意三の三業《さんごう》に分けられる。これらは修行上の妨げであるとともに、より一般的には倫理的次元の問題と考えられる。また、造悪無碍と言われるとき、その「悪」はより一般的な社会的に糾弾されるような性質のものと考えられる。このような悪は、確かに宗教的、仏教的と言える面もあるが、基本的には倫理的、道徳的な面が強い悪である。もちろん、親鸞もそれを問題にしないわけではない。しかし、『教行信証』でより大きく問題にされるのは五逆・誹謗正法である。それらは必ずしも「悪」という呼称が用いられているわけではないが、五悪・十悪を超えて救済困難な、最悪の地獄である無間地獄《むけんじごく》に堕ちるべき罪業である。

誹謗正法は、正しい教え、すなわち仏の教えを謗《そし》ることで問題ないが、五逆については、『教行信証』信巻の最後に、淄州《ししゅう》（智周）に従って三乗（小乗）の五逆と大乗の五逆を挙げている（一三五頁）。

三乗の五逆――①ことさらに思ふて父を殺す。②ことさらに思ふて母を殺す。③ことさらに思ふて羅漢（悟りを開いた仏弟子）を殺す。④倒見《とうけん》して和合僧《わごうそう》（仏教教団）を破す。⑤悪心をもて仏身より血を出だす。

大乗の五逆――①塔を破壊《はえ》し、経蔵《きょうぞう》を焚焼《ぼんしょう》する、および三宝の財物を盗用する。②三乗の法を謗りて聖教《しょうぎょう》にあらずと言ふて、障破留難し隠蔽落蔵する。③一切出家の人、もしは戒・無戒・破戒のものを打罵《ちょうめ》し呵責《かしゃく》して、過《とが》を説き禁閉し還俗せしめ、駈使《くし》債調し断命せしむる。④父を殺し、母を害し、仏身より血を出だし、和合僧を破し、阿羅漢を殺す。⑤謗《ほう》して因果なく、長夜《じょうや》に常に十不善業を行ずる。

これらのうち、三乗の五逆の方が一般的であり、通常はそちらが中心に考えられる。大乗の五逆においては、それらはまとめて第四項に入れられている。三乗の五逆のうち、①②は一般的、道徳的な重罪であるが、③以下は仏教、および仏教教団に対してなされる敵対行為であり、その点で誹謗正法と通ずる。すなわち、これらは道徳的、倫理的な悪であるというよりは、宗教的、仏教的な悪であり、それらの方が道徳的、倫理的な悪よりも罪が重いとされるのである。

さて、浄土教において五逆・誹謗正法が特に問題になるのは、阿弥陀仏の第十八願解釈に関連することによる。第十八願は『大無量寿経』(大経)に説かれる四十八願のうち、念仏する衆生救済を誓ったもっとも中心となる願とされ重視されるもので、『教行信証』の信巻はこの第十八願を至心信楽《ししんしんぎょう》の願と呼んで取り上げている。『教行信証』の読み方に従うと、以下の通りである。

たとひわれ仏を得たらむに、十方の衆生、心を至し信楽してわが国に生れむと欲《おも》ふて乃至十念せむ、もし生れざれば正覚《しょうがく》を取らじと。ただ五逆と誹謗正法を除く。（七二頁）

ここで、「ただ五逆と誹謗正法を除く」と言われていることが、中国や日本の浄土教思想家にとって問題になったのである。すなわち、これによると五逆や誹謗正法のような重罪は阿弥陀仏の救済の対象から外されることになる。ところが、他方、『観経』の下品下生《げほんげしょう》段によると、五逆十悪の悪人も臨終に念仏すれば極楽世界に往生できると説かれており、それによると、五逆は十悪とともに救済対象に含まれることになる。ただし、誹謗正法については言及されていない。そこで、『大経』と『観経』をどう会通するかが問題になるのである。

信巻では、その最後にこの問題を取り上げて、曇鸞《どんらん》と善導の解釈を挙げる。曇鸞の解釈は、五逆より誹謗正法の方が重い罪であるから、五逆は救済されるが、誹謗正法は救済対象とならないというものである。なぜならば、仏法に従ってすべての善法が出てくるのであり、仏法の断絶から五逆も含めてすべての罪悪も生ずるのであるから、誹謗正法は五逆よりはるかに重く、救済されえない最悪の罪業ということになるのである。

善導の解釈はさらに救済論を徹底させており、自らその説を「抑止門《おくしもん》」と呼んでいる。すなわち、これらの罪を救済対象から外しているのは、罪を作らないようにと抑止する目的であり、罪を犯してしまった場合に救済しないというわけではない、というのである。すなわち、第十八願で五逆と誹謗正法を除くのは、「如来それこの二つの過《とが》を造らむを恐れて、方便して止めて往生を得ずと言《のたま》へり」というのであり、下品下生で、五逆を摂取し、謗法を言わないのは、

それ五逆は、すでに作れり、捨てて流転せしむべからず。還りて大悲を発《おこ》して摂取して往生せしむ。しかるに謗法《ほうぼう》の罪は、いまだ為《つく》らざれば、また止《とど》めて、もし謗法を起こさば即ち生《うま》るることを得じと言《のたま》ふ。これは未造業《みぞうごう》について解《げ》するなり。もし造らば、還りて摂《しょう》して生るることを得しめむ。（一二四頁）

すなわち、「謗法・闡提《せんだい》、回心《えしん》すればみな往《ゆ》く」のである（「闡提」は「一闡提」のことで、『涅槃経』に説く成仏不可能のもの）。ここで「回心すれば」と言われていることは注意すべきである。確かに最悪の重罪である謗法者にも救済の手は差し伸べられる。しかし、それは「回心すれば」という条件付きなのであり、回心しなければあくまで地獄落ちである。もちろんキリスト教の地獄のように、地獄に落ちっぱなしということはないのではあるが。ちなみに『法華経』提婆達多《だいばだった》品では、釈迦を傷つけ、教団乗っ取りを図ったまさに五逆謗法の提婆達多（デーヴァダッタ）について、その謗法が逆に縁となって、将来成仏するであろうという授記《じゅき》（予言）が下されるのである。いずれにしても、このようにして先の吉本隆明の問題提起、悪逆のものをもなお摂取しうるかという問題は、より深い次元で

取り上げられているのである。

ところで、『教行信証』信巻では、曇鸞や善導の説を引く前に、「難治《なんじ》の機」(救済し難い機根)を説くとして、きわめて長い『涅槃経』の引用がある。そこではまず、難治のものとして、謗大乘・五逆罪・一闡提の三種を挙げる。そして、その具体例として、阿闍世王の話を長く引くのである。

阿闍世(アジャータシャトル)は釈迦在世時の王舎城の王であるが、父王頻婆沙羅《びんばさら》(ビンビサーラ)を殺して王位に就いたが、その悪業のために重病となった。大臣たちが次々に六人の外道の説を述べて王を安心させようとするが、王は納得できない。最後に名医耆婆《ぎば》が仏に帰依することを勧める。仏は涅槃に入らずに阿闍世の来るのを待ち、亡くなった父王の天からの励ましをも受けて、阿闍世は仏のもとに行き、仏の教えを受ける。(一〇九—一二九頁、取意)

父王を殺した阿闍世はまさに五逆を犯した代表であり、また、提婆達多に肩入れしたことは謗法にも値する。その阿闍世を仏は自らの涅槃を遅らせてまで救済しようとするのである。そこで、この話をも念頭に入れて、五逆謗法の救済が親鸞にとってどういう意味を持つか、考えてみたい。

近代教学において、基本的に五逆謗法の悪人は我々自身のことと解されてきた。例えば、今日でももっとも広く用いられている『教行信証』注釈の決定版ともいうべき山辺習学・赤沼智善『教行信証講義』では、「ああ何人か五逆謗法の罪を免るることが出来やうぞ。聖人は自らこの自覚を表白し、普くこの自覚を促し給ふために此の文を引用せられたものである」と論じている(同書、九六二頁)。まず、このような解釈が考えられる。

それに対して、親鸞自筆の『教行信証』の原本である板東本を精査した赤松俊秀は大きな発見をした。それは、この『涅槃経』の引用が当初からこれだけの分量があったわけではなく、晩年に至ってから増補していまのような長大な引用となったことが解ったのである（赤松「教行信証の成立と改訂について」、『続鎌倉仏教の研究』、平楽寺書店、一九六六）。親鸞の晩年と言えば、自らの実子善鸞が関東において異義を唱え、それに対する収拾に苦しみ、ついに建長八年（一二五六）八十四歳のときに善鸞を義絶するに至ることはよく知られている。『教行信証』のこの部分の増補は建長初年頃と考えられ（赤松、前掲論文）、直ちに善鸞事件が前提となっているとは言えないが、にもかかわらず、善鸞事件は不思議なまでにこの『涅槃経』の話と一致する。正しい教えに反して、邪義を立てた善鸞はまさに謗法の徒であり、父を殺さないまでも、父に背いた点では五逆に準ずるものである。親鸞はその消息に、「善知識をおろかにおもひ、師をそしるものをば謗法のものと申すなり。おやをそしるものをば五逆のものと申すなり、同座せざれと候ふなり」（『末灯抄』）と厳しく戒めている。親を謗り、正しい教えに背いた善鸞は、まさに五逆謗法を幾重にも重ねて犯す極悪人に他ならない。

父を殺した阿闍世がその罪に苦しみ、それでもなお父は慈悲をもって我が子を仏へと導き、悪逆の子が仏の教えによって真理に目覚めるというストーリーは、親鸞にとって決して他人事ではなかったであろう。親鸞は善鸞を阿闍世に、自らを頻婆沙羅になぞらえ、善鸞が悪逆の心から真理に目覚めてくれることを願わずにはいられなかったであろう。そうとすれば、五逆謗法は「何人か五逆謗法の罪を免るることが出来やうぞ」という自省の問題ではなく、阿弥陀仏の正しい教えを伝える親鸞自身の教えこそ正法であり、それに背いたり、謗ったりする者こそ謗法といわなければならないことになる。実際、晩年の消息における五逆謗法は、先の引用箇所をはじめ、このような意味合いで用いている場合が多い。すでに触れたように、親鸞の重視する聖覚の『唯信抄』には、「われら罪業おもしといふとも五逆おば作らず、善根すくなしといゑどもふかく本願を信ぜり」と、自らは五逆謗法ではないことを明白に述べている。

ところで、古田武彦は、同じように五逆謗法は他者への批判と、それをどのように摂取できるかという問題であると取りながら、具体的には善鸞問題とは別のことが考えられていたとする。すなわち、かつて法然教団を弾圧し、法然門下の二人の僧を死罪とするとともに、法然・親鸞らを流罪にした後鳥羽上皇とその臣下たちこそ、五逆謗法のものであり、彼らに対する怒りとそれでもなお彼らを救済しうるか、ということが親鸞にとって最大の課題であったというのである（古田『親鸞思想』、冨山房、一九七五、第一篇第三章）。『教行信証』跋文には、その経緯が激しい筆致で記されている。

> 竊《ひそ》かにおもんみれば、聖道の諸教は行証ひさしく廃れ、浄土の真宗は証道いま盛りなり。しかるに諸寺の釈門、教に昏《くら》くして真仮《しんけ》の門戸を知らず、洛都の儒林、行に迷ふて邪正の道路をわきまふることなし。ここを以て、興福寺の学徒、太上天皇〔後鳥羽の院と号す〕〈諱 尊成《いみなたかなり》〉、今上〔土御門の院と号す〕〈諱為仁《ためひと》〉聖暦、承元丁卯《ひのとう》の歳、仲春上旬の候に奏達す。主上臣下、法に背き義に違《い》し、忿《いかり》をなし怨《うらみ》を結ぶ。これに因りて、真宗興隆の大祖源空法師ならびに門徒数輩、罪科を考へず、みだりがわしく死罪に坐《つみ》す。あるいは僧儀を改めて姓名を賜ふて遠流に処す。予はその一なり。

しかればすでに僧にあらず俗にあらず。この故に禿《とく》の字を以て姓とす。

（二五七―二五八頁）

「主上臣下」云々の箇所は、戦前に不敬に当るとして、「主上」の語を伏字にさせられた曰く付きの箇所である。この厳しい糾弾の言葉を見れば、古田の説もまったく根拠のないこととは言えない。

では、古田が批判するような近代的解釈、すなわち、五逆謗法は自分自身のことだという解釈は成り立たないのであろうか。実はそうも言えない。そのヒントは、先に触れた『涅槃経』の引用の中に見出される。仏は阿闍世のために涅槃に入らない理由を次のように言う。

阿闍世王の為に涅槃に入らず。かくのごときの蜜義、汝いまだ解くことあたはず。何を以ての故に、われ『為《ため》』と言ふは一切凡夫、『阿闍世』とは普くおよび一切五逆を造る者なり。また『為』とは即ちこれ一切有為《うい》の衆生なり。われ終《つい》に無為の衆生のためにして世に住せず。何を以ての故に、それ無為は衆生にあらざるなり。『阿闍世』とは即ちこれ煩悩等を具足せる者なり。

（二一六―二一七頁）

すなわち、五逆謗法を犯した阿闍世とは他の人でない、すべての煩悩を具足した衆生は皆その同類だというのである。確かに表面的には五逆謗法を犯していないように見えるかもしれない。しかし、それは程度の問題であり、その内実からすれば五逆誹謗と異ならないと考えられる。

あるいはまた、同じ引用の中で、阿闍世と頻婆沙羅の関係もこの問題を考える参考になる。阿闍世が父殺しに至るのは、単純にすべて阿闍世が悪いとも言えない。頻婆沙羅はむかし、狩をしていたとき、悪心があって仙人を射殺した。その仙人が死の前に、「われ来世においてまさにかくのごとく還りて心口《しんく》を以てして、汝を害すべし」と誓言を立て、それが阿闍世として生まれて父を殺すことになったというのである。それ故、「先王自ら作りて、還りて自らこれを受く。いかんぞ王をして殺罪を得しめむ」と言われる(一二〇頁)。阿闍世に罪を作らせたのは父王である。善鸞の罪のおおもとを作り出したのは父親鸞だと言ってもよいであろう。とすれば、自分が表面的に五逆謗法の罪を犯していないからと言って、その罪からまったく免れていると言うことができるであろうか。こう見てくれば、五逆謗法は私たち一人一人がそうである、という解釈も決して不当ではない。

以上のように、五逆謗法の解釈は一筋縄でいかない重層性を持っている。『歎異抄』の悪人正機説など、それと較べたら、はるかに単純な論理であることが解ろう。悪人正機説をもって親鸞を代表させることの不当性は納得して頂けるものと思う。

2、三願転入の論理

『歎異抄』の悪人正機説は、このように「悪人」の理解において『教行信証』のダイナミズムを十分に反映していない。それのみならず、「善人」の理解においても『教行信証』の提起した重要な問題が隠れてしまっている。「自力作善のひとは、ひとへに他力をたのむこゝろかけたるあひだ、弥陀の本願にあらず。しかれども自力のこゝろをひるがへして、他力をたのみたてまつれば、真実報土の往生をとぐるなり」とある箇所は、前述のように『教行信証』化身土巻を踏まえており、「自力のこゝろをひるがへ」さないときには、「真実報土」ではなく、化身土に生まれることが含意されている。しかし、それが文面に表れていないために、親鸞が心を砕いた肝心の化身土の論理が見にくくなっている。確かに『歎異抄』第十七条には辺地往生のことが取り上げられているが、十分に議論されてはいない。

では、化身土の論理とはどのようなものか。信巻では、中心となる往生の理論が第十八願に基づいて展開されていた。それに対して、化身土巻では第十九願と第二十願が立てられる。第十九願は「至心発願の願」であり、「無量寿仏観経の意《こころ》なり。邪定聚《じゃじょうじゅ》の機。双樹林下《そうじゅりんげ》往生」と注される。自力の諸行に相当する。また、第二十願は「至心回向の願」と名付けられ、「阿弥陀経の意《こころ》なり。不定聚の機。難思往生」と注される。自力の念仏に相当する。第十九願は以下のようなものである。

たとひわれ仏を得たらむに、十方の衆生、菩提心を発《おこ》し、もろもろの功徳を修し、心を至し発願《ほつがん》して、わが国に生れむと欲《おも》はむ。寿終の時に臨んで、たとひ大衆《だいしゅ》と囲繞《いにょう》してその人の前に現ぜずは、正覚《しょうがく》を取らじ。（一八九頁）

第二十願は以下のようなものである。

たとひわれ仏を得たらむに、十方の衆生、わが名号を聞きて、念をわが国に係《か》けて、もろもろの徳本を植ゑて、心を至し回向して、わが国に生れむと欲はむ、果遂《かすい》せずは正覚をとらじ。（二〇五頁）

これらは弥陀の本意ではないが、浄土の本土である真実報土に生まれることができず、しかし、まったく救済から外されるわけでもなく、弥陀の慈悲により、とりあえず方便によって化身土に生まれるというのである。

なぜこのような方便が必要とされるのであろうか。思想史的な状況から言えば、法然門下においてすでに幸西《こうさい》・隆寛《りゅうかん》らが化土・辺土の説を立てており、それを発展させたと考えられる。法然門下の自力系の諸派を包含する必要もあったであろう。しかし、『教行信証』の枠で考えるとき、もっとも重要なのは他力に徹底することの難しさであろう。

悲しきかな、垢障《くしょう》の凡愚、無際よりこのかた助正間雑《じょしょうけんぞう》し、定散心雑《じょうさんしんぞう》するが故に、出離その期《ご》なし。自ら流転輪回《りんね》を度《はか》るに、微塵劫を超過すれども仏願力に帰しがたく大信海に入りがたし。良《まこと》に傷嗟すべく、深く悲歎すべし。おほよそ大小聖人、一切善人、本願の嘉号を以ておのれが善根とするが故に信を生ずることあたはず、仏智を了《さと》らず、かの因を建立せることを了知することあたはざる故に報土に入ることなきなり。(二一四頁)

「内に虚仮《こけ》を懐《いだ》」きつつ、なお「外に賢善精進の相を現ずる」、『歎異抄』的な言い方をすれば、「悪人」に徹することができず、「善人」ぶるのがおおかたの人間ではないのか。それ故、そのような衆生をどのようにして救うことができるのかが、大きな問題とならざるをえない。『歎異抄』では、まさにこの重大な問題が忘れ去られている。しかも、他力に徹底できないのは他人事ではない。親鸞自身、その困難を経てきているのである。それが有名な三願転入である。

ここを以て愚禿釈《ぐとくしゃく》の鸞《らん》、論主の解義を仰ぎ、宗師の勧化に依りて、久しく万行諸善の仮門《けもん》を出でて、永く双樹林下の往生を離る。善本徳本の真門に回入《えにゅう》して、ひとへに難思往生の心を発《おこ》しき。

> しかるに、今まことに、方便の真門を出でて、選択の願海に転入せり。速かに難思往生の心を離れて、難思議往生を遂《と》げむと欲《おも》ふ。果遂の誓《ちかい》まことに由《ゆえ》あるかな。ここに久しく願海に入りて、深く仏恩を知れり。至徳を報謝のために、真宗の簡要をひろふて、恒常に不可思議の徳海を称念す。いよいよこれを喜愛し、ことにこれを頂戴するなり。　（二一四頁）

親鸞自身が「万行諸善の仮門」(＝第十九願の諸行往生)から、「善本徳本の真門」(＝第二十願の自力念仏)に「回入」し、「今」そこから「選択の願海」(＝第十八願の他力念仏)に「転入」したというのである。この三願転入が具体的にどの時期を指すかについては、古田武彦が従来の説を批判検討し、特に「回入」と「転入」の区別、「今」の用法の検討を通じて、次のような説を立てている(古田、前掲書、第一篇第二章)。

第十九願から第二十願への回入――吉水の法然門への入室。

第二十願から第十八願への転入――三部経千部読誦を中途で止めた建保二年(四十二歳)から『教行信証』原本執筆の元仁元年(五十二歳)の間。

古田の説は丁寧な論証の上に成り立っているが、それでもなお必ずしも十分とは言えない。例えば、「今」の解釈であるが、このように幅を持った時期を「今」と呼ぶ例は、古田自身の集めた用例の中に見出されないように思われる。古田の言うように、「「今」とは「現在」を指すものであって、「過去の一点」を指すものではない」(古田、前掲書、一一四頁)。とすれば、この「今」はいつなのか。例えば、『教行信証』総序の例を見てみよう。

ここに愚禿釈の親鸞、慶《よろこ》ばしいかな、西蕃《せいばん》・月支《げつし》の聖典、東夏《とうか》・日域の師釈に遇《あ》ひ難《がた》くして、今遇ふことを得たり。聞き難くして已《すで》に聞くことを得たり。（一〇頁）

「今遇ふことを得たり」と言っているが、これを書いているときにはじめて遇ったわけではない。レトリックとしては「聞き難くして已に聞くことを得たり」の「已に」と対応している。「已に」の方が過去で、「今」の方が今現在、というわけではない。「遇ふことを得たり」と「聞くことを得たり」は同時である。それ故、「已に遇ふことを得たり」と言ってもよい。では、何故「今」なのか。それは、過去の一回的なできごととして過ぎ去ったことなのではなく、その過去がつねに「今」として捉えかえされるということに他ならない。

同様の例は、例えば、化身土巻の三願転入の少し前に引かれた善導の『法事讃』の文にも見られる。そこでは、「仏道人身、得難くして今すでに得たり。浄土聞き難くして今すでに聞けり。信心発《おこ》し難くして今すでに発せり」（二一三―二一四頁）と、「今すでに（今已）」と連ねて用いている。「人身」を「今」はじめて得たわけではない。しかし、そのことは、「今」において捉えかえされ、確認されることによって、はじめて宗教的な事実となるのだ。

それと同様に、第二十願から第十八願への「転入」も決して「今」はじめて起こったことではない。しかし、一回起こればもはやそれでよいというものではなく、つねに「今」において捉えかえされてゆく体験なのである。第二十願から第十八願へ一回転入してしまえば、もはやあとは何もしないでもよいというものではないのだ。常に自力への転落の危機に立ちつつ、そこから繰り返し繰り返し跳躍すること、それが「今」なのだ。「自ら流転輪回を度るに、微塵劫を超過すれども仏願力に帰しがたく大信海に入りがたし」と言われていたように、ひとたび他力に帰して後もなお、「仏願力に帰しがたく大信海に入りがたし」という状態は変るわけではない。それを自覚するとき、その自らの弱さが逆に弥陀の絶対性として自覚され、そこに他力が受け止められるのだ。

他力と自力を全く隔絶したものとして、他力になればもう絶対そこには自力はない、というふうに単純に二分化することはできない。むしろ、他力は自力のあるところにおいて、その自力への絶望と否定においてはじめて成り立つものである。自らの何の努力もなしに、他からのはたらきかけをただ受身的に待つということで、どうして他力を受け止めることができようか。三願転入の論理は、まさにこの自力と他力の緊張関係の上に成り立っているのだ。

『歎異抄』の悪人正機説はその厳しい緊張関係を捨象してしまっている。もっとも、それは唯円一人の誤解に基づくとばかりは言えず、晩年の親鸞は弟子たちへの消息において単純化して語っているところが少なくなく、その点、注意を要する。

四、宗教と倫理の狭間

事実であったかどうか定かでないが、かつて公害を振りまいて社会的に糾弾された会社の社長が熱心な親鸞の信者で、これだけ悪いことをしているのだから、自分は必ず往生間違いなしだと、言ったとか。もし『歎異抄』の悪人正機と造悪無碍説に従えば、あるいはその論理も正当化されるかもしれない。それは確かに「倫理性欠如」を指弾されてもしかたないであろう。だが、『教行信証』に従う限り、そのような悪の正当化は出てこない。晩年の消息でも、親鸞は常に厳しい造悪無碍への批判者であった。

しかも、親鸞における悪の思索は、そのような社会的、共同体のレヴェルの悪の問題に留まらなかった。五逆謗法というより深い宗教的な悪の問題を正面に据えて、親鸞は苦闘した。自らを弾圧した後鳥羽院や自らに背いた善鸞を彼は決して容赦しなかった。しかも、その刃は単に外に向いただけではなかった。自らのうちにもそれと同じ罪を見出さずにはいられなかった。そのような悪の糾弾の上に立ちながら、その悪が大きければ大きいだけ、それを救済する阿弥陀仏の力も絶対的なものとして受け止められた。

また、阿弥陀仏の本願他力は、決して受身的で無批判的な随順から出てくるものではなかった。まさに人は求める限り迷うのであり、自力の努力のあるところに、その限界において他力は立ち現われるものであった。それを忘れるとき、他力は「神ながらの道」と同一視されることにもなりかねない。だが、それで問題はすべて解決するというわけではない。五逆謗法が最大の悪である以上、その悪の問題が世間的な倫理で片付かないことは言うまでもない。しかしその際、謗法とは何であろうか。親鸞にとって、阿弥陀仏の教えを謗るものはまさに謗法の徒であった。だが、逆に、例えば法華信仰に立つものにとって、『法華経』をないがしろにする法然や親鸞の教えこそ謗法の最たるものではないのか。実際、日蓮は後に口を極めて専修念仏の徒を攻撃する。とすれば、一体どちらが正しく、どちらが謗法なのであろうか。

この問題は浄土信仰と法華信仰に限らず、より一般的に諸宗教の対話という問題と関わる。諸宗教はそれぞれ自らの絶対的な正しさを信じ、それに対立する他宗教を批判する。しかし、逆の宗教の側から見れば、事態は正反対になる。その原則通りの立場を貫けば、下手をすれば戦争になりかねない。実際、こうして宗教戦争は起こったのであり、今日でも宗教を原因とした悲惨な戦争は跡を絶たない。もちろん戦争に至るには、宗教の問題だけに還元できないさまざまな要素が絡んでおり、簡単に解決のいかない要素もある。だが、それにしても異なる宗教を持つもの同士が、どの次元で理解しあえるのであろうか。

一つの解決法は、宗教をあくまでプライベートな問題と考え、相互のプライバシーを尊重し、相互に干渉しないところに宗教の自由を認めようという考え方である。ルター派の運動に始まるドイツの宗教戦争の果てになされたアウクスブルクの和議(一五五五)において、近代の宗教の自由が確立されたと言われるが、それはこのような意味における自由である。それによれば、プライバシーの領域を犯さない限りにおいて、相互の対話が成り立ち、そこに公的な領域が開かれることになる。それが他者との相互関係の領域であり、倫理や法制の成り立つ領域ということになる。

だが、宗教の問題は人間の根源に関わるものである。それは単にプライバシーの領域に関わるものでなく、それを超えて普遍性を要求しようとする。あるいは、より根源的な次元で他者と関わろうとする。それに対して、近代的なプライバシーの理論はその宗教の要求を制限するところに成り立つ。だが、その制限に甘んじるとき、宗教はもはや本来の宗教としての理想を失っているのではないか。

あるいは、別の解決法として、諸宗教の根底に共通する何かを想定することができるかもしれない。そして、その根底において諸宗教は相互に理解しうるとするものである。だが、その立場そのものが一つの立場であり、必ずしも誰もが納得しうるものではない。

考えてみれば、かつては普遍性を要求しうると考えられた哲学的理性もまた、今日その特殊性が明らかにされ、その普遍性をもはやだれも信じられない状況となっている。とすれば、宗教の普遍性の理念もまた成り立たなくて当然である。だが、それでもなお、プライベートな領域をブラックボックスとして隠して、その上にはじめて成り立つ相互了解という世界観は余りに寂しいではないか。公的な世界で成り立つ倫理を超えて、なお成り立つ他者との関わりは可能であろうか。少なくともその問いはなお問われ続けてよいように思われる。

(付記) 『歎異抄』の引用は、佐藤正英『新註歎異抄』(朝日文庫、一九九四)所収の蓮如本の翻刻によるが、片仮名は平仮名に改めた。

Ⅱ

5　超えつつ、そして結びあうこと
――『つぐみ』『ノルウェイの森』『死の棘』

『TUGUMI　つぐみ』を読んだ。これはなかなかスゴい。一見、少女小説風、あるいは少女まんが風だけど、けっこう奥が深いのだ。もちろん高校卒業して、大学へ入ったばかりの年頃の、ああこの青春の時はもう帰ってこないんだという思い、胸がキュンとするようなせつなさも、すごくよくわかるし、それだけでも十分だけど、読みおわってみて、それだけでないところがあるんだ。すごく甘ちょろいみたいだけれど、どうしてどうして、油断すると、つぐみにしてやられたチンピラみたいに、半殺しにされてしまいそうだ。

語り手は白河まりあ。このネーミングがいい。「聖母の名を持つ」というけれど、MARIAと口を大きくあける母音がいかにもあっけらかんと明るい。それに対して、主人公はつぐみ。これはいかにも暗そうだ。でも、性格というのは、ほんとうはそれほど単純ではないけどね。

まりあはことし故郷のうみべの町を離れて、東京の大学に進んだ。この上京にはもうひとつの意味がある。父が前妻と正式に離婚して、母といっしょになったのだ。それまでは母は日蔭の身、つまり不倫の恋というやつだ。父は東京でサラリーマン、母は故郷の町で、おばさん夫婦が経営する山本屋旅館ではたらいていた。父は勤勉にも週末にはこの町まで通い、ひたすら母娘にやさしい。母はけなげにも明るく、娘を育て、そんな生活にたえてきた。泣かせるではないか。そしていま、三人はいっしょになった幸福の中で暮している。

そのまりあが夏休みに故郷に帰って、山本屋旅館でひと夏をすごすことになった。それというのも、来年の春、山本屋旅館は廃業することになったから、最後の思い出に行くことになったのだ。そこで展開されるのが、この物語の中心だ。

主人公のつぐみは山本屋旅館の娘、つまりまりあのいとこだ。この小説の冒頭は、「確かにつぐみは、いやな女の子だった」という一文ではじまっている。「いやな」というのは逆説で、ほんとうはすごく魅力的だ。「つぐみは生まれた時から体がむちゃくちゃ弱くて、あちこちの機能がこわれていた。医者は短命宣言をしたし、家族も覚悟した。そこでまわり中が彼女をちやほやと甘やかし」、その結果、「彼女は思い切り開き直った性格になってしまった」というわけだ。この小説は、「意地悪で粗野で口が悪く、わがままで甘ったれでずる賢い」つぐみの、そうだけれども、あるいは、それだからこそのひたむきさを、挿話を重ねながら、クライマックスにもってゆく。でも、そんなあらすじを述べてもしかたないだろう。

その彼女に対して、姉さんの陽子さんというのが出てくるが、これまた優しさを絵にしたような性格だ。それから、途中から出てきてつぐみの恋人になる恭一。彼はじつはこの町に新しくできるホテルの支配人の息子だが、これまた優しくて、ものわかりがよくて、そしてけっこうカッコよくて、頼りがいのある男の子だ。

こうして見ると、出てくる人すべてが優しくて(つぐみだって、ほんとうはそうだ)、温かくて、泣けちゃいそうにいい人ばかりだ。でも、ほんとうにこんなにうまくいくんだろうか。問題はここだ。

ボクは最初、近所の図書館でハードカヴァーの本を借りて読んだのだけど(いつもは池波正太郎や内田康夫を借りるのだけど、このときは魔がさした)、今回文庫本を買ったら、「文庫版あとがき」というのが付いている。えてしてこういうのはなくもがなだけど、今回も少しこれは書きすぎのように思う。「多分、田舎町の青春にはもっと生の匂いや手ざわりがするはずです。うまくいかないことはこの小説のようではなくもっと、細かい粒子のように生活にまぎれこんで人々を疲れさせ、若者の不毛な性のエネルギーは夕暮れをもみにくく感じさせるほどゆがんでいるかもしれません」というのは、まさにその通りですというほかなくて、これでは自分の作品を自分で評論しているみたいなものじゃあないですか。これ以上、何を言えばいいのだろう(別に言わなくてもいいのか)。

つまり、ここではすべて裏側の現実が見えないように、周到に隠されているのだ。だって、そうでしょう。あまりに話がうますぎるじゃあないですか。たとえば、両親の関係、こんなにうまくいくものだろうか。父には別居中の妻がいて、結局離婚するわけだけど、その奥さんとの関係ってどうだったんだろうね。別れるまでのいきさつって、きっとすごいみにくいドロドロの闘いがあって、疲れはててしまったんだろうと思う。慰謝料だってたくさん取られて、きっといまは生活苦しいにちがいない。だけど、その具体的なことをひとことも書かないところにこの小説は成り立っている。三人はひたすら幸せなのだ。

でも、その幸せはすごく危ない薄氷の上にある。このことは小説の中にもちゃんと書いてある。あんまり妙な状況にいたので、かえって私たち3人は「典型的な幸福な家族」というシナリオの中の人々のように優しくなってしまった。誰ひとり、本当は心の底に眠るはずのどろどろした感情を見せないように無意識に努力している。人生は演技だ、と私は思った。意味は全く同じでも、幻想という言葉より私にとって近い感じがした。

これがこの小説の鍵だ。だれもが優しく、だれもが幸せそうだ。でもそれは要するに優しさを演じ、「幸せごっこ」をしているのだ。このさめた認識、やっぱりすごいではないか。(余談だけど、縦書きの小説に算用数字が出てくるのには、オジサンであるボクは正直いって、すごいカルチャー・ショックを受けた。)

この親子だけではない。山本屋旅館一家だってそうだ。長く続いた旅館をたたんで、どこか遠いところへ行って、こんどはペンションをはじめるんだそうだ。「うちの父親、何を考えてるんでしょう、ペンションだとさ。土地持ってる友達と、共同経営なんだって。それが夢だったってのが笑わせるよな。メルヘンだよな」。こんな嘘っぽいはなしってある？　その嘘はすぐわかる。だって、この町にホテルが建ちつつあるのだ。

「うん、うちが旅館をたたんじまうのは、あいつのせいもあるんだろうな。……これで、ペンションが経営不振でさ、一家4人が白骨になったりすると悲しいけどな。山中で、心中したりな」。これが本当なんだ。原作が出たのはバブル最後の頃だから、きっといまごろはペンションが行き詰って……。まあ、そこまで考えるのはやめよう。

そのホテルの支配人の息子がつぐみの恋人というのも、できすぎた話だ。「この土地では俺の親父の評判は悪いよ。うちのホテルが地上げでもやったんだろう。まあ、突然よそ者がでっかいホテルを建てて観光客を引っぱっちゃうわけだから、いいわけがないよな。当分は風当たりが強いだろう。両親も俺もそんなのは覚悟している。でも、10年やそこらいれば、なじむだろう、きっと」

要するに、こんな現実がちょうど衣の下の鎧みたいにチラチラする。みんなそれをわかっている。でも、それ以上追及しようとしない。そこに成り立つ幸福と優しさ。ボクはむかし読んだマンガを思い出す。それは、飼い主に急に優しくされ、ご馳走を与えられた犬が、自分はもうすぐ死ぬんで、こんなに優しくされるのではないか、と悩む話だ。不安とうらはらの幸せ。

すべてが「演技」されているような幸せの中で、つぐみだけが特別な位置にいる。だって、つぐみは身体虚弱で、「幸せごっこ」からのけものにされていたし、それにいつも「死」という薄氷の下をのぞきこまなければならなかったのだから。けれど、つぐみも結局演技の世界から出ることはできない。つぐみはピエロだ。少しはずれたことをして、少し薄氷の下の世界を意識させてくれて、でもやはりそこから出ない、出られない。だからまた、つぐみはいらだつ。

小説の最初は「お化けのポスト」のエピソードではじまる。小学生の頃、つぐみは死んだおじいさんの筆跡を一所懸命まねして、まりあをだますのだ。雨に濡れ、熱を出してまで。それから、小説の終りはもっと大きなつぐみの冒険で、クライマックスになる。恭一の愛犬権太郎が殺され、つぐみはその復讐のために、ひとりひそかに落とし穴を掘って、チンピラを半死半生の目に遭わせるのだ。そのために体力を使いはたして、つぐみは今度こそ本当に入院して、いのちが危なくなる。

まりあをだますためだけに、一所懸命におじいさんの筆跡をまねしたり、犬の復讐のために自分の身体を犠牲にしてまでチンピラをやっつけようとしたり。それはすごくばかなことだ、無意味なことだ。でも、ばかなことだから、つぐみはそれに命をかける。命がけのピエロ、命がけの演技。それがつぐみの最大限の抵抗だ。

しかも、ラストがまたきわめつけだ。病院で今度こそは死ぬかと思ったつぐみはまた元気になる。その後になって、彼女が死ぬつもりで書いた遺書がまりあに届く。つぐみを死なせてしまえば、それはそれで一篇の小説だ。でも、そうしないところに作者の深謀遠慮がある。「向う側」の世界に超えてしまってはならないのだ。超えられないのだ。

だけど、もし「幸せごっこ」の底が割れて、否応なく「向う側」の世界に直面することになったら、どうなるのだろう。この小説でそこまで考えることはないのだろうけれど、でもひねくれた(くたびれた?)中年のボクはそんなことをふと思うのだ。

*

『ノルウェイの森』を読んだ。こういうキザなのは鼻持ちならない、というよりも、とても同年代でもボクには無理だなあと、コンプレックスに陥ってしまう。だって、書き出しからカッコいいでしょう。三十七歳の「僕」がハンブルク空港に到着する機内で、二十歳の時のことを思い出すのだ。外国なんてボクはろくに知らないから、ハンブルクと聞いただけで、もうぼうっとしてしまう。こういうのが若い女性に受けるのだな。ボクだって、コツさえわかれば……。ううん、やっぱり無理か。

この小説のテーマは何か。などというと、まるで試験問題みたいだけど、一行だけゴチックで、両脇一行ずつあけて書いてあるところがある。

死は生の対極としてではなく、その一部として存在している。

これもカッコいい。でも、カッコよすぎて、なんか本当らしくないじゃあない？　全然うそというわけではないけれど、こういうのは眉に唾をつけて聞くことにしよう。

ともあれ話は約二十年前、全共闘華やかなりし頃だ。そう言えば、あの頃ボクも大学に入ったばかりだったなあ。右も左もわからずに、おまけに体調は崩すし、恋愛のしかたなんて知らなかったから、女の子にはふられるし。ああ、思い出したくもない。

閑話休題。ともあれこの主人公も大学闘争とは縁がない。そうではなくて、要するに直子という女性のことが問題なのだ。だが、そもそも直子は「僕」の恋人だったのだろうか。だって、「直子は僕のことを愛してさえいなかった」のだ。でも直子は言う。「私のことを覚えていてほしいの。私が存在し、こうしてあなたのとなりにいたことをずっと覚えていてくれる?」

直子とは誰か?

直子は「僕」(ワタナベ・トオル)の高校時代の友人キズキの恋人だった。ところがキズキは高校三年の時に自殺してしまう。全然そんなそぶりもなかったのに。そしてその午後、「僕」と一緒に授業をサボって、ビリヤードに行ったのに。

それから大学に入って、「僕」は電車の中で偶然直子と出会って、そうしてたびたびデートするようになる。四月、直子の二十歳の誕生日に「僕」は直子のアパートで彼女と結ばれる。

ところが、直子はその直後、大学をやめてアパートも引き払ってしまう。神戸の家に戻って、医者にかかるけれど、思わしくなく、京都の北の山の中にある阿美寮という療養施設に入ったという手紙が来て、「僕」はそこを訪ねて行く。その阿美寮を「僕」が尋ね、直子たちの部屋に二晩泊る第六章は、この小説の中でいちばん美しい、そして不思議な魅力に満ちたところだ。それはそうだ。まさにここは「こちら側」の世界から隔離された「向う側」の別世界だから。

阿美寮というのは、直接的な治療を行うのではなく、外界から隔離された広大で静かな環境の中で、規則正しい共同生活をしながら、心を癒してゆくという施設だ。ぜいたくこの上もない。ここで直子はレイコさんという中年の女性と同室で暮している。「僕」はその部屋に泊って、一緒に暮し、そして語り合う。

ここで、「僕」は直子の心の傷を知る。彼女の姉もまた、キズキと同じように、理由もわからないまま、自殺していたのだ。それから、もうひとつの秘密を知る。直子はセックスができないのだ。だから、キズキとも試みたけど、できなかったというのだ。でも、「僕」とはできたではないか。そう、あのとき一度だけ。でも、もうできない。

これは大事な問題だ。当たりまえすぎることだけど、セックスというのは、生理的な問題、肉体的な問題であると同時に、コミュニケーションの問題だ。セックスの不可能はコミュニケーションの不可能ということだ。いま、「僕」は直子の裸体を月光のなかで見る。「直子の肉体はあまりにも美しく完成されていたので、僕は性的な興奮すら感じなかった」。そうだ、直子は「向う側」にいるのだ。理解不能の世界に。直子は言う。

だからあなたは私たち〔直子とキズキ〕にとっては重要な存在だったのよ。あなたは私たちと外の世界を結ぶリンクのような意味を持っていたのよ。私たちはあなたを仲介にして外の世界にうまく同化しようと私たちなりに努力していたのよ。結局はうまくいかなかったけれど。

あの一回だけのセックスは、わずかにつながった「向う側」と「こちら側」の細い糸だった。そう、問題は「向う側」と「こちら側」がつながらないことだ。再会したばかりの頃、直子は言う。

「うまくしゃべることができないの」と直子は言った。「ここのところずっとそういうのがつづいているのよ。何か言おうとしても、いつも見当ちがいな言葉しか浮かんでこないの。見当ちがいだったり、あるいは全く逆だったりね。……」

「向う側」と「こちら側」をつなぐ言葉そのものが失われてしまうのだ。「僕」に一体、何ができたのだろう。「向う側」にいる直子を、「僕」がどうして「こちら側」に連れ戻すことができただろうか。直子の死は「僕」の力ではどうにもならなかったのだ。

直子と対照的なところにもうひとりの女性、緑がいる。緑はずいぶん突拍子もないところのある娘だけれど、しっかり「こちら側」で生きている女子大生だ。母親を癌で亡くし、いま父親も同じ病気で死にかかっている。緑はけっこうけなげに看病し、料理もじょうずで、セックスにすごく興味があって、つまり「血のかよった生身の女の子」だ。だから、「僕」は「間違いなく直子を愛していた」けれど、緑に惹かれていくことになる。これはくだくだしく言わなくても、無理もないことで、よくわかる。

すごく図式的だけど(これはボクが悪いのではなくて、小説自体がそう作られているのだ)、直子と緑の間で、「向う側」と「こちら側」を結ぶところにレイコさんがいる。レイコさんは、結婚して子供までいたけれど、すごくショッキングな事件があって精神の均衡を崩し、阿美寮で七年暮していた。けれど、直子が死に、外の世界で生きてゆくことを決心する。旭川の友人のところに向う途中、レイコさんは「僕」のところに寄り、セックスして、自分をはげまそうとする。レイコさんがこれからうまくいくかどうかわからないけれど、ともかく彼女は「向う側」から「こちら側」に出てきたのだ。

ところで、「向う側」とか「こちら側」とか書いてきたけれど、これは小説では、第二章のさっきのあのゴチックの仰々しい文の後に出ていて(他にも出るかもしれないが)、そこでは「生はこちら側にあり、死は向う側にある」と、生と死の対比で用いている。あのゴチックの文もその方向だけど、ボクはこの小説を生と死で切るのは疑問に思う。この第二章あたりは、じつは原型となった短編「蛍」をそのまま使っていて、ちょっと作者の手抜きじゃあないかと思う。「向う側」は死に結びつく世界だけれど、死の世界であるとは言えない。例えば、「僕」は緑の瀕死のお父さんを病院に見舞に行き、けっこう気が合ってしまって、何も食べられない彼にキウリを一本食べさせてしまったりするのだ。

要するに、問題はコミュニケーションが成り立つかどうかということだ。わかりあい、結びあうことができるかどうか。それももっとも深いところで。そこにどうにも超えられない溝がある。それが「向う側」と「こちら側」を隔てる。「僕」はどこまでも「こちら側」の人間だ。「僕」はいわば旅人として、臨時の滞在者として「向う側」の阿美寮に滞在するだけだ。それ以上、「向う側」に飛び込むには、「僕」はあまりに健全すぎる。

だが、なぜ「向う側」が問題になるのか。なぜキズキや直子が「僕」を縛りつづけるのか。小説の最後で、「僕」はレイコさんを見送ったあと、緑に電話する。「何もかもを君と二人で最初から始めたい」と。「緑は長いあいだ電話の向うで黙っていた」あと、「あなた、今どこにいるの?」と尋ねる。「僕は今どこにいるのだ?」

でもそこがどこなのか僕にはわからなかった。見当もつかなかった。いったいここはどこなんだ?　僕の目にうつるのはいずこへともなく歩きすぎていく無数の人々の姿だけだった。僕はどこでもない場所のまん中から緑を呼びつづけていた。

「こちら側」にいたはずの「僕」が、自分のいる場所を失ってしまったのだ。「僕」はほんとうに「こちら側」にいたのだろうか。その問いがぐるっと回って冒頭に結びつく。十数年経て、なお逃れることができない問い……。

付け足し。ここでは論じられなかったけれど、第六章で、直子が草原で手で「僕」を射精に導くところなんか、すごくエロチックだ。セックスの不可能性が生むエロチシズムというのがあるのだろうか。唐突だけれど、例えばボクは渋沢龍彦の『高岳親王航海記』なんかを思い出す。それは以下に見る宗教への道筋とはまったく逆で、しかも「反対の一致」が成り立つようなところがある。でも、これはいまのボクには難しすぎる。

＊

『ノルウェイの森』を読みながら、ボクにはなぜか『死の棘』が思い出されてならなかった。これも唐突で、もっと適当なものがあるのかもしれないけれど、残念ながらボクの乏しい読書量では思い浮かばない。なぜ『死の棘』が思い出されたかと言えば、ここには「こちら側」と「向う側」の隔てを超え、結びあおうという、まさにすさまじい闘いが描かれているからだ。

でも、この小説はしんどい。読み返すのにかなり勇気が必要だ。それにどうにも論じにくい。襟を正さなければならないようなところがあって、気軽に論じられない。こういうのは、いやですね。でも、放っておけないから、ますます始末におえない。

これはいわゆる「私小説」という部類に属するものだ。私小説の読み方というのがどうもボクにはよくわからない。つまり、モデルとなっている現実の作者の生と作品とが重なるわけだから、どちらが問題なのか混乱してしまうのだ。でも私小説的なものがすべて厭かというと、けっこう庄野潤三なんか好きだったりするから、結局内容によりけりということになるんだろう。要するに、あの自然主義の延長の暗っぽい、イジイジしたようなのはうんざりする。あるいは、ひとりよがりの自分だけ悟りすましたようなのとか。けれど、そういうのも何とか理解しないと、近代の精神史は成り立たないらしい。

『死の棘』も暗い。いつ果てるとも知れない夫婦の争いがえんえんと続く。事態は少しもよくならない堂々めぐりだ。うんざりだ。うんざりだけれど、どこか違うのだ。つまり、途中で投げ出さずに読んでしまうのだ。それも繰り返して。どうしてだろう。うまく説明できないし、どこがどうと例を挙げることもできないのだけれど、ぴんと張りつめたような透明な緊張感のようなものがある。

じつはこのへんが私小説のやっかいなところで、ボクなど本当に文学の知識もまったくないけれど、この話が島尾夫妻の実話にもとづいていること、このあと島尾が妻に付き添って二人で入院生活を送ったあと、妻の故郷の南の島で新生活にはいること、くらいは知っている。だから、そんなことまで先読みしてしまう危険がある。

もっとめんどうなのは、作者がそのあいだにカトリックに入信することだ。入信は奄美大島に移ってから、この小説を書き出すまでのあいだらしい。それならば、これは宗教文学として、カトリック文学として読むべきものなのか。しかし、小説の中には一言もそれらしいことは書いてない。今回文庫本を買って読み返したのだが、その解説(山本健吉)で、はじめて『死の棘』という題が聖書に由来することを知った。うかつな話だ。そう言えば、章名に「過ぎ越し」などというのもある。とすれば、やはりこれはまぎれもなく宗教小説だ。だが、これも先入観をもって見ては危険だ。むしろ、そう思って読んではいけないのだろう。

ともあれ、これは主人公トシオの妻ミホが突如発作を起こしてからの夫婦の闘いの記録だ。発作のきっかけはトシオの浮気だから、トシオとしてはまったく頭が上がらない。少しむかしの文学者というのは、酒と女が必需品であったらしい。それによって高尚なゲージュツが生まれると信じていたらしい。トシオもそんな時代の人だから、ゲージュツのために愛人を作って家庭を省みない。妻とはそれにけなげに耐えるべき存在だ。まさかこんな形でミホから逆襲されるとは思ってもみなかった。だから、トシオはひたすらおろおろして、妻をなだめようとする。しかし、ミホは許さない。ミホは徹底的に追及する。うそがあれば、その追及の前にたちまちばれてしまう。そうすれば、ミホは一層おそろしい存在になる。だからうそがつけない。はじめはなんとかつじつまを合せてごまかそうとしていたのが、いつか洗いざらいすべて告白させられることになる。

この愛人も考えてみればかわいそうだ。いきなり男がやってきて、自分の家庭が破滅するから、別れてくれ、なんて言われたら、これは怒りますよ。それなのに、この小説では何か彼女はすっかり悪役みたいにされてしまって、これは少々気の毒だ。トシオはここでも煮えきらない。別れると言いながら、自分の小説を送ろうなんて、未練がましいことを言う。それでまたミホにやっつけられる。訪ねて来た彼女を、ミホが暴力をふるってやっつけるところなんか、凄絶だ。トシオは尻込みしながらも、ミホの言うことを聞かないわけにいかない。止めようとすると、「あたしよりこいつのほうが大事なんだ」ということになるから、止めるわけにもいかない。それどころか、「トシオ、こいつの足をしっかりおさえてちょうだい」と言われて、到頭妻の手助けをして、警察沙汰になってしまう。

引っ張っているのはミホだ。ミホは「向う側」に行くことによって強くなる。「向う側」というのは、医学的に言えば、あるいはふつうの言い方をすれば、「病気」ということになる。だから、ともかく病気を何とかしなければならない。治療しなければならない。問題はそれだけだ。そこで、ミホの理不尽な主張に逆らわないようになだめ、転居を繰り返し、医者に行き、入院させ、その医者でもだめなら、また別の医者をさがす。その間、二人の子供を何とかしなければならず、生活費も捻出しなければならない。すべてがみじめで絶望に向かって行くようだ。作者はこのみじめったらしく、どうしようもない事実を、いささかの抽象的な議論のはいる余地もないほど、ありのままに書き連ねている。その点で、これはまさに近代の「私小説」の伝統に忠実にしたがうものだ。宗教じみたお説教など、一言もない。だが、そうなのだけれど、何かそれでは納まらないものがある。これがやっかいだ。そもそも「向う側」を「病気」という言い方で片付けてしまってよいものだろうか。「向う側」がただ病気であるならば、それはあくまで「こちら側」からの逸脱に過ぎない。「向う側」を「こちら側」に引き戻すことだけが問題になる。ところが、どうもそうでないらしい。例えば、ミホにはシャーマン的な素質がある。これは南の島での生まれ育ちにも関係している。だから、ミホは「向う側」で父や母とも交感する。「向う側」に行ったミホにトシオがおろおろとついてゆくのは、あたかもはじめは疑っていた人がずるずるとシャーマンの信者になって、付き従ってゆくような趣がある。むしろ「向う側」が正しくて「こちら側」が誤っているのではないか。トシオはミホに責められて、いやいやながら正直にならざるをえない。

最後に、トシオがミホに付き添って一緒に入院するところでこの小説は終る。それはミホを「向う側」から「こちら側」に連れ戻すためのやむをえない措置だ。でも、そのためにトシオの方が「鍵でせけんと遮断された病棟」という「向う側」に入り込むことになる。そして、そこでなら、「もしかしたら新しい生活に出発できるのではないかというきもち」になる。これでは逆ではないか。いまや「こちら側」の優位が崩れ、「向う側」に跳び込み、超えることによって、はじめて結びあうことができるのだ。

このことをもって直ちにこの小説を宗教的というとしたら、それは適当でない。さっきも書いたように、ここには宗教的なことなど一言も述べられていない。それはそうだ。そのときには妻の病気を癒すことだけで心がいっぱいであり、宗教的な思いなどはなかったであろうから。それでも、これは宗教小説だ。それはそのみじめさを、絶望をありのままに書くという行為の中に込められている。それはみじめさを、絶望を、救いへの必然の過程として認識することだ。到達した世界の確かさがなければ、過去を正しく位置付けることができない。過去を正しく位置付けられないならば、現在の確かさもありえない。みじめさを、絶望を通り抜けることなく、救われ、癒されることはない。隔絶した「こちら側」と「向う側」が超えられ、和解される。そして、それがいま確かなものとして確証され、意味づけられる。そのときはじめて、それは「愛」と呼ぶことのできるものになるのであろう。

ひるがえって考える。もし作者がカトリックという立場でなかったら、たとえおなじような事実的経緯をたどったとしても、このように描かれることが可能であったであろうか。これはばかな問いかもしれない。そもそも成り立ちえない問いかもしれない。だが、ボクは思うのだ。作者が「私小説」というきわめて「日本的」な伝統に立ち、それと紙一重のところにいながら、それとまったく異質の精神性を保ちえた秘密は何なのか、と。例えば、もし仏教の立場だったら、超えつつ、しかも結びあうということは、成り立つのだろうか。成り立つとしたら、どのようにして成り立つのだろうか。そして、どのように描かれるのだろうか。

思うに、「キリスト教文学」は少数者の文学としてははっきりとした位置付けを与えられるけれど、「仏教文学」なんて、現代文学の中でどういう位置を占めるのだろう。仏教なんて、多数者の中ではとんど風化してしまって、およそ面白くもないものになってしまっているんじゃあないだろうか。それをどうやって改めて厳しい緊張の中に置き、どうやって輝かしめることができるのか。それはほとんど絶望的なことだ。もしそれが可能だとしたら、それは体制の中に安住した仏教が根底から問われ、解体され、それでもなお不可避のものとして、私自身の問題として捉え直される時だ。問われているのは第三者ではない。そう、ボク自身なのだ。

6　罪と魔界──『スキャンダル』『みずうみ』

一

『スキャンダル』は、いかにも作者の遠藤周作を思わせる主人公の心の裏側を描いて、人間の罪の問題に迫ろうとした問題作だ。

老作家の勝呂はクリスチャン作家として功なり名を遂げ、名誉ある文学賞も受賞する。人間の暗い面ばかり描いてきたが、日常的には小心翼々と小市民としての生活を守ってきた。ところが、そんな自分が巷のいかがわしい覗き部屋やSMクラブに出入りしているという噂が……。もう一人の自分を追う勝呂が見たものは？

本の帯風に書けば、こんな具合になるんだろう。二重人格というか、ドッペルゲンガーというか、よくある話だ。

小説の最初のほうで、作者は友人の加納の口を借りて、自分の文学を論ずる。

勝呂文学の特徴は、彼の宗教が罪とよぶものに新しい意味と価値とを見つけた点です。(中略)人間の罪を好んで描いてきた勝呂は、暗中模索の末に、罪のなかには再生の慾求がかくれていることとを作品のなかで示すようになりました。どんな罪にも、現在の窒息的な生活や人生から活路を見つけようとする人間の欲望がひそんでいる、と勝呂は言うのです。

同じようなことは、テレビの対談という形で、勝呂自身が言っている。

我々はこの社会で生活するためにさまざまな欲望や本能を心の底に毎日、抑圧していますが、それが溜っている心の場所があります。いわゆる無意識の領域です。(中略)それらの抑圧された欲望や本能は消滅するのではなく、この無意識下で活動しながらふたたび噴出しようとしています。それが歪んだ形でふきでる時に、私が罪とよぶ行為をすることが多いんです。

精神分析やら仏教の唯識説やら、ここではなんだか難しそうな説明が出てくるけれど、この程度のことはそんな理屈をつけなくても解る。でも、宗教的な罪をその程度のレベルで理解していいのだろうか。その点、どうもよく解らない。

勝呂はいかがわしい自分の分身の行動を小針というルポライターに付け回されて、脅迫される。理屈では罪とかなんとか言いながら、実際には自分のそんな暗い面を認められなかった勝呂も、手伝いをさせていたミツという中学生に対する自分の欲望を認めざるをえない状況に追い込まれる。これもどうもよく解らないのだけれど、そんな欲望、大体男性ならば持っていて不思議はないし、それを罪とかなんとか大騒ぎする必要があるのだろうか。確かに、十代の少女が性を売り物にして、それを買うという行為は認められるものではない。また、相手に不愉快な思いをさせるセクハラ的な行為を避けるのは、エチケットというものだろう。でも、若い女性に対して性的な関心を持ったからといって、それだけで罪だと言われるほどのことだろうか。狭い部屋で若い健康な女性が裸で眠っているのといっしょだったら、かなり危ない気分になっても別におかしくはないと思う。

ボクなんかは大学教授という仕事をしているから、援助交際なんてのに手を出して、バレたら懲戒免職だろう。ま、それほどでなくても、あまりいかがわしいところに出入りしているのを見られたら、ちょっとうまくない。別にいいじゃないかとも思うが、幸か不幸か、ボクはそれほど強い欲望もないから、あえてそんなマネをしようというほどの意欲もない。これはまったく自慢になることではなくて、もうちょっと欲望が強いほうがエネルギッシュでいいんじゃないかとも思うけれど、どうしようもない。個人差のあることだ。作家なんてその点もっと自由ではないかと思う。寺山修司なんか覗きでつかまったことがあったけれど、彼ならそんなこともあって少しもおかしくないし、別に誰もそのことで彼を非難しなかった。勝呂＝遠藤周作は、狐狸庵先生としてさばけたようなことも言うけれど、根は固くて気難しい人だから、いかがわしい噂を立てられたらカッコ悪い、というのは解る。でも、それは罪とかなんとかしち面倒くさく言うのとは、ちょっとレヴェルが違うのではないか。どうもそこに飛躍がありそうだ。

「醜悪……」と彼は声を出した。「醜悪そのもの」

男の不潔でいやらしい嗤いや、ミツに覆いかぶさった動物のような姿勢は醜悪そのものだった。あの男は……いや、あの男とは勝呂に他ならなかった。あの男が醜悪ならば、その醜悪は腫瘍のように彼の裏側にかくれていたのだ。

確かに年をとれば肉体も醜悪になる。でも、ここで言われているのは美的な価値判断ではなく、倫理的な意味合いで言われている。そのとき、「不潔でいやらしい」とか、「動物のような」とか「腫瘍のように」とかいうのは、少し先入観が入りすぎていないだろうか。むしろ逆に、それを「不潔」と思い、「醜悪」と思うような見方が、かえって「不潔」を生み、「醜悪」を生むのではないだろうか。年をとっても性欲はあるし、その方が自然だろう。それを醜悪というような否定的な見方だけで片づけるとしたら、ちょっとうまくないんではないか。もっと大らかに見ることができないのだろうか。

この小説で大事な役割を果たしているのが成瀬夫人というどこか神秘的なところのある女性だ。彼女は一方では病院でボランティアをしていて、まるで天使のように病気の子供たちの相手をしている。しかし、その裏ではSMクラブに出入りし、勝呂に性の神秘を教える。彼女の夫は大学教授で故人だが、実は戦争で無辜の女子供を焼き殺した過去を持っていた。夫がその過去をどのように引き摺っていたかはうかがい知れないが、夫人はその話を聞いたことで、夫とのセックスに異常な興奮を覚えるようになる。そして、夫の死後出会った素子という画家とSM的な交渉を持つようになる。

素子と夜をすごすと翌日、わたくしはあかるい顔で病院に行き、子供たちを抱き、看護婦さんの手伝いをします。でも夜は……(中略)どちらが本当のわたくしなのか、と先生はお訊ねなのでしょうか。わたくしはそのどちらもわたくしだとしか申しあげられません。お前はそのふたつの矛盾に苦しまないのかとお訊ねでしょうか。はい、その矛盾を考えると、時には自分が無気味に思えます。無気味に感じます。でもそうでない時もありますし、どうにもなりません。

聖なるもの、無垢なるものが底に激しい残虐さを秘めていることはよくあることだし、セックスのときの快感の得方はそれこそ千差万別で、非常にプライベートなことだから、別に善し悪しを言うべきものではない。ＳＭは異常だとか、同性愛はおかしいとか、それは今日では通用しない差別的な価値観だ。確かに性の衝動は日常性とあまりにかけ離れていて、すごくこわい。日常の秩序を突き破って、思いもよらない自分に向き合うことになる。性が宗教者や哲学者によって忌まれたのは、一つにはそうした理由によるのだろう。でも、今日それを罪とか悪の問題として捉えるのは、アナクロニズムの感がしないでもない。成瀬夫人の夫の過去の行為はともかく、夫人が残虐な想像やサディスティックな性行為で快感を得たとしても、それが犯罪的な行為にならない限り、別に責められるべきことではない。

激情はどうして起きるのでしょう。激情はどうしてあれほどの快感を味わわせるのでしょう。わたくしは道徳では抑えきれぬ、説明できぬ、すさまじい力がかくれているような気がして……

この思いはすごくよく解る。でも、それは日常性から連れ去られる怖さであり、それによって日常性の下に隠れたみずからの存在の姿があらわにされるとしても、それが罪とか悪とかに直ちに結びつくわけではない。バートリーやジル・ド・レのように、本当に人殺しをすることになってしまえば話は別だが、そうでなければ、性の領域にまで道徳を持ち出すことはないと思う。夫人は素子の自殺を知っていながら見殺しにする。でも、それも十分納得した上でのことだから、それで罪悪感にとらわれるべき問題ではない。

何だか遠藤周作に対してひどく批判的な書き方になってしまった。これは仕方ないことだけど、罪というような問題は結局ボクにはよく解らないのだ。別にここで、遠藤がキリスト教（特にカトリック）的なのに対して、自分が仏教的だなどとエラそうに言うつもりはない。ただ、キリスト教徒ならば罪の問題はきわめて切実なんだろうけれど、そうでないと、どうも罪といってもピンと来ないのだ。妊娠中絶はだめだとか、離婚は許されないとか、同性愛は罪だとか、確かに宗教によっていろいろと規定はあるだろう。イスラムなんかではもっと戒律が厳しい。でも、それはある社会の中で通用する論理であり、直ちに普遍的にどこでも当てはまるものではない。

キリスト教は、西欧の近代とともに、そして、帝国主義とともに、世界に広まり、あたかも普遍的であるかのような顔を余りにし過ぎているところがある。別にキリスト教が嫌いなわけではないが、特殊な立場の限界は限界として、きちんとわきまえることが必要だと思う。

二

人間の存在の暗い面を罪としてでなく、もっと別の形で捉えることはできないのだろうか。ここでは川端康成の『みずうみ』を手がかりに考えてみよう。

ノーベル賞作家でも川端康成と大江健三郎とでは、ずいぶん性格が異なっている。大江はいかにも東大出の優等生で、世間知らずのエゴイストで、その危なっかしさが魅力だった。『個人的な体験』

で障害児の親として生きることを決意してから、彼の主題はほとんどその軸の周りを回り続けた。そして、悪戦苦闘の結果、家族の絆の中で癒され、回復していった。若い頃抱えていた存在の亀裂は、完全に治癒し、塗り込められた。もちろんそれが悪いわけではない。誰もそんな亀裂を足元に抱えて生きたくはない。それはいいことだ。だけど、それでもすべての問題が解決するわけではない。どんなに塗り込め、コンクリートで固めても、もしかしたら、見えないところで存在の傷口はもっと大きく広がっているのかもしれない。

川端は一生その傷口を見つめ続け、傷口の中に呑まれて死んだ。川端の小説には遠藤や大江のような理屈がない。感性を最大限研ぎ澄ますことによって、存在の危うさを感知するのだ。彼は徹底して見る人(ヴワイヤン)だ。そのことは、あの細い顔におよそバランスを欠いたぎょろりと大きな目が象徴している。そして、見ることにおいては、見る人と見られる人あるいは物は決して同等たりえない。見る人と見られる人の間には常に一線が画され、本当に交わることはない。見る人はあたかもサーンキヤ哲学のプルシャのように純粋な眼となり、その前で世界はその真実の相を露わにする。川端の目の前に展開する世界は常に美しく、哀しく、狂いながら没落する。そして、見る人は常に冷徹で、残酷だ。

このことは、祖父を看取り、冷徹なまでに観察を貫いた『十六歳の日記』にすでに始まる。多分、この作品は本当に十六歳の頃の日記に基づいているのだと思う。ただ、ここでは例外的に見られる対象が美的でないが。『十六歳の日記』と晩年の『眠れる美女』を結んでみれば、一生の間変わらなかった川端の見る人としての特性は明らかだ。

例えば、青春文学の代表のように言われる『伊豆の踊子』にしても、一見そう見えるほどには健全ではない。主人公は踊子と同じレヴェルに立つことは決してない。相手が「物乞い旅芸人村に入るべからず」と差別された女性で、生きる世界を異にしているから成り立つ思慕であり、そこでは恋愛は成り立たない。『雪国』でも、駒子が次第に燃えてくるのに、島村は決して距離を縮めようとしない。ついでに言えば、『雪国』では、表面の主人公は駒子だけれど、本当の主人公は葉子だと思う。この小説は葉子で始まり、葉子で終わっている。駒子が生身の女性であるのに対して、葉子は肉体も精神もほとんど切れそうな細い糸でこの世界につながっていて、最後に本当にその糸が切れてしまう。葉子は人間存在の危うさを象徴する。

川端の多くの作品では見る側の主体についてはほとんど描かれない。多くの場合、川端その人がそうであったように、節度を持って崩れることがない。その中で、唯一、見る側の危うさに踏み込んだのが『みずうみ』だ。『みずうみ』の主人公桃井銀平は最近はやりのストーカーだ。思わず衝動に駆られて女性の後を付け回す。当時ストーカーなんてほとんど理解されず、川端が描いてから半世紀近くたって、はじめてその存在や心理が社会的に問題になったのだから、やはり川端という人はすごい。

『みずうみ』は落ちぶれた銀平が軽井沢近くのトルコ風呂(いまのソープランド)に行くところから始まる。トルコ風呂の湯女《ゆな》(なんとゆかしい言葉であろうか)にマッサージを受けながら、銀平の思いは過去へとさかのぼる。場面はわずかな連想の連なりから、次々とほとんど脈絡なく飛んでいく。新潮文庫解説で中村真一郎が述べているように、これは西欧二十世紀文学の「意識の流れ」という文学的手法の応用だ。だが、実は「意識の流れ」というのは正確ではない。途中で銀平の意識を離れて、宮子という女性の立場が延々と展開したりする。冒頭のトルコ風呂の場面は途中で終ってしまい、もうその時間的な連続へは戻ってこない。つまり、意識だけでなく、存在そのものが時間・空間の秩序を失ってしまっているのだ。それだけでなく、一人の意識の持続ということさえも怪しくなってしまう。時間・空間の枠から切り離された断片が、無秩序に浮遊していて、およそ小説としての起承転結を持っていない。晩年の川端は睡眠薬中毒で苦しみ、その中で『片腕』のような現実を遊離した夢想的な名作を残したが、そうした現実感の喪失はもう『みずうみ』の頃から始まっていたのだろう。

それでも、銀平と関わった女性を時間軸に整理してみると、やよい→久子→町枝→宮子ということになるだろう。そして、その後にトルコ風呂の場面になるわけだ。小説の最後は町枝との蛍狩りの場面から続いているから、つまり夏で、宮子の後をつけて軽井沢に逃げる冒頭の場面は夏の終りになるから、最後の場面よりも少し後ということになる。従って、その前後の時間がもっとも濃縮されて書かれているわけだが、時間軸は円環として閉じられることなく、開かれたままだ。「いま」へと戻ることなく、過去をさまよったまま、小説は終わってしまう。

銀平はどんな女性の後でもつけるというわけではない。

銀平があの女〔宮子——引用者注〕のあとをつけたのには、あの女にも銀平に後をつけられるものがあったのだ。いわば一つの同じ魔界の住人だったのだろう。銀平は経験でそれがわかる。

このことは銀平の思い過ごしではなかった。宮子もまた述懐する。

ハンド・バッグを拾ったかもしれない、あの男が宮子の後をつけようと決心した瞬間の、泣きそうにした顔が、闇に浮かんで来た。

「ああっ。」と叫んだらしい男の声が、聞えなかったけれども宮子には聞えたものだ。（中略）聞えない叫び声を聞いて、宮子が男の泣きそうな顔をちらっと振り返った瞬間に、その男が後をつけて来ることはきまった。その男はかなしみを意識しているようだが、自分を失ったのだ。宮子は勿論自分を失うはずはなかったが、男から抜け出した男の影が宮子のなかへ忍んで来るように感じられたものだ。


このような宮子のことを、有田老人は「魔性だねえ」と言う。「魔性」「魔界」――それはこの小説を読み解く鍵であり、戦後の川端を理解する鍵でもある。「仏界入り易く、魔界入り難し」とは、川端がしばしば筆にし、口にしていたお気に入りの言葉だ。だが、入り難い魔界に、川端は実はどっぷりと漬かっていた。川端もまた、銀平や宮子と同じく魔界の住人なのだ。そして、『雪国』の葉子も。それなのに、なぜ「入り難し」と言うのか。それは、魔界に入ることが、存在そのものを危うくさせることだからだ。


それでは、そもそも「魔界」とは何なのか。『みずうみ』の中で、ひとつヒントになるのは銀平の「足」への執着だ。銀平は足にコンプレックスを持っている。

銀平はこのみにくい足のために、青春のときどきにいくたびさまざまなうそをついたことだろう。

しかし足の甲の皮まで厚くてくろずみ、土踏まずは皺《しわ》がより、長い指は節立って、その節から不気味にまがることは事実だった。

美の探求者川端は、見る側を描こうとするとき、逆にその醜さに戯画的なまでに執拗にこだわる。それは『スキャンダル』のような道徳的な醜さではなく、端的に美の逆をなす見た目の醜さだ。高校教師だった銀平は、教え子の久子の後をつけて行き、見つかったとき、あろうことか、水虫の話でごまかそうとする。

「先生、なにか御用ですか。」と久子は鉄の唐草模様越しに、怒りの目で銀平をにらんだ。

「うん、そうだ。水虫の……、あの、玉木さんのお父さまは、水虫によくきく薬をごぞんじなんだろう?」と言いながら、この豪華な門の前で、水虫とはなにごとだろうかと、銀平はみじめな泣き顔になった。

とっさの出まかせの言いわけが水虫というのは、あまりに唐突で滑稽だが、それは銀平の足へのこだわりに由来するものだ。そして、それがきっかけで久子との交際が始まる。久子もまた、「魔界」の住人だったのだ。

小説の最後の方で、かつて娼婦からお前の子供だと、赤ん坊を押し付けられた話が出る。そこでも足が問題になる。

「しかし幽霊なら、あの子に足はないはずだよ。」とつぶやいた。幽霊に足がないとは誰が見た象徴かと、銀平は昔から自分の仲間は多かったように思った。銀平自身の足からして、すでにこの世の土を踏んでいないのかもしれない。
足とは、自己をこの世界につなぐ媒体のことだ。「大地に足がつく」とは、まさにこの世界にがっちりと生きていることの適切な譬喩だ。それに対して、銀平の足の醜さは、彼の存在がこの世界に適合しないこと、この世界の居心地の悪さを意味する。それゆえ、足のない幽霊はこの世界に居場所を持つことができない。「魔界」とは、この存在と非存在の隙間に位置する危うさに他ならない。小説の最後で、銀平はたまたま出会った醜い女性と酒を飲み、別れる。

「ばかっ、ばかっ。」と女は叫んで、祠の前の小石を投げつづけた。その一つが銀平のくるぶしにあたった。

「あいた。」

銀平はびっこをひいて歩きながら、なさけない気持だった。町枝の腰に蛍籠をつるして、なぜ真直ぐに帰らなかったのだろう。貸し二階にもどって靴下を脱ぐと、くるぶしが薄赤くなっていた。

石を投げつけられて薄赤くなったくるぶしが、わずかに銀平をこの世に留めている余りに細い糸だ。銀平においては、ストーカーとしての行為が罪として問題になるのではない。罪であろうとなかろうと、そもそもこの世界に存在すること自体が問題なのだ。秩序ある存在の世界に身を置くべき場がないとき、その時彼は魔界の存在だ。魔界とは、魔界としての存在があるのではない。そうではなく、存在そのものが秩序からはみ出し、存在の意味を失い、存在しえないものとなるのだ。存在しえないものとして存在するのが魔界だ。『みずうみ』が時間・空間の秩序を失った迷路の中をさ迷うのは、その小説自体すでに徹頭徹尾魔界の中をうごめいているからだ。川端はまさに「入り難い」魔界の住人なのだ。

だが、それは川端だけの特殊な世界なのだろうか。ボクはそうは思わない。ボクらは秩序ある世界の中に生きていると思っている。時間・空間が区切られ、他人とはコミュニケーションが成り立ち、善は善として、悪や罪は悪や罪としてきちんと位置付けられると思っている。しかし、本当にそうなのだろうか。それは本当に頼りになる実在的な秩序なのだろうか。実はボクらが思っているほど確固としていないのではないか。ボクらの世界は、実は「魔界」の上にはかなく陽炎のように成り立っているだけではないのか。存在の傷口は、いくらコンクリートで塗り固めても、たちまち新たな亀裂を生じて、その暗い穴へといざなう。

世界の解体に立ち会い、解体された世界の中にたたずむこと、そしてそれをきっちりと自らの目で見届けること――もしそれがボクらの課題であるとするならば、川端はどこまでもボクらにとって偉大な導き手であり続ける。

（ついでに言えば、萩尾望都『ポーの一族』もまた、この魔界の住人を見事に描いている）

Ⅲ

7　荒涼たる心象の奥に――『拾遺愚草』

一、情景から心象へ

梅の花にほひをうつす袖の上にのきもる月のかげぞあらそふ

「秋日侍二太上皇仙洞一同詠二百首応製和歌一」（いわゆる院初度百首）の春二十首中の一首。定家三十九歳。数多い定家の作品の中で、少なくとも四季の作品の中で、一首採るとしたらこれを採りたい。

ところで、この歌には従来二様の解釈がなされている。すなわち、川田順の言葉を借りると、「懐旧の情」を入れてとる解釈と、「たゞ春宵の美しい艶なる情趣」ととる解釈とである。川田順自身は、第一の解釈に傾いていると言うが、むしろ、二様の解釈を容れうるということ自体に、この歌の深みがあるのではないか。かつまた、「懐旧の情」とか「春宵の美しい艶なる情趣」とかいう評語で片付けられないものが背後に感じられないだろうか。塚本邦雄が「香と光の交響、その背後に一脈の凜としたかなしみが漂ふ」としながら、「前記の一脈のかなしみ云云すらあへて言ふに過ぎず、それも消し去つたところにこの一首はきらめき匂つてゐる」と評するのは一歩突き進んだものと言えようが、

「それも消し去つた」非情な表現ゆえに、かえってその裏にある屈曲した内的心象が一層我々を引き摺り込むのではないか。「一脈の凛としたかなしみ」は、さらに突きつめる必要がある。

ともあれ、一首の表現の上では、内的心象はどこまでも抑えられ、消されている。直接歌われているのは外側の情景だけだ。梅の香(嗅覚)と月の光(視覚)、それが袖という場に集約され、競い合う。梅と月と言えば、すぐに想い浮ぶ定家の歌がもう一首ある。

大空はうめのにほひにかすみつゝくもりもはてぬ春の夜の月　(仁和寺宮五十首)

ここでは、先の歌と対照的に、「大空」という広大な場で梅の香と月の光が把えられている。スケールの大きな、まさに「春宵の美しい艶なる情趣」に噎ぶような歌である。しかし、この歌からは内的心象をうかがう余地はまったくない。また、純粋に外的情景という面から見ても、二首から受ける印象は違う。「大空は」では、大空という広大な場で梅の香と月光は一つの雰囲気に融け合い、そこに春らしい艶めかしい暖かさが感じられる。しかし、「梅の花」では、両者は互いに違和感をもって融合しない。ここにあるのは、暖かさというよりは早春の肌寒さではないか。

この後者の点からもう少し踏み込もう。「梅の花」の歌、三句の字余りを媒介にして上下句が強い対照性を持っている。上二句の歌い出しは悠揚として迫らず、確かに春の妖艶な歌にふさわしい。三句の字余りの緩慢さが一層その方向を強めるように見える。だが、この字余りが曲者だ。読み方によって、その緩慢さは五音の中に六音詰め込む不安定さに変る。そして、それを受けて、下句へ移ると調べが急にきつくなる。「のきもるつきのかげ」とカ行の音が畳みかけるように続き、「ぞ」の係りに対して「争ふ」と強い言葉で結ぶ。「争ふ」は、意味的にも梅の艶なる香に対する月光の鋭い拮抗を表わすが、調べの上からも「ぞ＋連体形」となることにより、何かぶっきら棒で寸詰りな、つんのめるような感じになる。上句(正確には上二句)と下句の間には明らかに強い断絶がある。

こう見てくるならば、上句の気分を単純に下句にまで及ぼし、「春宵の美しい艶なる情趣」(川田順)とか、「妖艶の美」(安田章生)とか言って済ますわけにはいかなくなる。春とはいえ、なお冷涼と凄みを覚える月だ。しかも、上句の妖艶な歌い出し故に、下句の荒涼は一層際立ち、研ぎ澄まされて身に迫る。そして、一首を読み下した時、最終的な印象に残るのは当然後で読む下句の方であるから、それが一首の気分を決定することになる。さらに、そこから翻って見る時、上句の梅までが、一体、満開の馥郁と香る梅であるのか疑わしくなる。綻びはじめたばかりの固い、しかし清楚な梅であるかもしれない。また「軒」と言うが、これも手入れの届いた屋敷ではなく、廃屋のように荒れて崩れた軒ではないのか。その隙間から覗く刃のような月光……。だが、いたずらに想像を遊ばせることは慎もう。

ともあれ、以上でほぼ外的情景は把えられた。今度はそこに内的心象がどのように投影されているかを見る番だ。「大空は」と較べて、何故この歌には内的心象を感じることができるのだろうか。ここでも鍵を握るのは上下句を結ぶ第三句、その中の「袖」の一語である。「袖」という一つの物質に一人の人間の存在が託されている。だが、その人物は具体的な姿を現わさない。男か女かも定かでない。一体、この一語からどれだけのことを読みとったらよいのか。

ところで、通例、この歌には懐旧の情が託され、袖はそのための涙で濡れているとされる。懐旧の情が言われる最大の根拠は、背後に『古今和歌集』乃至『伊勢物語』の有名な業平の歌、

月やあらぬ春や昔の春ならぬわが身ひとつはもとの身にして

を考えるためである。久保田淳も指摘するように、厳密な意味でこの歌が本歌かどうかは議論のあるところだが、確かに二首の間には響き合うものがある。凛と張った早春の冷気、また、業平の歌では月・春・わが身が、定家の歌では梅・袖・月が、融合するというよりは拮抗している点、等々。しかし、だからといって業平の歌の心情をそのまま定家の作へ流し込み、それで解釈し去ることは許されない。それでは定家の作を二番煎じに堕しめることになる。もし定家が業平の歌を意識して作ったとするならば、むしろ、懐旧の情を表面から消し去ったという作りかえの面こそ注目すべきであろう。この点、『新古今和歌集』で、この歌に続いて並べられている同趣向の歌と較べるとよくわかる。

梅がかに昔をとへば春の月こたへぬ影ぞ袖にうつれる　藤原家隆朝臣

梅の花誰が袖ふれし匂ひぞと春や昔の月にとはばや　右衛門督通具

梅の花あかぬ色香も昔にておなじ形見の春の夜の月　皇太后宮大夫俊成女

これらも業平の歌を直接本歌としているかどうか問題があるようだが、ともかく同趣向と考えてよい。そして、懐旧の情が表面に出ている。それだけ定家の歌のような含みに欠ける。また、定家の歌における梅と月の動的な緊張という面も弱い。

定家の歌に戻ろう。以上のように見てくるならば、ともかくこの一首を「梅の匂いと月の光が春の風情を競い合う或る宵、一人の男が別れた恋人を思ってよよと泣き崩れる」という優雅で王朝絵巻風な、そして女々しい情景と解するのは、適切でないことがわかる。第一、歌の響はもっと乾いている。懐旧の情を入れても、なお別の解釈が可能なはずだ。

「梅の花がようやく綻びはじめ、ほのかな香りを漂わせる宵、しかしなお、冷え冷えとした月は、刃のような光を崩れた軒の隙間から投げつける。あれ程信じ、愛し合った男が寄りつかなくなってから、どれ程の時が経っただろうか。泣くことももう忘れた。袖の上に遊ぶ青白い月光を今はただ呆けたように見つめている……」

無論これは、こうも解釈できるという一例にすぎない。定家の歌が物語性を感じさせるとはよく言われることだが、実際、一首の歌から読者が自由に一篇の物語を構成することは楽しいことではある。しかし、それに引き摺られるならば、歌自体の鑑賞としては誤ることになるであろう。

歌そのものに戻って、もう一度考えてみよう。「袖」という一つの物象が、外的情景から内的心象

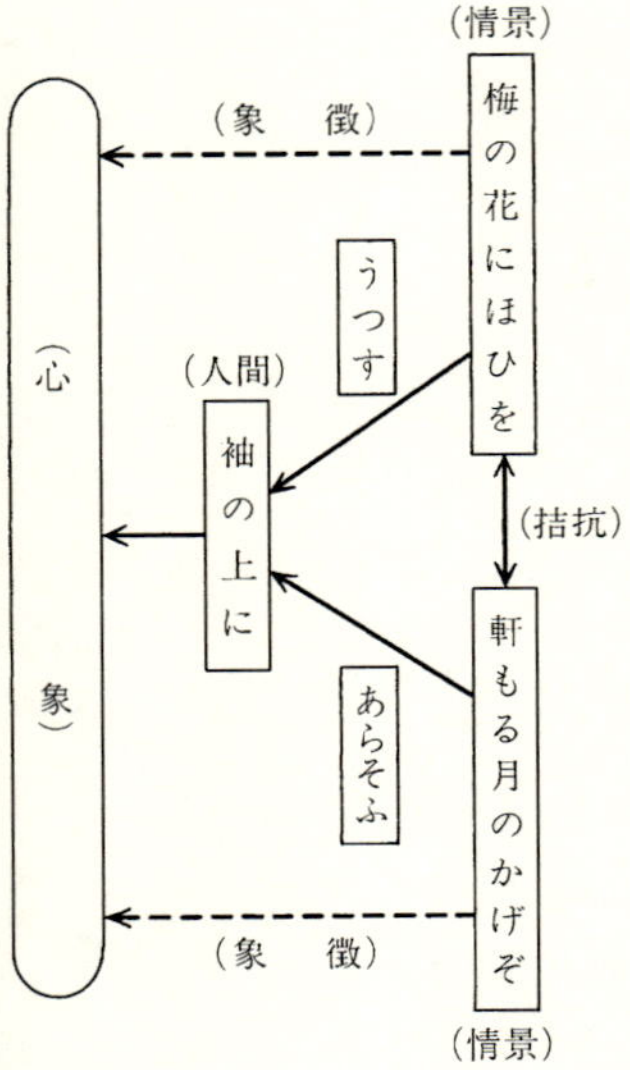

「梅の花…」の歌の構造

へと向かう唯一の手掛りであった。懐旧の情があるかどうかも定かでない。この恐ろしいまでの沈黙。だが、確かに我々は、ここに一つの冷涼とひろがる心象を垣間見ることができる。それは何故であろうか。我々はここで、外的情景を歌った一首が、そのまま裏返しに内的心象の象徴となっていることに気付く。微かな梅花の華やぎと冷たい月光の荒《すさ》び、両者がせめぎ合い、そして最終的に後者が一首全体を規定するのだとすれば、じっと袖の一点に目を凝らすとき、そこに映ずるのは、彼(または彼女)自身の心の奥底の孤独で冷たい世界でなくて、一体何であろうか。

二、情　景

我々は、さらに定家における内的心象の行方を見定めなくてはならない。しかし、その前に、手順として、外的情景、すなわち自然の歌、四季の歌について一瞥しておくことが必要だろう。

大空はうめのにほひにかすみつゝくもりもはてぬ春の夜の月　（仁和寺宮百首）
霜まよふそらにしをれし雁が音のかへるつばさに春雨ぞ降る　（同）

前者は既に一度引いたものだが、純粋に外的情景を歌ったものとしては、この二首の春の歌を採りたい。定家三十六歳。やはり全盛期の作である。

一体、「初学百首」（二十歳）の冒頭、

出づる日のおなじ光に四方の海の浪にもけふや春は立つらむ

以来、スケールの雄大さは定家の歌の特徴であり、その資質の豊かさを証明するものだが、この二首も大空を舞台に贅沢なまで豊かに春の情感を盛り上げる。しかも、前者では「うめのにほひ」（嗅覚）と「春の夜の月」（視覚）という二つの感覚が、後者では「霜まよふそらにしをれし」（秋）と「かへるつばさに春雨ぞ降る」（春）という時間的な推移が、それぞれ重層化されているが、いささかのぎこちなさもなく融け合い、一幅の絵画的情景を描き出す。無論、いずれの場合もこの情景を見上げる一人の人物を想定することは可能だし、その人物の感慨に思いを致すこともできよう。だが、所詮それは蛇足というものだ。後者の歌、下句を「雨にうたれ、花に背いて帰る雁の哀れさ」ととる解釈も古来行われているが、余りに分別臭い。「梅の花」の歌と逆に、ここでは上句の厳しさが下句の暖かさの中に包み込まれる。一語一語言葉を選び、積み上げるように構成された歌——読者は余計な思弁を捨て、ただひたすら作者の言葉の魔術に酔い、春の情感に噎ぶのがよい。

立ちのぼるみなみの果に雲はあれどてる日くまなき頃の虚《おほぞら》　（韻歌百廿八首）

先の二首と並んでこの夏の歌も好きだ。ここでも、真夏の、底が抜けたように乾燥した、そして、どこか重く気怠い空虚さを感覚として受け止めるべきであり、人生論的な意味付けは無用だ。塚本邦雄が脱出願望を見ようとするのもやや勇み足だろう。初句は「立ちのぼり」とすれば意味的にはすっきりするが、歌の調べとしては「立ちのぼる」の重い感じがよい。

定家の季節の歌は、多面にわたる。

去年もさぞたゞうたゝねの手枕にはかなくすぐる春の夜の夢　（韻歌百廿八首）

まどろむとおもひも果てぬ夢路よりうつゝにつゞく初雁の声　（閑居百首）

のように、「梅の花」の歌と同じく内的心象を暗示するもの、

花の香のかすめる月にあくがれて夢もさだかに見えぬ頃かな　（院初度百首）

ふかき夜の花と月とにあかしつゝよそにぞ消ゆるはるの釭《ともしび》　（韻歌百廿八首）

のように、心象が純粋に美的なものへの憧れによって満たされた、まさに浪漫的と言うべき作もよい。代表作とされる「夢の浮橋」の歌では、情景と心象はもっとも見事に融合されている。さらにまた、

ゆきなやむ牛のあゆみに立つちりの風さへあつきなつの小車　（韻歌百廿八首）

のように微細な観察にもとづく写実的とも言うべき作、

風吹けばやがて晴ゆく浮雲のまたいづかたにうちしぐるらむ　（閑居百首）

村雲やかぜにまかせて飛ぶ鳥のあすかの里はうちしぐれつゝ　（承元四年）

のように、閑寂味を帯びた比較的素直な作品もある。しかし、理想型として見る限り、もっとも純粋な情景歌は最初に挙げた二首に代表されるように、いささかの内的心象への臆測もなしに、あくまで感覚において全き充足を得るのであり、読者はその中に没入し、その情趣を満喫すべきである。

そしてまた、彼の手にあっては、人間さえもがそんな情景を形成する一要素、一点景と化してしまう。

駒とめて袖うちはらふかげもなしさののわたりの雪の夕ぐれ　（院初度百首）

「駒とめて袖うちはらふかげもなし」だが、どうしても悠然と「駒とめて袖うちはらふ」姿が浮んでしまう。例の「花も紅葉もなかりけり」の歌で、ないはずの花や紅葉がイメージとして重層化してくるのと同じ手法である。そして、さり気なく持ち込まれたイメージの悪戯に、読者は手もなく乗ってしまう。よく考えてみれば、この人物は、寒さに凍え、少しでも早く目的地に着こうと、袖の雪を払う心のゆとりさえなく、行き悩む馬にひたすら鞭をくれているのかもしれない。だが、誰もこの歌をそんな感じに読む者はあるまい。苦しんでいる一人の男を、非情にも一場の美的情景を完成するための小道具の一つとしてしまっているのだ。

さむしろやまつよの秋の風ふけて月をかたしくうぢのはし姫　（花月百首）

この歌も同類だが、「うぢのはし姫」のもつイメージが入るからやや複雑になる。「うぢのはし姫」は元来宗教的な意味合いを持った言葉と思われるが、すでに中古・中世の歌学では難義の一つとされていたらしい（久保田淳）。これを単純に「宇治に住む女」（石田吉貞）とか「宇治橋付近に住む愛する女性」（安田章生）ととる説もあるが疑問だ。本歌である、

さむしろに衣かたしきこよひもや我を待つらん宇治の橋姫　（古今集巻十四）

ならばそうもとれようが、その場合でも、遊女ないし愛人としても身分の低い女と見て、「一人の貴族の、優越感を含んだいたわりの心」（梅原猛）ととる方が、少なくともおもしろい。まして定家の作の余りに冷たく突き放した表現は自分の愛人を歌ったものとはとれない。通説通り遊女と解してよいのではないか。

まこと、遊女は女であることの窮極の存在である。満足に家具さえない小屋のさ筵に、冷たい月光を浴びて客を待つ。どこの誰とも知れない男を。増えてくる皺を厚化粧で隠し、病身をおして、それでも男を待つ。惚れたのはれたのという戯れ合いではない、凄じい待ち方だ。そんな女に「橋姫」の美称を奉ることは皮肉であろうか。否、むしろ我々は、「橋姫」の原義である女神の姿が、遊女の上に重層化してくるのを見るのではないか。遊女の姿は神聖で近づき難い威厳さえ帯びてくる。

この「橋姫」の心象に思いを致せば、次に見る恋歌の主人公達と同様の、あるいはそれ以上の荒涼を見ることもできよう。だが、この歌で作者は内面に踏み入ることをしない。むしろ、あくまで冷たく突き放し、外的情景の歌として完結させている。ぞくっとするような「凄艶」（安田）な美――。実際、定家という男は、もしそこから何らかの美を作り出せるのならば、遊女どころか、瀕死の病人だろうが、飢えた子供だろうが、一片の同情もなく歌の素材としたに違いない。天晴れな美の亡者。そして、その外的情景の美の極点を裏返しにしたところに広がる、内的心象の光景へと今は踏み入る時である。

三、心象 (一)

内的心象の歌としては、恋・述懐等の部類へ入るものが挙げられる。だが、述懐の中に、

苔のしたにうづまぬ名をば残すともはかなき道やしき嶋の歌　(韻歌百廿八首)

のような、一応もっともな告白の声を聞くことができたとしても、歌として面白いものはほとんどない。その告白にしても、文字通り受け取り、納得して引き下がるわけにはいかない。「はかなき道」程度ですむ問題ではあるまい。虚構を自らの本領とする作者にあっては、むしろ背後に事実を感じさせる歌は、事実という尻尾ゆえにかえって興をそがれるのである。例の、

玉ゆらのつゆも涙もとゞまらずなき人こふるやどのあきかぜ　(巻下　無常)

にしても、母の死という具体的状況を超えたところにこそ、一首の価値を見るべきだが、どうしても

事実の尻尾がちらついてしまう。

結局、「定家に誰も及ぶまじきは恋の歌」という正徹の言を肯《うけが》うことになろう。「やさしくもみもみとしたる姿」(後鳥羽院口伝)は、何よりも恋の歌にこそ見られる。彼が現実に誰に恋をしたのか、あるいはしなかったのか、それは今、問題ではない。事実ではなく真実が問題だ。そして、真実は事実を超えた虚構の空間に築かれる。

だが、時代そのものも凄じかった。定家の「歌合百首」を含む六百番歌合は、各人百首中五十首が恋の歌からなり、しかも「初恋」に始まり「寄㆓商人㆒恋」に終る一首一首に異なった状況が表題として付されている。建久四年(一一九三)、新幕府が鎌倉に開かれた翌年の京の狂宴である。そして、そんな時代にあってさえ、定家の恋の歌に対する執着は常軌を逸していた。「異様の振舞して詠みたる恋の歌」に生命を賭けようとする定家をもて余したのは、後鳥羽院一人だけではなかっただろう。

　　年も経ぬいのるちぎりははつせ山尾上のかねのよその夕ぐれ

その「歌合百首」中、「祈恋」と題された一首。定家三十二歳。同じ一連では、

　　なびかじな蜑の藻しほ火たきそめて煙は空にくゆりわぶとも

もよいが、「初恋」という表題を抜くと、十分に情感を味わえないように思う。

表題歌、判者の俊成が「心に籠めて詞に確かならぬ」と評する通り、三十一音の短詩型に許される限界にまで、あるいは限界を超えて言葉を詰め込んだ感がある。注釈書なしには意味がとれないし、一応意味を理解しても、それを調べそのものに投げ込み、そこから情感として汲みとるのは一層困難だ。だが、放っておけない厄介な歌だ。初句切れ、三句切れでぽきぽきと折れるように屈曲しながら、しかも、うねるように連綿と続いていくリズムは人を引きこまずにはおかない。

上句、焦点は「初」＝「果つ」の掛詞であろう。初句切れの強い調子は、「果つ」を意識的に読むならば、この二句によって跳ねるように増幅される。

「所詮かなう筈のない恋であった。そのことはわかっていた。だが、一縷の望みを託し、執念のように初瀬山に祈り続ける。しかし、空しく満願の日も過ぎ、夕べの鐘と共に、無残にもまざまざと恋の終焉を知らされる……」

ひとまずこう解することができよう。だが、恋は本当に果ててしまったのか。「果つ」の語は、他方、「はつせ山」の中に埋れ、下句にもつれ込む。その調べには、恋の終焉に伴う空しさや諦めとばかり言い切れないものが残る。さらに言えば、「祈る」が「祈りし」でも「祈りこし」でもない点に注目してもよいだろう。無論、「祈る」の形で過去乃至完了の意にもとれるが、他面、「祈る」は「果つ」と同時的になお持続しているともとれよう。過ぎ去った恋をなお祈り続ける。諦めと執念がひとつになってくすぶる。

以上は掛詞のうち「果つ」にかなり重点をかけた読み方である。しかし他方、「果つ」を底に沈めて「はつせ山」を表面に出すとり方も可能である。そしてリズムの上からはその方がよいように思われる。すなわち、三・二・三・四と小刻みに盛り上がってきた後は、一気に「はつせ山」と五音読み下したく、「果つ」を強く読むと「せ山」の部分が宙に浮いてしまうのである。

では、その場合「はつせ山」の一語はどのように働くのであろうか。通例、「はつせ山の尾上の……」と下句に続くものと解されているようだ。実際、そう解することにより、第三句は第二句を「果つ」で受け、しかも下句へ繋がることになり、連綿と続く一首の屈折点となるのである。この面も確かに無視できないのだが、しかし、それだけでは三句切れの強い調子が十分に生きない。その点を考慮に入れる時、この句を「はつせ山よ」という呼びかけにとることはできないであろうか。ちなみに、この歌の本歌である俊頼の、

うかりける人をはつせの山おろしよはげしかれとはいのらぬものを　（千載集巻十二）

では、明らかに三句切れの呼びかけになっている。

さて、このようにとると、上句はどう解釈したらよいのであろうか。

「もう幾年も祈り続けてきた。今もこうして祈っている。私の願いは、初瀬山よ、（所詮きいては頂けないのですか）」

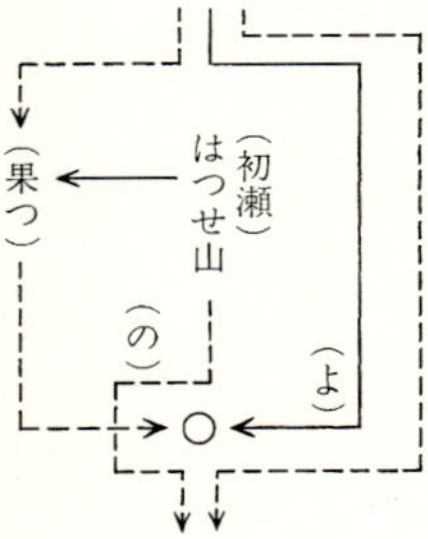

最後の括弧の中に「果つ」を生かし、それを「初瀬山よ」の呼びかけの後に回してみた。何故そうしたかと言えば、すでに述べたように、二句から三句へかけては一気に読み下したく、三句の後で休止になる。「祈る契は」ときり出した文は、一見「果つ」で結ぶと見えながら、「はつせ山」と一気に読むことによって「果つ」が消され、完結しないまま宙に浮く。その述語は、どこに求めたらよいのか。本歌と較べ合わせる時、下句、特に「よその夕ぐれ」にまで持ち込むこともできよう。川田順はそう見ており、実際、このことが上下句が切れながらもどこか繫がる一因となっていよう。しかし、この面を余り強く見ると、三句切れによる上下句のずれが消え、一本調子になってしまう。とすれば、二句の結びは、結局、三句の後の空白に呑み込まれ、消えてしまうのではないか。すなわち、「いのるちぎりは、ああ、初瀬山よ、……」となろう。今、その「……」に「果つ」のニュアンスを生かしてみたのである。

やや複雑に考えすぎたかもしれないが、以上考察した三句の重層性を図示しておこう（右上図）。「はつせ山」を呼びかけとして強くとることにより、人間的レヴェルでの執着と諦めの交錯に加え、仏（正確には観世音菩薩だが）に対する必死のかき口説きと、願いが聞き届けられない恨みの情が重層化してくる。恋の歌であるはずが、相手の男（通説通り、女の立場に立って詠んだ歌と見る）への口説きや恨みではなく、まず自己の孤独な情念を見定めることであり、それから仏（神でも構うまい）がその情念の対象となるところに、この歌の特異なところがある。

下句へ移ろう。(w)ono(h)e no kane no yoso no まで o 音が延々と続けられ、最後に yuhugure と u 音へ移る。それは底籠る夕暮の鐘の響にふさわしく、また内へと沈みゆく心象をも象徴する。そしてまた、「の」による体言の集積。この句をすらすらと読み下すならば、上句の烈しさと較べ、一見静かな諦めの情への移行とも見え、実際、この面も無視できない。だが他方、一つ一つの「の」が、流れようとする一語一語を堰き止め、次第に積み上げていく点を見るならば、逆に「もみもみ」としたた情念が一層高められ、あるいは深められていくようでもある。単調なリズムはどこか呪文のような響をも残す。

内容的に見るならば、下句の焦点は「よそ」の一語である。文脈の上からは「よそ」は直前の「尾上のかね」を受ける。「尾上の鐘がよそである、すなわち、私には無縁である、そのような夕暮」というのが文字通りの意味であろう。「尾上のかね」は、一日が終り、これから愛する者同士の安らかな語らいの時への移行を知らせる鐘の音である。それも所詮自分には無縁だという疎外観が「よそ」によって表わされる。他人の幸福を告げる鐘の音が、自分には救いのなさを骨の髄まで沁み込ませるだけだ。

ところで、この「よそ」が具体的に指す対象について、二つの説が分れている。『美濃』は「そのよその人にあふ人は、わがおもふ人なり」と断定し、これには川田順が同意を示している。これに対し、多くの評釈は、「よそ」を世間一般の男女のこととととっている。

確かに第一の説は強烈である。私の祈りが、私にではなく、他の女の上に効果を示し、彼女が「わがおもふ人」と会っていると、というのである。何という皮肉、滑稽。私は所詮ピエロにすぎなかったのか……。確かにこれは魅力のある説ではあるが、「一首の余情が消え去ってしまう」(窪田空穂)し、幾分意味を特定化しすぎる感は免れない。もしそうとるのならば、むしろ「よそ」を相手の男と見る方がよくないか。「私の心の外に／無縁の人の上に」と塚本邦雄が訳す時、その意味合いを籠めているようだ。所詮、私にとって「よそ」でしかない男……。恋しさ、諦め、恨み、それらの情念が微妙に交錯し、混沌とどまるところを知らない。

次に、「よそ」を世間一般の男女ととる第二説も、一応認められるが、下手をすると意味を平板化してしまう。あくまで相手の男に対する情念の迸りが、余波として世間の恋人達に、あるいはもう少し限定すれば、初瀬に祈って願いが叶った男女達に及ぶのである。他人の幸福への羨望と呪詛――それは、いかにも惨めであり、しかし、凄じく鬼気迫るものがある。

そして、窮まるところ、情念は仏へ向かわざるをえない。「よそ」は最終的にここに行き着くのではないか。絶望しつつなお祈る。

「観音様、どうして私の願いは叶えて貰えないのですか。他の人達はみんな幸せになっているのに。私のどこが悪いのですか。それともあなたが恋を叶えて下さるというのは嘘なのですか。そんな筈はないでしょう。それなのに、どうして、どうして……」

空転する想いは、再び自らの内面に突き戻される。仏にも見捨てられた情念の荒《すさ》びを抱え、なす術もなく孤独のうちに沈む……。

ともあれ、こうして難解な一首をひとまず読み終えた。だが、ここでもう一度、この歌が恋歌とは言いながら、相手の男は超えられ、人間世界も超えられ、究極するところ、仏＝超越者に向かっている歌だという点を確認しておく必要があろう。というのも、この点はすでに、『尾張』が「此歌はつぶ〳〵と仏に申つゞくる詞也」と明白に指摘しているにもかかわらず、近代の研究者が多く無視し、あるいは軽く触れるだけで済ませているからである。とはいえ、もちろん、この歌が宗教的な歌だというのではない。むしろ逆である。仏は一言も応えない。呼びかけは空しく突き返され、あるいは仏の世界をも超え、情念だけが無人の世界にそうそうと吹き荒ぶ。その情念の内容も単純な恋情ではなかった。恋情は執念と化し、また、怨情と化す。そのいずれでもあり、また、いずれをも超えた情念の窮まりであり、その原型でもある。とどまるところを知らない情念の荒び、孤独、絶望……。

だが、それにもかかわらず、一首を読み終えてほのかに残る安らぎは何であろうか。実際、この歌に限らず、定家の恋歌の裏にはいつもどこかに「悲しみと不可分のものとなっている不思議な充足感」(安田章生)がある。それは諦めであろうか。だが、諦めにしても単純なものではない。窮極まで到り着いた者のみがもつ深い安らぎ、そしてまた、それは自らを見る者、自らを知る者の悲しい自足でもあろう。情念よ荒べ、私はそれをとことん見極めてやろう。

以上、この歌を歌自体において見てきた。最後に、作者との関係を考えておこう。この歌はもちろん虚構である。だが、そのことは、ここに託された心情が作者と無関係ということではない。

すでに述べたように、真実は事実と必ずしも一致しない。一首の凄じい迫力は、この歌が作者の内面の真実に根差していることを告げる。仮託された主人公の心象の光景は、そのまま作者の心象の光景である。情念の荒ぶ暗い心象の奥へじっと目を凝らすのは作者自身である。実際、内面の激しい渇望を抱く人間にとって、事実の世界は何と満たされない、味気ない世界であることか。わずかに歌の虚構の情念の世界だけが、癒し難い渇望に一滴の甘い蜜を滴らせる。

四、心象㈡

一首の歌から余りに一般論に走りすぎたようだ。恋歌の例をもう少し引いて、その点を確認しよう。

梓弓まゆみつきゆみつきもせず思ひ入れどもなびく世もなし　（初学百首）
久方のあまてる神のゆふかづらかけていく世を恋ひ渡るらむ　（院初度百首）
あぢきなくつらき嵐のこゑも憂しなど夕ぐれに待ち習ひけむ　（二見浦百首）
こぬ人をまつほの浦の夕なぎにやくやもしほの身も焦れつゝ　（建保四年）
面影はなれしながらの身にそひてあらぬ心のたれちぎるらむ　（院再度百首）
尋ね見るつらき心のおくの海よ汐干のかたのいふかひもなし　（同）
しきたへの枕ながるゝとこの上にせきとめがたく人ぞ恋しき　（閑居百首）
思ひ出づる心ぞやがてつきはつるちぎりしそらの入相のかね　（巻下　恋）

以上の他、

かきやりしその黒髪のすぢごとにうちふす程はおも影ぞ立つ　（巻下　恋）

もとりたいが、今は女の立場から詠んだ歌、あるいは少なくともそうとれる歌のみ集めてみた。「年も経ぬ」と同じく遂げられない恋を詠んだ歌、来ない男を待つ歌、褥を共にしながらお満たされない歌、別れた後の歌を、それぞれ順に二首ずつ並べてみた。いずれの状態にあっても決して満たされることはない。まるで苦しむために恋をしているようだ。相手がいても常に相手を超えて、あるいは自らへと屈折して情念は燃える。その中に見出される自足はほとんど自虐の様相を呈している。

既に述べたことは再説すまい。ここでは一首一首について簡単な感想を記すに留めよう。

一首目―二十歳の処女作にふさわしく、一直線にぐいぐいと力で押してゆくところが魅力だ。後年の屈折に屈折を重ねた情念の荒涼とは違い、自らの情念にどこか自信を持っているように見える。しかし、恋の不毛を嘆く点では後年のものと一貫している。上句の大袈裟な序詞も浮いていない。

二首目―これも「あまてる神」をもち出してのおどろおどろしい歌だが、それで白けてしまわないのは、それだけの内実が伴っているからであろう。過去世から未来世へ――まさに宿業とも言うべき凄じい執念だ。

三首目—「年も経ぬ」と並んでとりあげられる「もみもみ」とした恋歌の代表作。初句の後に小休止がはいるから、これも一・三句切れ。初句を五字一語でうち出し、三・四・三・二と小刻みに上句を畳みかけ、「など」の自問を受けつつ、最後は五音、七音とゆっくり余韻を残して締めくくる。「味気なく」「つらき」「うし」という主情性の強い類似語の重複は、普通ならば目も当てられない失敗作に堕するところだが、ここではむしろ烈しい緊張をもって迫る。「嵐のこゑ」は「憂し」の語によって堰き止められ、底籠る。言うまでもなく、それは外なる嵐であるとともに内なる嵐でもある。

四首目—同じく来ぬ人を待つ歌だが、先にも触れた「ある安らかさや充足感」(赤羽淑)がかなり出る。夕凪に一筋のぼる藻汐を焼く煙のイメージの故か。五十五歳。全盛期を過ぎ安定した晩年の作。だが、情景と心象の融合は見事であり、また、下句の身悶えは余韻となって残る。

五首目—褥を共にしながらも嘆きは果てない。相手が本当に他の女を想っているのかどうかも定かでない。勝手に邪推して嫉妬は情念のやり場を求め、自虐の喜びを見出しているようでもある。これでは男もたまるまい。

六首目—同様の状況においてとらえたい。ただ相手に呼びかけるのではない。相手の「心のおく」へ問いかけ、「尋ね見る」のである。そこに見た「汐干のかた」は、単に相手の心が自分から離れていったことを意味するのみではない。むしろ、自分自身の「心のおく」の荒涼たる「汐干のかた」が、そこに鏡のように映し出されているのだ。心象の情景化が見事であり、突き放したような結句がやりきれない思いを伝える。傑作である。

七首目―別れた男を想っての歌ととったが、別の状況ともとれよう。ここに挙げた歌の中では凡作だろう。「せきとめがたく」が流れているようだが、逆にこの一語で支えている歌でもある。情念はとどまるところを知らず迸る。

八首目―夕暮の鐘を用いた歌として、「年も経ぬ」と双璧をなす。「思ひ出づる心」は本当に「つきはつる」のか。尽きはてた後に残るのは、なお一層の凄じい荒涼しかあるまい。

以上、ひとまず恋の歌を通覧してみた。そこに見られたのは、通説となっている単なる美の探究者定家ではなく、むしろ、人間の心の奥底の真実の探究者定家であった。とすれば、すでにその世界は単なる文学の枠内ではとらえきれないものとなり、「年も経ぬ」の歌に関して暗示したように、宗教との関連が問われなければなるまい。だが、ここで問題になるのは、伝記上の事実や、神祇歌・釈教歌の類ではない。そうではなく、これらの恋歌に示された心象への探究が、どのように宗教と関わりを持つかという問題である。とはいえ、晩年の定家が『摩訶止観《まかしかん》』を書写していること、法名の「明静」が「止観明静」からきていること、あるいは『毎月抄』の有心体の記述に天台止観の影響が見られること等(石田吉貞、小西甚一等の指摘による)は、一つの重要な示唆を与えてくれる。というのも、ここで問題になるのも、やはり天台の止観との関係だからである。だが、晩年の定家、衰えた定家が「宗教的」(!)になったのは誤りのない事実だとしても、全盛期の、いわば「非宗教的」な定家が、どのように天台の止観と関わると言うのであろうか。

そもそも、中国の仏教思想には二つの大きな流れがある。すなわち、天台と華厳である。両者とも人間の心の問題を重視し、煩悩に汚れ、苦悩に満ちた衆生の心の状態から、執着を去った真実の仏の世界へ超出しようとする点は変らないが、心の把握の仕方に差異が見られる。

今は、この点に関する詳述は避けるが、結論的に言えば、第一に、華厳では煩悩に穢れた凡夫の中にありながらも、なお汚れることなく仏の世界に連なる浄心、ないし真心を重視するのに対し、天台では、煩悩に穢れたあるがままの凡夫の心、すなわち妄心を重視し、それに精神を集中し、観察の対象とすることによって悟りの世界に近づこうとする。第二に、華厳では、心の世界を突破した事物そのものの世界を事々無礙法界《じじむげほっかい》と呼んで重視する。この系統を受けたのが禅で、仏とは何かという問に、「麻三斤《まさんぎん》」とか「乾屎橛《かんしけつ》」とかいう日常卑近な事物を持ち出して答える。これに対し、天台では、「一心三観」とか「一念三千」とか言われるように、あくまで心を媒介にして真理に迫ろうとする。このような天台の世界観に立った修行法を説くのが『摩訶止観』で、その中心となる第七「正修止観」の章では、観察の対象とすべき心の状態を十に分けて説き、修行中、煩悩が起ったら煩悩を観察し、病気になったら病気を観察せよと教えている。また、同書では四種類の修行法(四種三昧)を説くが、興味深いのはその第四の非行非坐三昧で、そこには次のような一句がある。「もし人、性として貪欲多く、穢濁熾盛《えじょくしじょう》にして、対治《たいじ》し折伏《しゃくぶく》すといえどもいよいよさらに増劇せば、ただ趣向を恣《ほしいまま》にせよ。なにをもっての故ぞ、蔽もし起らずんば観を修することを得ざればなり」(岩波文庫本による)。つまり、煩悩を捨てるのではなく、それをほしいままにさせて観察の対象にせよ、と言うのである。こう見てくるならば、人間の愛欲の心の奥底に下り立ち、じっとそれを見据えようとする定家の作歌態度が、華厳＝禅系の思想ではなく、天台の止観にこそ親しいものであることが十分に理解できよう。

だが、それにしても他面、両者の決定的な差異が見落とされてはなるまい。天台の止観はどこまでも宗教である。すなわち、凡夫の愛欲の世界は超えられ、仏の絶対の世界が求められなければならない。心を媒介としつつ心を据え、言語表現を超える。それ故、先の非行非坐三昧についても、「鈍根にして障重き者は聞きおわりて沈没す。もしさらに勧修せば旨を失することいよいよ甚だしからん」と誡め、積極的に勧めることはしていない。これに対し、定家の歌の世界はどこまでも情念の荒涼の場に踏み留まる。仏は所詮「よそ」なるものでしかない。もしその世界に救済が言われるとすれば、それは、その現実を見詰め、言語に定着させていくという活動においてしかあるまい。人間の暗い現実を挟んで、宗教と文学は紙一重となりつつ、袂を分つ。詩人——永遠に呪われた者！

ちなみに、日本における天台仏教は、特に院政期以後、煩悩即菩提の方向を強め、世俗的な現実もそのまま真実であると主張するようになる。『古来風躰抄《こらいふうていしょう》』における俊成の仏道歌道一致の説もこの思想的基盤に立つものである（田村芳朗）が、少なくとも壮年期の定家がこの幸福な調和説を共有していたとは、私には思われない。

＊　定家の作品の引用は、佐佐木信綱校訂『藤原定家歌集』（岩波文庫、一九三一）によった。他の古典については、日本古典文学大系をはじめ、手近にあるものを適宜用いた。文中に引用、言及した諸氏の著書のうち

主なるものを次に記しておく。

川田順『藤原定家』(創元社、一九四一)。
安田章生『藤原定家研究』(至文堂、一九六七)。
赤羽淑『定家の一首』(桜楓社、一九六七)。
塚本邦雄『定家百首・良夜爛漫』(河出書房新社、一九七三)。
石田吉貞『新古今和歌集全註釈』(有精堂、一九六〇)。
窪田空穂『完本新古今和歌集評釈』(東京堂、一九六四—六五)。
久保田淳『新古今和歌集全註釈』(講談社、一九七六—)。
梅原猛『古典の発見』(講談社、一九七三)。
石田吉貞『藤原定家の研究』(文雅堂銀行研究社、改定版一九六九)。
小西甚一『「道」—中世の理念』(講談社現代新書、一九七五)。
田村芳朗他『天台本覚論』(岩波書店、日本思想大系、一九七三)。

8　『徒然草』における仏教と脱仏教

一、『徒然草』の読み方

以前、『日本仏教史』(新潮社、一九九二。文庫版、一九九六)を刊行したとき、本覚《ほんがく》思想について論ずるのに『徒然草』を枕とした。すなわち、第七段の「世は定めなきこそいみじけれ」、第十九段の「おりふしの移り変るこそ、物ごとにあはれなれ」、第百三十七段の「花はさかりに、月はくまなきをのみ、見る物かは」などに見られる無常なる変化に価値を見出す発想に、本覚思想と通ずるものがあるのではないかと考えたのである。

むかし高等学校の古文で習った『徒然草』をふと思い出して使ったのであるが、本当に『徒然草』を本覚思想と結び付けてよいのか、実はそれほど深く考えたわけではなく、あくまで単なる思い付きでしかない。ところが、思いもかけずそれが国文学者の鷲山茂雄氏の目に留まり、その論文「徒然草と「空」の思想」(今井卓爾博士傘寿記念論集『源氏物語とその周辺』、勉誠社、一九九一)に言及して下さり(ただし、当時は拙著刊行前であったので、氏はそのもとになる『図説日本の仏教』三所収の拙文から引用されている)、それを友人を通してご恵贈給わった。専門の国文学者に取り上げていただくような内容ではなく、汗顔の至りであるが、同氏の論文を拝見して、専門家によって縦横に論じ尽くされているかに見える『徒然草』にも意外にまだ問題が多く残っており、そもそもその基本的な読み方の方法さえもなお議論の余地のあることが知られた。それならば、多少は門外徒の暴論も許されるところがあるのではないかと、いささか我田引水的に気をよくした次第である。そこで、鷲山氏の論に導かれつつ、一仏教研究者の甚だ狭隘な視点からであるが、『徒然草』の問題の一端に関して私見を記し、識者のご教示を乞うことにしたい。

鷲山氏の論は、従来の『徒然草』の解釈が余りに文学的な美意識の観点からのみ見られていることに疑念を持ち、そこにはより仏教的な思想があるのではないかと考え、かつまた、それをただちに兼好独自の個性的な思想と見たり、その実体験に結び付ける見方を誡めている。そして、そこに見られる仏教思想として、「空」の思想や本覚思想が関連してくるのではないかというのである。

ただし、鷲山氏の「空」に関する理解にはやや問題がある。氏は田村芳朗氏の著書『法華経』(中公新書、一九六九)に、「空とは事々物々をありのまま(客観的)に、一部分にとらわれることなく全体的に観察することであり、そうすることによって、また自己の主体的な実践が生まれてくるのである」(同、三七頁)とあるのによっている。確かに「空」をそのように解釈して誤りとは言えないであろうが、それにしてもかなり自由な応用的な解釈であり、必ずしも文字通りの解釈とは言えない。この言い方では「空」の持つ否定のニュアンスが消えてしまい、現実に対して極めて肯定的な実践論が強く主張されることになる。「空」は大乗仏教のひとつの中心的な思想であり、それ故さまざまな解釈や発展が認められ、それをきちんとおさえずに概括的な議論をすることは、学的な厳密さを欠くことになる。それ故、田村氏のこの「空」の説明に全面的に依存して、『徒然草』と「空」の思想の関係を論ずるのは、必ずしも生産的なこととは言えない。

この点に関しては鷲山氏の論にいささか疑問を感ずるが、その方法論的問題提起には極めて興味深いものがある。氏は、「「うすものの表紙はとく損ずるがわびしき」と人の言ひしに、頓阿《とんあ》が、「うす物は上下はづれ、螺鈿《らでん》の軸は貝落ちてのちこそいみじけれ」と申侍《もうしはべり》しこそ、心まさりして覚えしか」という第八十二段、「花はさかりに、月はくまなきをのみ、見る物かは」という第百三十七段を取り上げて、それらを「美」「美意識」の観点から「欠落の美学」を読み取ろうとする従来の解釈に疑問を呈し、これらは「実は「美」などといった主題とはほど遠い章段ではないか」と問題を提起する。この第百三十七段と関連して、先に触れた拙論が取り上げられ、「これまでしばしば美意識の問題でとらえられてきた百三十七段も、思想的に照明が与えられているように思われる」と評価してくださっている。そして氏は、「畢竟百三十七段は物の見方を論ずる段であって美意識を説くものではない」と断定される。

まったく美意識の問題でないというのも少し極論で、美意識も包含されるとは思われるが、それはともかく、氏のこのような私見への評価は、私にとって驚きであった。私は決して新説を出して従来の解釈に異説を唱えようとしたわけではなく、むしろごく常識的なことを言ったつもりであったが、知らぬが仏で随分と大胆なことを言っていたことになるようだ。実際、例えばもっとも新しく信頼できると考えられる新日本古典文学大系本を見てみると、第八十二段は「物事は不完全な状態がよいという美意識への共感」と完全に「美意識」の問題と解しており、また、第百三十七段については、「物の見方と美意識についての論」と、「と」で結んだ並列関係がいささか曖昧ながら、「美意識」が特に大きな問題とみなされている。とすれば、それを仏教思想の観点から読み直そうという鷲山氏の説は、『徒然草』の読み方に大きな転換を要求するものと言わなければならない。氏の説が成り立つとすれば、『徒然草』に関して、仏教研究者もまた論及する権利が生ずることになろう。

本稿では、このような問題意識から『徒然草』を仏教思想の観点からどのように読むことができるかということについて、いささか考えてみたい。といっても、そのごく一端をうかがうに留まるが、まず第八十二段や第百三十七段は後回しにして、鷲山氏がその論文の中で扱われ、解釈に苦労しておられる第二百三十五段から見ることにしよう。

二、心に主があるか

1、第二百三十五段をめぐる問題

第二百三十五段は次のようなものである(以下、『徒然草』の引用は、新日本古典文学大系による)。

主《ぬし》ある家には、すゞろなる人、心のまゝに入り来ることなし。主《あるじ》なき所には、道行き人みだりに立ち入り、狐、梟《ふくろう》やうの物も、人気《ひとげ》に塞《せ》かれねば、所得《ところえ》がほに入り住み、木霊《こたま》などいふけしからぬ形も顕るゝ物也。

又、鏡には色、形なきゆへに、よろづの影来りて映る。鏡に色、形あらましかば、映らざらまし。虚空、よく物を容《い》る。我等が心に念〻のほしきまゝに来り浮ぶも、心といふもののなきにやあらむ。心に主《ぬし》あらましかば、胸の内にそこばくのことは入来《いりきた》らざらまし。

この段は古来兼好の思想を表した極めて重要な段と解されてきた。例えば、『徒然草解釈大成』(岩崎書店、一九六六)に挙げられている古注(浅香山井『徒然草諸抄大成』による)では、

此ノ段ハ心性ヲ論ズルナリ。尤モ眼ヲツクベキナリ。(寿)

此ノ段ノ大意如何。答ヘテ曰ク。此ノ段容易ニ看破スベカラズ。一部ノ修行ココニ侍ル。イカントナレバ釈迦七千巻ノ経、菩薩ノ論、人師ノ語録、万巻アリトイヘド畢竟ハタダ一箇ノ心ノ字ノサタノミナリ。(新注)

などと言われている。だが、「此ノ段容易ニ看破スベカラズ」と言われているように、なかなか難解な一段でもある。同書に引かれた近代の注釈でも、

この段は、一通り文意を解するだけは何でもないが、さてどういう主意で書いたものかと考えるとなるとなかなかむつかしい。(塚本)

要するに本段の主意は把捉しがたい。(橘2)

本段はむづかしい内容で、主意はとらえにくく、種々に解されている。(山岸・三谷)

とその難解さが言われている。

だが、他方、

卑近な例をあげながら、きわめて説得的に兼好の思想が展開されているといえよう。（日本古典文学全集・永積安明）

と、本段を高く評価する論者もいる。

このように評価が大きく分かれるのが本段の特徴である。本段の難解さは結局、「心に主あらましかば」云々を、心に主があるべきだと言っているのか、それとも主がないのが本来だと言っているのか、どうもよく解らず、どちらにとっても全体の文脈がもうひとつすんなりと行かないところに由来する。その解釈が一方に決まると（多くは「主があるべきだ」という方向で解する）、高い評価につながるのである。

本段の構成は、三つの譬喩を挙げて、そこから心の性質を結論づける形になっている。すなわち、

①家の譬え。主のない家には、いろいろ怪しいものが入り込んでくる。

②鏡の譬え。鏡は色、形がないから、いろいろのものが映る。

③虚空の譬え。虚空は（何もないから）どんな物でも中に入れることができる。

以上の三つの譬えに基づいて、心についてその性質を結論づける。すなわち、「我々の心にいろいろな想念が勝手きままにやって来て浮ぶのも、心というもの（実体）がないからであろうか。心に主たるものがあったならば、胸のうちにそんなに多くのことが入っては来ないであろう」というのである。

ここでどうもおかしいのは、①の譬えでは主のないのが悪いことのように言われているのに対して、

②③の譬えでは、主がなく、空虚であるからこそ自由自在にいろいろなものを映したり、容れたりできるのだと、主のないことの方を肯定しているように見える。従って、結論の心に関しても、主がないのがよいのか、主がある方がよいのか、どちらを言っているのか、はっきりしないことになる。果たしてどちらであろうか。

従来の解釈は、「主があるべきだ」という方向が中心であったようだ。古注も多くはその方向で取っている。例えば、次のように言われている。

サテ此ノ一段家ト虚空ト鏡ト此ノ三ツヲ以テ自己本分ノ一主人公ヲシラセタルナリ。(全)

心ノヌシトイフハ家々ニヨリ名カハレリ。儒ニハ明徳、老子ニハ虚無、仏家ニハ或ハ主人公、無位真人、阿弥陀、大日、妙法ナドイヘリ。……ヒトヘニ自己ノ仏性、自己ノ明徳ヲアキラムベシトゾ。(新注)

此ノ節〔最後の「心に主」の文——引用者注〕ハ第一節ニイヘルタトヘノ意ニ応ジテ心ノ主人公ヲトリ守ルベキコトヲイヘリ。(山井)

最近の注釈でも、例えば、『日本古典文学全集』(永積安明)は、

主人のいない家のように、主体のない人間が、いかに他の所有となりがちであるか。自己を確立することによって、他の所有から自己を回復する。そこにはじめて本来の自由が獲得される。

と解しており、もっとも詳細な注釈である安良岡康作『徒然草全注釈』(角川書店、一九六八)でも同方向に解釈している。

兼好が、当時としては稀な、人間心理の観察者・分析者であったことは、上巻以来、しばしば認められて来たのであるが、ここでは、それが、「心に主あらましかば」とあるように、自己を確立しようとする意志と結びついて追求されていることが注意されなくてはならないであろう。

このように従来有力であった解釈、すなわち、「心の主体性を確立すべしという論」(鷲山氏の引く貴志正造氏の語)とする解釈に対して、鷲山茂雄氏は正面から批判し、次のように結論する。

「心にうつりゆくよしなし事」を書いたという『徒然草』にあって、心に「ぬし」があるのは困る。この段、「鏡」のごとく、あるがまま映す「心」、「虚空」のごとくすべてを受け入れる「心」について述べているのであって、「心」に「ぬし」あることを願望しているわけではない。

これは極めて画期的なことと考えられる。そして、私もまたこの鷲山氏の解釈の方向を正しいと考える。ただ、鷲山氏の論証は必ずしも十分でなく、また、私の解釈は鷲山氏とも多少ずれるところがある。それ故、その点を理解するために、以下、まず仏教的な観点から、これらの譬喩や心の性質についていささか考え、それに基づいて本段の思想の特徴を考えることにしたい。

2、第二百三十五段の検討

まず①の家の譬喩であるが、これは仏典に適当な典拠は見当たらないようである。荒れた家といえば、『法華経』譬喩品の火宅の喩などが思い当たるが、そこでは主がいないというわけではない。古注にも、「鏡ト虚空ハ心法ノタトヘニコトフリタルニ家ノタトヘハ兼好メヅラシキ作意ナリ」(全)と言われている。そして、後述のように、このことが曲者なのである。なお、安良岡氏は、『寿命院抄』によって『源氏物語』の「蓬生」に典拠を求めているが、それが適当なようである。

次に②の鏡の譬喩であるが、出典に詳しい新日本古典文学大系本では、『観心略要集』の「譬へば明鏡の上に諸の色像を現ずること有るが如し」と、藤原行家・弘長百首の「何かそれ映らぬ影ぞなかりける心や澄める鏡なるらん」とを挙げている。さらに遡るとすれば、『摩訶止観』巻一上の三諦円融の箇所が有名である。そこでは、「明は即空《くう》に喩《たと》え、像は即仮に喩え、鏡は即中に喩う」と、明・像・鏡を空・仮・中に喩えている。しかし、それほど面倒な理論を含まない鏡の譬えは仏典にしばしば現われ、例えば、『楞伽経《りょうがきょう》』(四巻本)巻一には、「譬えば明鏡の衆の色像を現ずるが如し」と言われている。

次に③の虚空の譬喩もしばしば見えるところで、例えば、『華厳経』(六十巻本)巻九には、「無著・無所依、無染なること虚空の如し」と、執着のない清浄な心を虚空に喩えている。そもそも虚空は有《う》部《ぶ》の阿毘《あび》達磨《だつま》の哲学で無為法に数えられ、「虚空は但だ無礙を以て性と為す。無礙に由るが故に、色、中に於て現ず」(『倶舎論』巻一)と言われている。なお、鷲山氏はこの「虚空」を直ちに空《くう》と同義にとっているが、これはいささか無理があろう。ただ、鏡中像も虚空も般若経典で空の十喩の中に数えられるもので、その点から言えば空と無関係でなく、実体性のないことから、心に主のないことに結び付くことになる。

さて、それで心に主があるか否かということであるが、仏教の常識から言えば、主があるはずはない。もちろん、阿毘達磨の用語で、「心所《しんじょ》」に対して「心王《しんのう》」が立てられたりするが、実体的な実在性を有するものではない。仏教の無我の原則から言えば、心に主となるような存在は考えられない。ただ、禅の方では『臨済録』の「赤肉団《しゃくにくだん》上の一無位の真人」のような、まさに自己の主体性を重んずる思想があり、「随処に主となる」(『臨済録』)とか、さらには文字通り「主人公」と言う表現もある。有名なところでは『無門関』第十二則に出る。

　瑞巌彦《ずいがんげん》和尚、毎日自ら「主人公」と喚び、復《ま》た自ら応諾《おうだく》す。乃《すなわ》ち云く、「惺惺着《せいせいじゃく》。喏《だく》。他時異日、人の瞞《まん》を受くること莫《なか》れ。喏喏」。

まさにここで言われていることは、「主体性の確立」と言ってもよいであろう。古注が「主人公」と言うとき、この禅の用法を念頭に置いていることは明白である。しかし、『徒然草』の素養の範囲を見ると、他の段でもこのような禅の思想はほとんど大きな影響を与えていないようであり、その仏教の系統は伝統的な顕密諸宗と浄土系が主と考えられる。このことは、『徒然草』の引用や典拠を丹念に当った安良岡氏の『全注釈』によってみても確かめられる。従って、この箇所を禅的な方向から「主体性の確立」と理解するのはかなり困難と言わなければならない。

ところで、新古典文学大系の注では、『沙石集』から、「明鏡ニ像ノ迹ナク、虚空ノ色ニソマザルガゴトク、身ト心ヲ練シナス、マコトノ道心ナルベシ」という箇所(拾遺三十七話)を指摘しているが、これは本段を考える上で注目される。ここでは明白に身心を「明鏡」や「虚空」と同じようになるように修練すべきことが言われており、「主体性の確立」とは正反対の、心身を虚《むな》しくすることによって自由が得られるとしているのである。身心を鏡や虚空のようにするとは、どのようなものが去来してもそれに捉われない自由を言うのである。何かがそこに厳然として存在したならば、それは捉われになってしまう。それ自体は空虚であるからこそ、すべての物を映し出し、去来させて、しかもそのいずれにも執着することなく、自由でありうるのである。実際、『沙石集』のこの拾遺は、古典文学大系本巻四の第九話に入るものであり、そこでは、「道心タラム人執心ノゾクベキ事」が主題とされ、「大乗ノ空門、仏法ノ本源ニ意《こころ》ヲ得テ、何《いずれ》ノ行ヲモハゲムベシ。執心ヲ恐レ、我相ヲ除《のぞき》テ、ヒロクオ覚ヲ不㆑求《め》シテ、指シ当《あたり》タル妄念執着ノ咎《とが》ヲ知テ除クベキナリ」等と言われている。

では、この『沙石集』の方向で、第二百三十五段も一貫して解釈できるであろうか。どうもそういかないところに兼好の一筋縄でいかないところがある。ここで問題になるのが①の家の譬喩である。先に触れたように、これは仏典に典拠を持たない。先の『沙石集』の箇所にも、「鏡」と「虚空」は出てくるものの、家の譬喩は出てこない。ところが、この譬喩では、どう見ても、「主」がないとおかしなものが入り込むから、主がなければならないという方向でしか解釈できない。この点を重視すると、「主体性の確立」という解釈に至るわけである。この解釈を補強するのは、最後の心について説いた段で、心に主体がないと、「我等が心に念々のほしきまゝに来り浮ぶ」と言っていることである。ここで「念々」と言っているのは雑念の類であろうから、そうとすれば、家と同様、心に主（＝主体性）がないと、奇怪な雑念が生まれてくるということになるであろう。つまり、鏡と虚空の譬喩を除去すれば、家の譬喩と最後の心の段を結んで、首尾一貫した解釈が成り立つことになる。

だが、上述のように、このような解釈は、一方では「鏡」と「虚空」の譬喩が説明できないし、また、兼好の持っていた仏教の常識から見て適当と考えられない。それでは、我々の解釈ではこの家の譬喩との関係はどう解したらよいのであろうか。この点、鷲山氏も十分に説得的な解釈を示していない。

私はここに兼好の正統的な仏教からの逸脱、あるいは常識的な思考からの意図的な逸脱を見ることができるのではないかと考える。常識的に考えれば、「主なき」家に、「すゞろなる人、心のまゝに入り来ること」や、「道行き人」ばかりか、「狐、梟やうの物も」入り込み、さらには「木霊などいふけしからぬ形」までも出現することになるのは困ったこと、嫌悪すべきことである。これはもちろん心の譬喩であるから、「念々のほしきまゝに来り浮ぶ」ことを喩えていると考えられる。心の雑念を「狐、梟」や「木霊」に喩えるのは、いかにもなるほどと納得させるもので、我々の心中にはしばしば明るみに出せない狐や梟のような後暗い想念や、果てには「木霊」のような魑魅《ちみ》魍魎《もうりよう》の怪しげな邪念が浮んでは消えている。正統的な仏教の考えでは、そして常識的な考えでは、そのような想念の実体性のないことを強調し、それらに捉われることを誡める。すなわち、「心は空虚であるから、そこに浮ぶ想念も実体のないものであり、それらに捉われてはいけない」と考える。『沙石集』もそうであった。

では、兼好はどうであろうか。その点、いささか違っているように思われる。「我等が心に念々のほしきまゝに来り浮ぶ」ことは当然の事実として提示され、その理由として、「心といふもののなきにやあらむ」と推定されているのである。逆に言えば、「心というもののなき」という仏教理論を錦の御旗として、「我等が心に念々のほしきまゝに来り浮ぶ」ことを正当化しているとも言えなくはない。「仏教の理論でも心は主がないと言って、鏡や虚空に喩えているではないか。それならば、主のない家のように雑念・妄念が浮んでも当然ではないか」というのである。あえて言えば、「けしからぬ邪念をも含めて、心にはいろいろな想念が浮ぶからこそおもしろい」というニュアンスが込められていると見ても、決して深読みとは言えないと思うのである。そう読むことによって、はじめて序段の「心にうつりゆくよしなしごとをそこはかとなく書き付くれば、あやしうこそ物狂ほしけれ」と結び付くのである。

それを従来の解釈は、「念々のほしきまゝに来り浮ぶ」ことは否定されなければならないということを前提としてしまっていた。確かに、家の譬喩で、「狐、梟」や「木霊」まで出てくるのでは、否定的に見られるのは当然と思われるかもしれない。だが、兼好はそれを否定せよとは一言も言っていない。この点を従来の解釈はいずれも見落としている。従来の解釈は、余りに兼好を聖人君子的な道徳家、まじめな仏教者と考えていすぎなかっただろうか。そこで、「空＝無執着」か、「主体性の確立」か、いずれにしても極めて正統的かつ教訓的な解釈に落ち着かざるをえなかったのである。

『解釈大成』に収められた注釈の中では、唯一塚本哲三氏の解釈に他といささかの違いが見られる。こう考えてみると、吾等の心に様々な俗念の浮かんでやまぬのは、心というものがないのだろう、いや心に主がないからだろう、きっとそれに違いないと、こんな風に考えているのである。漢文流の教訓というよりはもう少し深く心そのものについて考えているようだ。しかし仏教上の「一切空」という絶対観に徹しているようでもない。或は兼好自身、仏教道義の上に安住して、「可不可は一定なり」という絶対の信仰に立ちたいと思いながら、彼の人間性が、饒《ゆた》かな趣味性が、どうしてもそれを許さぬ、それに対する疑惑の、或は煩悶の、偽らざる告白とも見られなくはなかろう。

教訓的な解釈や、「仏教道義の上に安住」するような解釈に較べると、はるかに深く読み込んでいるが、「絶対の信仰に立ちたいと思いながら」の「疑惑」や「煩悶」など、ここにはまったくないように思われる。むしろここにあるのは、仏教的常識の小気味のよいまでの反転である。

もう一度、先に述べたことを整理し直すと、こういうことである。従来の仏教的常識から言えば、②の鏡と③の虚空の譬喩から、心に主のないことが言われ、妄念への執着が誡められた。そのことは『沙石集』に典型的に見える。ところが、兼好はそれに新たに①の家の譬喩を乗せることによって、仏教的教訓を逆転させてしまう。心に主のないことは、同時にそこに有象無象の妄念が湧き起こることを必然化する論理にもなるのである。こう見るならば、①と②③の譬喩が反対方向を向いていることも当然であり、むしろそれこそ兼好の意図したところである。あたかも仏教的常識に乗っていると見せながら、どの仏典にもない譬喩をしたり顔に持ち出し、ぬけぬけと見事に常識に背負い投げを食らわすこと、まさにそこに兼好の人並みでない、いささか人を食ったしたたかさを見る思いがする。

このようにこの一文を読んでみると、最後の文、すなわち「心に主あらましかば、胸の内にそこばくのことは入来らざらまし」も、従来といささか異なって理解されなければならなくなるであろう。従来の解釈は、「心に主があることが望ましく、そうすれば心に余計なことは入ってこなくなる」と取るのが普通である。だが、文法にうといことを承知で言えば、「ましかば……まし」と対応する助動詞「まし」は、通常、「事実に反する事態、または事実と矛盾するような事態の想像を表わす」(『日本国語大辞典』)と説明されている。先の「鏡に色、形あらましかば、映らざらまし」もそうである。とすれば、現実的に主体性を確立することが可能であり、本来そうあるべきだという場合には、この助動詞の使い方は少しおかしくはないだろうか。心に主のないことが事実であり、それを前提としてはじめて「ましかば……まし」という仮想の表現が可能となるのではないだろうか。

こう考えると、この一文もむしろ私のような解釈の方向の方が適当なのではないだろうか。いわば、「世の中にたえて桜のなかりせば春の心はのどけからまし」のようなものであって、「心にもしも主があったら、胸のうちの雑念はすべてなくなって、きっとすっきりするだろう。でも、さぞかし味気ないことだろう」というニュアンスで取ることができると考えるのである。そうとることによって、前文ともつながって、首尾一貫した本段の解釈が可能になると思われるのである。

三、『徒然草』と本覚思想

以上、第二百三十五段に対して、素人の大胆さをもっていささか勝手な解釈を試みてみた。それによると、本段は心の主体性の確立を説いたものではなく、また、空＝無執着を説いたものでもなく、仏教的な空＝無執着の理論を前提としながらも、むしろそれ故にこそ、わけの解らない有象無象の想念が心に浮んでくるという事実をなるほどと諾《うべな》い、それを認めているると考えられるのである。仏教理論を下敷きにしながら、それを逸脱していくところに兼好の面目がうかがわれると言ってよいであろう。

本段の論理とは多少違うが、仏教の理論を肯《うけが》うように見えながら、肩透かしを食わせる例として、例えば、第百七十五段を挙げることができる。ここでは、「世には心えぬ事多き也。何事にも酒を勧めて、強ゐ飲ませたるを興ずること、いかなるゆへとも心えず」と、酒を強制することの理不尽を説き、さらに酒飲みの醜態をこれでもか、これでもかと描き出す。酒を飲んで騒ぐ宴会が大嫌いな私にはまことに痛快極まる一段である。そして、追い討ちをかけるように言う。

此世に誤ち多く、宝を失ひ、病を設く。……後の世は、人の智恵を失ひ、善根を焼く事、火のごとくして、悪を増し、よろづの戒を破りて、地獄に堕つべし。「酒を取りて人に飲ませたる人、五百生が間、手なき者に生る」とこそ、仏は説き給ふなれ。

「酒を取りて……」は差別的な表現であるが、諸注釈に言うように、『梵網経』に出るもので、菩薩戒のうちの四十八軽戒の一である。

このように厳しく酒の害を説いており、それで終りかと思うと、そうはいかないのが兼好の兼好たる所以である。「かく、疎ましと思ふ物なれど、をのづから捨てがたきおりもあるべし」以下、今度は酒飲みの楽しさを次から次へと説きはじめる。「近付かまほしき人の、上戸にて、ひし〳〵と馴れぬる、又うれし」とか、「さは言へど、上戸はおかしく、罪許《ゆるさ》るゝ者也」とか、むしろ酒飲みこそ素晴らしいという酒飲みの賛歌へと転じているのである。

もちろん、そこには好ましい酒飲みと嫌悪すべき酒飲みの違いがあり、そこに兼好の美学とも言うべきものがあると言えるのだが、『梵網経』を持ち出した仰々しさはむしろレトリックとも言うべきで、それを軽くいなしてひっくり返す効果を狙ったものと言えなくもない。いずれにしても、ここでも仏説を持ち出しながら、それに縛られないところにより高い評価が与えられている。

このような兼好の態度をどう理解したらよいのであろうか。そこには確かに兼好の優れた現実感覚が示されているということができる。兼好は遁世者ではあるが、当時の遁世者は非僧非俗的な存在であったと言われ(安良岡氏)、さらには兼好は土倉を営んでいたとも言われる(五味文彦『中世のことばと絵』、中公新書、一九九〇)。このように積極的な人生観を持っていた人であるから、自ら仏教者でありながら、硬直した仏教理論へは常に批判的な目を失っていない。むしろいかにも仏教を振り回すことに対して、いわば脱仏教こそ本当の仏教者のあり方だと言っているのである。

ところで、こうした兼好の発想を本覚思想と結び付けてよいであろうか。それが次の問題である。ここで一言注意しておくべきことは、本覚思想という言葉はしばしば非常に曖昧、かつ多義的に使われていることである。狭義には中世の天台における一思想動向を指すものであるが、その特徴である現象世界や世俗世界をそのまま真理の世界と見て肯定する傾向は、中世仏教に広く共通して見られるものである。従って、それらをも含めて広義の本覚思想と呼ぶことができる。本覚思想にもまた、さまざまな動向や時代的な変遷があり、概括的に論ずることは危険が大きい。しかし、その点を承知した上でその思想史的な位置付けについて言えば、本覚思想はその「ありのまま主義」や修行否定論から、仏教そのものの解体に結び付くもので、実際、時代的にも仏教がすべての思想を統括していた時代から、さまざまな分野が独立してゆく時代への転換期にあって、いわばぎりぎりのところで仏教の立場を主張しようとした思想と考えることができる。その典型的な発想や論法については、拙稿「中世天台と本覚思想」(『日本仏教思想史論考』、大蔵出版、一九九三)をご参照頂きたい。

さて、このように本覚思想を位置付けるとき、以上に考察したような『徒然草』の論法はどのように見られるであろうか。第百七十五段も仏教の戒律を無視して酒を認めている点で、本覚思想的と言えなくはないが、特に第二百三十五段は、本来否定されなければならない雑念にむしろ積極的な意義を見出し、しかもそれを極めて意図的に伝統的な仏教の発想を下敷きにしながら、それを転換させる形で主張している点で、本覚思想の発想や論法に非常に近いものと言うことができる。この点は鷲山氏がすでに指摘していることである。

もちろんそこに直接天台の本覚思想が影響しているかどうかは安易に決定できない。しかし、例えば、安良岡氏は『徒然草』に『観心略要集』の引用や影響が非常に大きいことを指摘している(『全注釈』解説)。『全注釈』の索引で見ると、『観心略要集』が関連する箇所は十四箇所にのぼる。『観心略要集』は源信に仮託されているが、源信よりやや遅れた時期の成立で、本覚思想系の浄土教の原点となるものである(西村・末木『「観心略要集」の新研究』、百華苑、一九九二)。兼好の兄弟で神道家として名高い慈遍は、天台の僧として台密や本覚思想に通じていた(田村・末木編『天台神道』上、神道大系編纂会、一九九〇)。そうとすれば、兼好が天台系の本覚思想にある程度の知識を持っていたと考えることは十分に可能であろう。その発想は、たとえ狭義の本覚思想には入らなくても、少なくとも広義の本覚思想の枠には収めることができるものであろう。

そこで、本稿の最初に提起した、鷲山氏や私が取り上げた諸段をどう見るかという問題に戻ってみよう。これらの諸段も複雑な構成を持っているから、軽々しく一概に論ずることは危険である。例えば、「あだし野の露消ゆる時なく、鳥辺山の煙立ちも去らでのみ住みはつるならひならば、いかに物のあはれもなからむ」と無常を肯定し、もっとも本覚思想的に見える第七段にしても、「四十《よそじ》に足らぬほどにて死なんこそ、めやすかるべけれ」と、仏教的なものとは異質な発想が入ってきている。鷲山氏は否定しているが、やはり兼好には美意識というか、人生を美学的に見るところも確かにあるのであり、それが本段で言われる「物のあはれ」に結び付くものであろう。

ただ、そうしたことを含めて、兼好が無常の変化に鋭い感覚を持っていたことは古来多くの論者が指摘している通りである。第百三十七段にしても、ほとんど話の脈絡がないように次々と話題が飛びながら、結局は賀茂の祭り見物から人生の無常へと進んでいくのである。それ故、逆にその無常論を下敷きにして冒頭に帰るべきであり、それを美意識の観点からのみ見ようとするのはやはり不適切であろう。

こうした無常観を下敷きにして、例えば、「人はたゞ、無常の身に迫りぬることをひしと心にかけて、束の間も忘るまじきなり。さらば、などかこの世の濁りも薄く、仏の道を勤むる心もまめやかならざらむ」(第四十九段)というような切実な求道観も出てくるのである。それは本覚思想的な発想から遠そうに見える。

「昔ありける聖は、人来りて自他の要事を言ふ時、答へていはく、「今、火急の事有て、すでに朝夕に迫れり」とて、耳をふさぎて念仏して、つゐに往生を遂げけり」と、禅林の十因に書けり。心戒といひける聖は、あまりにこの世のかりそめなることを思て、閑かにつゐゝることだになくて、常はうずくまりてのみぞありける。(第四十九段)

このような聖のあり方が理想とされるのならば、心の雑念に思いを致し、「心にうつりゆくよしなしごと」を書き付けるというのは、矛盾していないだろうか。

もちろん、論理的整合性をあえて求めない本書の発想法にあっては、そのような矛盾の解消を求めるのはかえって不適切であるかもしれない。しかしまた、必ずしもその二つの発想が矛盾しているとも言えない。例えば、「何ぞ、たゞ今の一念にをひてすることのはなはだかたき、直ちに用ゐること甚かたき」(第九十二段)、「されば、道人は遠く日月を惜しむべからず。たゞ今の一念空しく過ぐることを惜しむべし」(第百八段)などにうかがわれる「たゞ今の一念」の重視は、無常であるからこそ、今の一念一念を大切にしていかなければならないという強い意志の現われである。そうとすれば、「心にうつりゆくよしなしごと」に思いをひそめ、自らの心を省みるあり方もまた、決して漫然と時を過ごしているのではなく、「たゞ今の一念」を最大限生き抜くひとつの道に他ならないのではないか。形骸化した形式でなく、無常を常に心にかけ、一瞬一瞬を精一杯生きる生き方こそ、兼好の求めた真のあり方である。「世を捨てたるに似て、而我執深く、仏道を願ふに似て、闘諍を事とす」る「放逸無慙」な「ぼろ〳〵」でも、命をかけた潔い生き方には共感を惜しまない。仏教の形式ではなく、無常であるこの今の一瞬をいかに生きるかが問題であり、その一瞬が真に生き抜かれた時、それが真の仏道なのである。仏教という形式にとらわれないところに真の仏教が見出される。

本覚思想においても「一念」ということは重視される。また、上述のように、仏教と脱仏教のきわどい接点にある思想である。その点でも本書と本覚思想はまったく離れたものではない。もちろん、本書を余りに本覚思想だけに結び付けるのも危険である。典型的な本覚思想においては本書のような緊張感はむしろ稀薄である。また、あえて本覚思想と結び付かない段ももちろん多い。そうした点に十分に注意した上で、本書が多少なりとも本覚思想の発想と関係を持つということは認めてよいことではないだろうか。

ちなみに、第百五十七段に、

> 心更に起こらずとも、仏前にありて数珠を取り、経を取らば、怠るうちにも善業をのづから修せられ、散乱の心ながら縄床に座せば、覚えずして禅定なるべし。事理、もとより二ならず。外相もし背《そむ》かざれば、内証かならず熟す。しゐて不信といふべからず。仰ぎて是を尊むべし。

と言われているのは、形式重視ではないかと言われるかもしれない。だが、これもまた「怠り」を否定し、「散乱」を否定する仏教の常識に挑戦するものである。第三十九段では「疑ひながらも念仏すれば往生す」という言葉を法然の語として引いている。これはもちろん法然の語録類にも見られず、およそ法然自身の思想とは異なるものであるが、第百五十七段と共通するところがある。

なお、もう一点だけ、従来の解釈への疑問を提示しておきたい。第九十三段は牛の死をきっかけとした仏教問答である。すなわち、売買契約を結んだ牛が死んで、売り主が損をしたという話を聞いて、「かたはらなる者」が、むしろその人は得をしたのである。生ある者は死が近い。牛は死んだが、その主人は生きているのだから、「一日の命、万金よりも重し」云々と言った。それに対して、「其ことはりは牛の主に限るべからず」と人々は嘲った。さらに、その人は、「されば、人死を憎まば、生を愛すべし。存命の悦、日々に楽しまざらんや」云々と言ったので、人々はいよいよ嘲ったという。

この段を解釈するのに、管見に触れた従来の解釈はすべて、「かたはらなる者」が正しく、それを嘲った世人は真理を知らないのだ、というふうに解釈している。だが、そうだろうか。私はその解釈に疑問を持つ。この「かたはらなる人」の言っていることは、一見「死の近きこと」の自覚に立ち、兼好の無常観に近いように見える。だが、兼好は「死を憎」んだり、「生を愛」せよとは言っていない。生を愛したり、生を楽しんだりするのは明らかに生への執着であり、仏教的ではない。無常の現実を見つめ、「たゞ今の一念」を生き抜くという兼好の人生観とは、決して相容れない。現代人の目から見てどうかはともかく、少なくともその点で、兼好はあくまで中世の仏教者なのである。とすれば、兼好はここで、世人の嘲りという形をとって、「かたはらなる人」のしたり顔の人生観を批判しているのではないだろうか。

またまた勝手な解釈を試みてみた。だが、思想的に無節操に見える兼好にしても、少なくともこの程度の首尾一貫性は持っているのではないだろうか。確かに鷲山氏の言われるように、従来の『徒然草』解釈は余りに文学的に過ぎた。一見、融通無碍で統一的な思想などないように見えるが、やはりそのように言い切るのはいささか兼好を見くびってい過ぎないだろうか。思想家としての兼好のその仏教思想を考えてみることも、決して意義のないことではないように思うのである。

9　能と本覚思想

一、草木国土悉皆成仏

「草木国土悉皆成仏《しつかいじようぶつ》」という文句、及びそのヴァリエイションは、「定家」「西行桜」「芭蕉」など、謡曲にしばしば現われ、人口に膾炙《かいしや》されているが、その由来をはじめて本格的に仏典に探ったのは、故宮本正尊氏の論文「「草木国土悉皆成仏」の仏性論的意義とその作者」(『印度学仏教学研究』九—二、一九六一)であった。宮本氏はこの論文で、この文句が「墨染桜」では「中陰経の妙文《ちゆういんぎよう》」として引かれていること、「鵺《ぬえ》」では「一仏成道、観見法界、草木国土、悉皆成仏、有情非情、皆倶成仏道」(一仏成道して、法界を観見せば、草木国土、悉皆成仏して、有情・非情、皆倶《とも》に仏道を成ぜん)として、前後の言葉が付されていること、などを指摘し、そこから進んで天台の教学文献の中にこの文句の由来を求めている。その研究によれば、「草木国土悉皆成仏」の文句がそっくりそのまま現われるのは、十二世紀後半の叡山の学僧宝地房証真《ほうちぼうしようしん》の著作『止観私記《しかんしき》』巻一で、そこには、「中陰経云」として、「一仏成道、観見法界、草木国土、悉皆成仏」まで同じで、その後の文句が少し違う形で現われている。『中陰経』は竺仏念《じくぶつねん》訳とされる二巻の経典であるが、宮本氏の指摘するように、この文句は出てこない。ただし、多少関係のありそうな文句がないわけではない。

その後、花野充昭氏によって、九世紀後半の天台の大学者安然《あんねん》の著作『斟定草木成仏私記《しんじょうそうもくじょうぶつしき》』(以下、『斟定私記』と略す)に、既にこの文句が全く同様に『中陰経』の言葉として引かれていることが発見され(「『三十四箇事書』の撰者と思想について(三)」、『東洋学術研究』一五―二、一九七六)、その初出は約三世紀遡ることになった。ちなみに、安然の主著である『教時問答』や『菩提心義抄』では、『中陰経』の言葉としながら、やや異なった表現が用いられており、いまだ表現が揺れていたことが知られる。それと同時に、この定型句を作り出したのはおそらく安然自身で、それ以上は遡りえないのではないかと、現段階では推測されている。『斟定私記』は江戸時代の刊本(刊年不明)があるのみで、活字刊行されていなかったので、従来十分な研究がなされていなかったが、この程、拙著『平安初期仏教思想の研究』(春秋社、一九九五)の中にはじめて翻刻を収め、あわせて現代語訳と注を付し、また多少の考察を加えた。そこで、それに従って、本書中に占めるこの文句の位置付けとその思想史的な意味を探ることにしたい。

『斟定私記』は草木成仏の問題をめぐってはじめて著わされた専著で、当時の草木成仏説をめぐるさまざまな議論を収め、それに対して自らの立場から批判を加えるという構造になっている。「草木国土」云々は、そのうち「当今有人」の問答を十条挙げる中の第九条に出てくる。その前の第八条で、「有情成仏の時、依報の国土亦た随いて成仏す。乃至、法界は此の仏の依正に非ざるはなし」として、続いて「何を以て知ることを得るや」という問に、「中陰経云」として「一仏成道」以下の文句を引くのである(拙著、七一三頁)。

こうして現時点でのこの語の初出は確認されたが、その位置付けとなるといささか難しい。この問答の文脈では、第八条は「有情(主体)が成仏した時には、その依報(環境)に当る国土も成仏することになる」という意で、あくまで主体である有情の成仏が中心であり、有情が成仏すれば全世界が仏の世界となるという点から、草木国土は付随的に成仏すると言われている。第九条の『中陰経』の文もそれを補強する証拠の経文として引かれたもので、「一仏成道して法界を観見すれば」という条件がここでは重い意味を持っている。すなわち、成道した仏が世界を見ると、この世界の草木国土もすべて成仏した姿を表わすというのである。従って、「是れ草木独り亦た発心成仏するに非ず」(拙著、七一二頁)と、草木が有情を離れて単独で成仏することは否定されている。

ところが、厄介なことに実はこれは安然によって批判される立場なのである。いま詳しい議論は省くが、安然は十の観点から徹底的に先の「当今有人」の問答を批判しており、その主たる批判対象は、衆生には心があって成仏の主体となり、草木国土には心がないから主体的に成仏することができず、あくまで衆生に付随的に成仏するだけだという説である。安然はそれを正面から批判し、草木も有情と同じように心があって自ら発心・成仏すると主張するのである。これはこの箇所に限らず、『斟定私記』全巻を通じての主張であり、本書はほとんどもっぱら「草木も亦た発心・成仏すべし」ということを主張したいために、その反対論を論破することを目的として著わされた書であると言ってよい。いわば、「一仏成道、観見法界」という頭の文句を除いて、「草木国土悉皆成仏」のみを主張する立場だと言うことができる。

考えてみれば、これは奇妙な議論ではある。草木が発心して成仏するとは一体どういうことなのか、どうしてこれ程まで執拗にそれを主張しなければならないのか、その背景は必ずしも未だ十分に解明されていない。しかし、ともかくそれがその後大きな潮流となって、主として日本天台で発展してゆくのである。平安中期の良源《りょうげん》の説を伝えるとされる（実際にはもう少し成立が遅れるであろう）『草木発心修行成仏記』という短編では、草木の生・住・異・滅、すなわち芽生え、花開き、実をならせて枯れるまでの変化が、そのまま草木が発心し、修行し、成仏する姿だと論じられている。また、中世の本覚思想を代表するとされる『三十四箇事書《かのことがき》』では、草木は成仏する必要さえなく、草木そのままでよいとする「草木不成仏」の説さえ主張されている。あるがままの自然主義といってよい。こうした発想が、能をはじめとする中世の文芸の自然観と密接に関わることは明らかであろう。

では、すべてこのような流れに発展していくかと言えば、必ずしもそうばかりでなく、それを批判する勢力もあった。その代表が先に触れた証真である。証真は本覚思想的な動向への強力な批判者として知られるが、草木成仏の問題に関しても、安然から本覚思想へ連なる草木自発心成仏の発想を厳しく批判している。『中陰経』の文が引かれるのもまさにその箇所であり、証真はあくまで「一仏成道、観見法界」というところに重点を置いて、有情中心主義の立場を鮮明に表明している。

再び能の世界に戻ると、「鵺」のように「一仏成道、観見法界」が付されている場合もあるし、まして『三十四箇事書』のようなラディカルな草木不成仏説には距離がある。しかし、だからと言って証真的な立場に立つと言うわけではなく、要するに教学的な厳密な議論ではないのだから、かなりルーズにこの定型句が用いられており、基本的な方向としては草木自発心成仏的な流れをうけていると見るのが適当と考えられる。

二、謡曲の中の本覚思想

本覚思想という言葉は最近広く知られるようになってきたが、それだけに規定が曖昧で、何をもって本覚思想というか、必ずしもはっきりしない場合が少なくない。もっとも広くは、仏教の中で何らかの実体的なものを根底に置く思想を総称するものとして用いられることもあるが、そこまで広く取ると、日本の本覚思想の特徴がかえって見えなくなってしまう。よく知られているように、「本覚」という語は六世紀に真諦《しんだい》によって訳された『大乗起信論《だいじょうきしんろん》』が初出であるが、本論は中国で撰述されたものではないかとも疑われており、「本覚」の語に相当するインドの原語は考えられない。しかし、本論は中国において、特に華厳系において非常に重視され、それとともに「本覚」の語も次第に重要な位置付けを与えられるようになって、根源的な世界原理と見なされるようになった。このように「本覚」をキーワードとして展開する思想を広く本覚思想と総称することもある。

もっとも狭義で、典型的な本覚思想は日本天台の口伝法門《くでんほうもん》で発展する。そこでは本覚門は始覚門と対比され、始覚門が修行によって段階的に悟りに向かう立場であるのに対して、本覚門では迷いの中にいる衆生や、ひいては草木国土までも、そのままの姿で永遠絶対の悟った存在とされ、改めて修行するまでもないと主張されるようになった。「無常は無常ながら、常住にして失せず、差別は差別ながら、常住にして失せず」「草木も常住なり、衆生も常住なり」（『三十四箇事書』）等と言われる所以である。もちろん実際の本覚思想の内容や展開はそれほど単純には済まないが、こうした発想をひとまず本覚思想の典型と見なすことができる。もっとも本覚思想的な発想は必ずしも天台に限らず、中世の仏教思想に広く浸透してゆくから、そうしたところまで含めると裾野が広がるとともに、再び規定が曖昧化せざるをえないところがある。

　そこで、このような本覚思想的な発想がどのように謡曲に現われるか、二、三実例を挙げてみたい。ただし、謡曲と関わる仏教思想は、禅、浄土、天台、密教、修験道など極めて広く、本覚思想だけ特別視するのは適当ではないことをあらかじめ注意しておきたい。

○「芭蕉」　草木成仏の思想は「定家」「西行桜」など数多く見られるが、中でも「芭蕉」には自然そのままが成仏の世界だという思想が明白に表明されている。「薬草喩品あらはれて、草木国土有情非情も、皆これ諸法実相の、嶺の嵐や谷の水音……されば柳は緑、花は紅と知る事も、ただそのままの色香の、草木も成仏の国土ぞ、成仏の国土なるべし」。「それ非情草木といつぱまことは無相真如の体《てい》、一塵法界の心地の上に、雨露霜雪の形を見す。しかるに一枝の花を捧げ、御法《みのり》の色をあらはすや、一華開けて四方《よも》の春、のどけき空の日影を得て、楊桜桃李数々の、色香に染める心まで、諸法実相隔てもなし」。

○「養老」有名な『方丈記』の冒頭部を引くが、「流れに浮かむ泡沫《うたかた》は、かつ消えかつ結んで、久しく澄める色とかや」と、無常即常住の方向へ転化している。
○「善界《ぜがい》」大唐の天狗の首領善界坊が仏法を妨げようと日本にやってくるという話であるが、そこでは「魔仏一如」の論理によって、魔(天狗)の存在が正当化される。「欲界の内に生るる輩《ともがら》は、悟りの道やそのままに、魔道の巷《ちまた》となりぬらん。……もとより魔仏一如にして、凡聖不二なり。自性清《じしょうしょう》浄《じょう》、天然動きなき、これを不動と名付けたり」。類似の思想は、「山姥」にも見られ、そこでは「邪正一如」の立場から、鬼女山姥の存在を正当化している。
○「卒都婆小町」ここでは、年老いた小町が朽ちた卒都婆に腰を掛け、ワキの僧に咎められ、それに反論して言う。「提婆《だいば》が悪も観音の慈悲。槃特《はんどく》が愚痴も文殊の智慧。悪といふも善なり。煩悩といふも菩提なり。菩提もと樹《うえき》にあらず。明鏡また台《うてな》になし。げに本来一物なき時は、仏も衆生も隔てなし」。ここで、「菩提もと樹にあらず。明鏡また台になし」は六祖慧能《えのう》の偈《げ》を踏まえており、禅系の思想が入ってきているが、禅系の思想は本覚思想と密接に関係している。より禅系の思想が著しい「放《ほう》下僧《げそう》」などにも、本覚思想的な草木法身などの説が見える。

本覚思想的な文句はまだ他にも多く見られるが、それらを列挙するのは止めて、それが作品の中でどのような役割を与えられているか考えてみよう。例えば「善界」の場合、悪役であるシテの善界は結局山王権現など日本の諸神の威力の前に退散するのであるが、「魔仏一如」の論理によって、悪役の魔も実はあらかじめ仏の世界に取り込められてしまっている。すなわち、悪役が悪役として正義である仏の世界に徹底して対立するのではなく、「提婆が悪も観音の慈悲」と「卒都婆小町」に言われるように、無限抱擁的にすべてが予定調和的に仏の救済の世界に含み込まれているのである。「卒都婆小町」の場合も同様で、深草の少将の怨念に狂わされつつも、あらかじめ「仏も衆生も隔てなし」という場を設定されているから、煩悩も狂乱もその枠の中で演じられることになる。

これと類似した救済の構造は、本覚思想的な要素がそれ程表面に出ていない修羅《しゅら》物《もの》にもうかがわれる。例えば、「笠卒都婆」は南都を焼き打ちした重衡をシテにした修羅物であるが、そこでは、「一念弥陀仏即滅無量罪と聞く時は、只今称《とな》ふる声のうち、涼しき道に入る月の、光は西の空に至れども、魄霊《はくれい》はなほ木のもとに残り居て、ここぞ閻浮《えんぶ》の奈良坂に帰り来にけり」と、「魄霊」はこの世で修羅の苦悩を受けながらも、魂は念仏の功徳で極楽(「西の空」)に往生したものとされている。古典文学大系本の頭注では、この箇所を「重衡は西方極楽浄土へ至り得ず」とするが、この解釈は疑問である。既に前場で「その重衡の幽霊は、魂は去れども」と明白に「魂」の往生を言っている。念仏往生の普遍的な救済の前提に立ちながら、その枠の中で「魄霊」が修羅の苦を受けるものと見る方が適当である。類似の表現は、例えば「朝長《ともなが》」にも、「魂《こん》は善所に赴けども、魄《はく》は修羅道に残つて、しばし苦しみを受くるなり」と見られる。

このように、少なくともいくつかの謡曲の救済論は本覚思想の無限抱擁的な枠を前提としていると見ることができる。しかし、ではそれですべて解決するかと言うと、必ずしもそう一筋縄ではいかない。救済がすでに成就しているとしても、それによってシテの苦悩が実際に解決するわけではない。

修羅物の主人公は最後まで修羅の瞋恚《しんに》に苦しみつつ、救いを求めてやまない。本覚思想を徹底すれば、苦悩のまま、妄執のままが救いということになろうが、苦悩が解決しない救いなど、およそ救いとは言えない。それは本覚思想の致命的な矛盾であるが、また考えてみれば、救われながらもなお救われきれないその矛盾が、かえって形式的な論理で割り切れない我々の存在の何らかの真実を指し示しているとも言える。そして、その論理の綻びこそが能の世界に深い味わいを与えているようにも思われるのである。

三、本覚思想と能楽論

能の起源として、今日「翁《おきな》」として伝えられている翁猿楽の系統が重要な役割を果したことはよく知られている。その源流として、寺院の本尊の背後にある「後戸《うしろど》」とそこに祀られる「宿神」としての摩多羅神《またらじん》の存在が、近年大きな問題とされている。摩多羅神は天台の口伝法門として伝えられる玄《げん》旨帰命壇《しきみようだん》の本尊でもあり、ここにも能と本覚思想の接点が開かれている。

ところで、このような研究動向の陰に隠れて、必ずしも十分な評価が与えられていないように見えるのが、『法華五部九巻書』(以下、『五部書』と略す)に出る翁猿楽の起源論である。本書は、その序文によると、天台座主をも務めた院政期天台の代表的人物東陽坊忠尋《とうようぼうちゅうじん》(一〇六五—一一三八)が大治元年(一一二六)に著わしたとされる『法華経』の解釈書である。その序品の箇所に、口伝として、本朝の猿楽田楽が興福寺の維摩会《ゆいまえ》に興り、父叟が仏、翁が文殊、三番《さんば》が弥勒を形どっていることなどを述べ、「チリヤタラリ」云々の文句が見えている。もしこれが忠尋の真撰であるとすれば、院政期の成立に遡る貴重な翁猿楽の起源論となる。

しかし、残念ながら、本書は忠尋の真撰とは認められず、むしろかなり世阿弥などに近い頃の成立と見るべきだというのが、近年の結論である。著者を過去の高僧に仮託するのは中世天台文献の常套手段で、忠尋に仮託される書は他にもある。それ故、多くの研究者は本書に関心を失ってしまったが、実は三崎義泉氏の優れた研究(「『法華五部九巻書』と翁猿楽について」、『天台学報』三〇、一九八八、など)が示すように、本書は天台の本覚思想の立場に立ちつつ、猿楽をはじめとする芸能音楽に仏教的な意味付けを与えようとした、極めて興味深い論書である。禅竹《ぜんちく》の懇望によって仙海《せんかい》が筆写したという初めの部分の写本も伝わっており、禅竹の能楽論に与えた影響も無視できない。近年、ようやく落合博志氏によって校訂出版されたので(『藝能史研究』一〇九、一九九〇)、容易にその全文に触れることができるようになった。

本書は、その書名の通りに、『法華経』を五部九巻に分けて解釈するものであるが、この五部九巻というのがそもそも余り見かけない分け方である。ここでは本書の内容にまで立ち入る余裕がないので、この構成上の問題についてのみ簡単に触れておきたい。

第一　序品　　　　　　　迹門の序(序品)と本門の序(涌出品)

第二　正宗　　　　　　　迹門と本門の正宗分

第三　法師・提婆両品　（迹門の）流通の説（法師品）と証（提婆品）
第四　宝塔品　　実相の顕体
第五　薬王品
第六　妙音品　　因の三観
第七　観音品
第八　有相・無相二行　迹門の無相の行儀（安楽行品）
第九　勧発品　　本門の有相の行相

以上で九巻であり、そのうち、第三より第七までを各一部として五部を立てるが、どうしてその部分のみが「巻」であると同時に「部」として立てられるのかは、よく解らない。ところで、『法華経』自体の構成と較べてみると、ここで取り挙げられた九巻がかなり偏っていることが知られる。天台の解釈によると、『法華経』は迹門（前半部分）と本門（後半部分）に分かれ、本門・迹門はまたそれぞれが序分（序論）・正宗分（本論）・流通分（結語）の三つに分かれる。それを『五部書』の構成と較べてみると、『五部書』の第一は迹門・本門の序分、第二はそれらの正宗分を取り上げるが、第三、四、八は迹門の流通分、第五—七、九は本門の流通分を取り上げており、流通分に重点を置いていることが知られる。本論に当る正宗分よりも結びの流通分を重視するのはおかしいようだが、流通分は真理をいかに現実の場において広めていくかということが主題であり、それを重視するという本書の構成自体が本覚思想のもつ現世的性格を如実に示している。

本覚思想では、迹門と本門を較べるときも、迹門を「理」(真理性)、本門を「事」(事実性)を表わすものとして、本門の「事」の立場の方を高く見るのが通例であり、本書も迹門を「無相」、本門を「有相」を表わすものとして、後者を優越させている。仏教の一般的な見方では、「無相」(一切平等の本質の立場)の方が「有相」(具体的な事象・現象の立場)より上に立つが、本覚思想ではそれが逆転するのである。本書の流通分重視の立場もそれとまったく同じ方向を示している。このような立場に立ってはじめて、本来仏教では否定される音楽や芸能が価値あるものとして評価される論理が成り立ってくる。

世阿弥や禅竹、特に禅竹の能楽論はこうした本覚思想の影響を強く受けていると考えられ、今後その点の解明がさらに進められなければならない。例えば、禅竹の六輪一露《ろくりんいちろ》説は評価が高いが、それに対して、『明宿集《めいしゅくしゅう》』は翁論として注目されながらも、「彼の思考法には、『明宿集』で一切の神仏を翁―宿神―に結び付ける牽強付会の論法に見られる非合理性が伴なっていた。彼自身は付会とは考えず、大まじめに論を展開していると思われるだけに、一そう始末が悪い」(日本思想大系『世阿弥・禅竹』の表章氏の解説。同書、五七七頁)と、手厳しい評価も受けている。しかし、実はこのような「牽強付会の論法」を支えているのが本覚思想の論理である。例えば、「面ノ謂レ」を説いて、「尺加(釈迦)生身ノ覚体、涅槃ノ雲ニ入給エバ、五濁悪世ノ今ワ、木ヲ刻ミ、土ヲコネ、画キタルヲ仏トス。法・僧マタコレニ同ジ。シカレバ、信ズルヲ以テ、生身・似物《にせもの》ノ差別ナシ。利生方便《りしょうほうべん》ヲ垂レ給フコト、サナガラ在世ノ時ニ変ラズ。コレヲ以テコレヲ思エ。タヾ信・不信ニ差別アリ。生身・木身変ルベカラズ」と、目の前の現象的事実としての「木ヲ刻ミ、土ヲコネ、画キタル」ものに絶対的価値を与える本覚思想的な論法で、面の宗教的な意味付けを図っている。

『明宿集』は、仏も神もすべてを翁に還元する翁の一元論を徹底して進める。その基本的な論法は、本地垂迹説からそれを逆用した神道の自立に至る過程と類比的である。神道の自立もまた、遠い理念的な存在としての仏より身近な神に価値を見出す本覚思想的な論理によって進められた。本覚思想は確かに論理として破綻を含んだ、論理にならない論理である。しかし、それ故にこそそこにはきれい事の論理では収まりきれないナマの現実が反映されうる。能も幽玄の美学に収斂しきれない雑駁な非合理的な要素をもち、既成の論理をはみ出そうとする。それを論理の破綻のぎりぎりのところで翁の一元論に纏め上げようとした本書の論法には、あるいは深遠な幽玄の美学よりも一層的確に能の本質を言い当てているところがあるのかもしれない。

10　風狂の行方——『売茶翁偈語』

一、畸　人

1、売茶翁の生涯

売茶翁《ばいさおう》高遊外《こうゆうがい》(一六七五—一七六三)の伝は、『売茶翁偈語《げご》』の巻頭に付された大典顕常《だいてんけんじょう》(一七一九—一八〇一)の『売茶翁伝』がもっとも基礎的な史料である。それに加えて、近代の研究も多少は見られる。(1) それらによって、まず簡単にその生涯を見ておこう。

売茶翁は肥前蓮池の人で、姓は柴山氏。父柴山杢之進《もくのしん》常名は蓮池城主鍋島直澄に仕えていた。十一、または十二歳で同郷の龍津寺に入って化霖道隆《けりんどうりゅう》(一六三四—一七二〇)の弟子となり、元昭《げんしょう》と名のり、月海と号した。化霖は黄檗宗に属し、隠元の弟子独湛性瑩《どくたんしょうけい》(一六二八—一七〇六)の法を嗣いでいる。以来、享保五年(一七二〇)に化霖が示寂するまで、途中の行脚期間を除いて、忠実に化霖に随侍した。十三歳の時、化霖に従って万福寺に参じたが、秀逸なるゆえに特に独湛に召されて偈を賜わった。二十二歳の時に痢病を病んでそれに対処できなかったことから、奮然として行脚修行の志を起こした。翌年正月、江戸から雪に難儀しながら仙台に至り、月耕道稔《げっこうどうねん》(一六二八—一七〇一)に師事した。また、近江の瑞松湛堂《ずいしようたんどう》(一六六九―一七二〇)に律を学んだ。また、独り筑前の雷山の頂上に、麨屑《むぎこがし》を食し水を飲み、渓に水浴して一夏を過ごすような苦行をしたこともあった。『売茶翁伝』では、翁の日頃の次のような言葉を伝えている。

古え世奇首座、龍門の分座を辞せしとき、曰く、「是れ猶お金針の眼を刺すがごときか。毫髪も如《も》し差《たが》えば、睛則ち破る。如かず、生生学地に居て自ら煉らんには」と。予、毎《つね》に此を以て自警し以為《おもえら》く、苟《いやし》くも能《よ》く一拳頭以て普ねく物機に応ずるに足ることあらば、出でて人の為にして可なり。其れ或いは未だ然らずして両姿《そこばく》の学解を修飾し、顔を抗《あ》げて宗匠と称せんは、我が恥ずる所なり。

この語は、若い頃のストイックな修行の態度を伝えるとともに、翁が師の化霖没後、その後を継がずに、売茶の生活に入った理由の一端をも明かすものでもあろう。自らの学解の程度を、宗匠として人に法を説くに足りないと判断していたのであろう。

三十三歳の時龍津寺に戻り、以後化霖の示寂まで忠実に師に随侍した。享保五年(一七二〇)、四十六歳の時に師を失ったが、堺にいた法弟の大潮元皓《だいちようげんこう》(一六七八―一七六八)を呼び戻して後を継がせようとした。大潮もまた文人として知られるが、やはり師の跡を嗣ぐことを欲せず、ようやく享保七年(一七二二)に寺に戻り、翌年寺を継いだ。その間、元昭が寺務を執らなければならなかった。

元昭は大潮に後を任せてようやく自由の身になり、佐賀を離れて東上し、享保十五年(一七三〇)頃に京に住まうようになった。そして、同二十年(一七三五)頃には売茶の生活に入ったと思われる。肥前の国法では、国外の滞在は十年を限度とし、それ以上滞在する場合は一度戻って手続きをしなければならなかった。そこで、それを煩として、寛保二年(一七四二)に還俗し、吉姫(第三代藩主直称の女)の従員として大坂の藩邸に属する形を取ることにして、認められた。姓を高、名を遊外と定めたのはこの時である。八十一歳の時、老齢で売茶の生活が困難になったため、仙窠《せんか》(茶道具を入れて運ぶ籃《かご》)を焼いて岡崎に蟄居し、宝暦十三年(一七六三)、八十九歳で入寂した。

以上が売茶翁の略伝である。ここから知られるように、翁の生涯は、三十三歳までの修行時代、五十七歳頃までの龍津寺の寺務を司った時代、その後の売茶翁時代の三期を分かつことができよう。もっとも第一、二期はほとんど史料がなく、かつ翁の独自性はほとんど見えない。第三期になり、自由な売茶生活に入ってはじめて個性的な売茶翁として歴史に残ることになったのである。翁の偈を集めた『売茶翁偈語』は翁の入寂直前に刊行されたが、そこに含まれている偈はすべて売茶生活に入ってから後のものである。

2、「畸人」の世界

大典の『売茶翁伝』に基づいて翁の伝記に大きなスペースを割いたものに伴蒿蹊《ばんこうけい》(一七三三―一八〇六)の『近世畸人伝』(一七九〇)がある。畸人とは何か。「畸」は「奇」に通ずる。「畸人」の語は『荘子』大宗師《だいそうし》に出る。それは子貢と孔子の問答の形をとって、「方外」を論ずる箇所である。

子貢曰く、「敢えて畸人を問う」。

（孔子）曰く、「畸人は、人に畸にして、天に侔《したが》う。故に曰く、天の小人は人の君子にして、人の君子は天の小人なり」。

子貢の問いについて、郭象《かくしょう》は、「向《さき》の所謂方外にして俗に耦《ぐう》せざるもの、又安《いずこ》に在りやと問うなり」と注している。また、『音義』では、「畸人、居宜の反。司馬云く、不耦なり。人に耦せずとは、礼教を闕《か》くを謂うなり」という。また、成玄英疏《じょうげんえいしょ》も、「畸は不耦の名なり。行を修むること有ることなく、外の形体を疏《おろそか》にし、人倫に乖異し、俗に耦ならず」と説明している。すなわち、「畸人」とは、世俗の礼教に背いて奇異な行動をするが、実は天の道に適った人を指すのである。福永光司氏は、「畸」とは、バランスのとれていない、半ぱな、ピントの狂っているなどの意味をもつ言葉であるが、荘子的絶対者をこの「畸」という言葉で表現するところに荘子の常識への挑戦と凡俗への揶揄《やゆ》が窺われる」とコメントしている。[2]

ちなみに、この問答は子桑戸・孟子反・子琴張という三人の「畸人」の話で、子桑戸が亡くなったとき、葬式もしないで、残る二人は琴を弾いて歌っていたので、驚いた子貢が孔子に問うという設定になっている。それに対する孔子の言葉のなかには、「彼は方の外に遊ぶ者なり。而して丘は方の内に遊ぶ者なり」という、有名な「方外」「方内」の語が見える。大宗師はまさに「畸人」のオンパレードで、子桑戸の話の前には、病気や死を天（造物者）によって与えられた運命として受け入れる子輿ら四人の話が出てくる。

ところで、『近世畸人伝』巻頭の題言で著者は、「畸人をもて目すといへども、そのはじめ隠士を集るの志にいづれば、世にしられぬ人、また名は聞えても、其伝つばらかならぬを探《さぐり》もとめて録せるがおほし」とその目的を記している。(3) ここで、「隠士」から「畸人」に変ったことは注目される。「隠士」については、すでに元政《げんせい》の『扶桑隠逸伝《ふそういんいつでん》』などが知られるが、その対象は主として中世までであった。ところが、近世を対象としようとする時、「隠士」は「畸人」に変らざるをえなかった。「隠士」が隠遁、すなわち俗世からの超越を求めるのに対して、「畸人」は隠遁的なあり方をも含みつつ、その中心は世俗の中にありつつ世俗に背いた生き方をする人である。中世から近世へ、時代は大きく動いている。しかし、ここでの「畸人」は、『荘子』に出る生死のぎりぎりのところで運命と対峙する「方外」の士の厳しい緊張感はない。近世の「畸人」はむしろ風流へと流れてゆくのである。

もう少し著者の畸人観を見てみよう。本書の巻頭は中江藤樹・貝原益軒という儒者で始まり、「畸人」というよりは「徳行の人」と言うべき人も少なからず収められている。それをも「畸人」と称することができるのか。これに対して、著者は答える。

> 此中たとへば、売茶翁、大雅堂のたぐひは子がいはゆる一家の畸人也、仁義を任とせる諸老、忠孝の数子のごときは、世の人にたくらべて行ふところを奇とせる也。是をたとへば、長夜の飲をなして時日甲子《かつし》を忘れたる儕《ともがら》の間に、独おぼえたる人あらんには奇といふべし、さればおのれが沈湎《よいしずみし》眼には、つねの道を尽せるが奇と見ゆれば、またおのがごとき人にも見せばやと、いさゝか人のための志をもてあぐる也。たとひ題名に負《そむ》くの誚《そしり》を負《おう》もまた辞せざる所なり。

「子がいはゆる一家の畸人」というのは「荘子にいはゆる畸人」であり、本来「畸人」というにふさわしい類の人である。とはいえ、それでも上述のように『荘子』の「畸人」にぴったり該当するわけではない。しかし、その上にさらに仁義忠孝の「徳行の人」をも含めたところに、「畸人」の概念が体制的な道徳と重なり、一層ぼやけることになってしまった。実際読んでみても、仁義忠孝の人の伝は道徳読本的で余り面白いとは言えず、著者自身「題名に負《そむ》くの誚《そしり》」を覚悟しなければならなかった。

ところで、「子がいはゆる一家の畸人」、すなわち畸人らしい畸人の典型として売茶翁と池大雅《いけのたいが》が挙げられていることは注目される。売茶翁の如きこそが畸人と言われて然るべきものと考えられているのである。池大雅もまた売茶翁と交流があり、「売茶翁サークル」の中に位置付けられる一人である。[4]それのみでない。「売茶翁とひとつ小路に住し時、莫逆《ばくぎやく》のまじはりを結びて、彼は茶をのみ、是はさけをのむ」と言われた、売茶翁の盟友、書家亀田窮楽《かめだきゆうらく》（一六九〇—一七五八）（巻五）もまた「畸人」の一人である。その他、本書中には医師太田見良《おおたけんりよう》について、「又売茶翁も知己にて、翁、茶をうらば、吾は薬をうらんと、既に其具《そのぐ》をも調《ととのえ》しかども、禁足の志決せしかば止りぬ」と言われており（巻三）、売茶翁の影響力の大きさを知ることができる。あえて言えば、売茶翁こそ「畸人」のイメージを決定したと言っても過言であるまい。

この太田見良は、先の「畸人」の二類型を統合するようなところのある人物である。すなわち、「其《その》清白の一事は、薬物において極品《ごくひん》を撰《えらび》て価《あたい》をとふことなく、その言にいはく、もし時の価をしれば、おのづから鄙吝《ひりん》の意生じ、調剤《ちようざい》の間、其価貴きものは減ずるに至る。わが浅ましきをおもふがゆゐにつゝしみてとはずと」という清廉潔白の士であり、また、「初メ富商某が僕を療する日、衆医竝ビ座す。適《たま〱》主人其席を過るに衆医皆伏ス。主人敢て答礼をなさず。見良大に恥て復《また》その門にいらず」というような反骨の士であった。それ故、故国の姫君の侍医となったとき、「養生の法をもてしば〱諫れども用られず。故に脚疾《きやくしつ》に托し禄を辞して退く。此後、永く家居し、閾《しきみ》を踏《ふま》ざるは、此言を実にすとなり」という結果を招いた。しかし、その一方、「つねに室を浄除し、書画、瓶花、盆栽などを翫《もてあそ》び、たのしみて一生を尽せり。もとより禅を信じ、檗宗《ばくしゅう》〔黄檗宗〕の諸老に交る」という風流人であった。だが、その二つは相反するものではない。清廉潔白の志は、それを相容れない世間からの離反となり、それ故一層風流の道へと向うことになる。世俗への反抗が、政治的、社会的な抵抗とならず、風流の世界に逸脱してゆくところに、近世の「畸人」の世界の特徴があった。

再び蒿蹊の題言に戻ろう。題言は続いて言う。

> 又詰《なじりて》曰、しかはあれど、此中、産を破りて風狂し、家をわすれて放蕩せるもあり、徳行の奇にたぐひがたしといはまし。曰、風狂放蕩かくの如しといへども、其中趣味あり、取べき所あるを挙《あぐ》る也。玉石混淆に似たれど、彼も一奇也此も一奇也、しひて縄墨《なわすみ》を引て咎むべからず。たゞ風流にたゞよひ、不拘《ふこう》にとらけて、不孝不慈なると、功利に基し、世智にはしりて、不忠不信なるは奇話の一笑に附すべきあるも、こゝに収《おさめ》ざるのみ。

「奇（畸）」にも基準がある。「たゞ風流にたゞよひ、不拘にとらけて、不孝不慈なる」ものと、「功利に基し、世智にはしりて、不忠不信なる」ものは、そこから除外される。後者が除外されるのは言うまでもないだろう。たとえ奇行があっても、それが「功利」のためでは「畸人」の範疇には入らない。では、前者はどうだろうか。ここで言うのは、要するに風流が「不孝不慈」になる、つまり人間性そのものにもとる場合であろう。極端に言えば、風流が昂じて犯罪になれば「畸人」の枠をはみ出してしまう。それと「産を破りて風狂し、家をわすれて放蕩せる」ものとは必ずしも同じではない。「風狂」「放蕩」も「其中趣味あり、取べき所ある」ものは「畸人」と称せられるにふさわしい。

要するに、ここで言う「畸人」の条件は「趣味」であり、遊び心とでも言うべきものである。『荘子』の「方外の遊び」に較べるとはるかにスケールは小さいが、近世の社会が体制的に安定し、閉塞されてゆく中で、それに呑み込まれまいとする時、逸脱した風流の世界に高踏的に遊ぶことが選択可能な、危険を回避する恐らく唯一の道であった。従って、その逸脱は社会的に許容されうる範囲でなければならなかった。その限界が、「畸人」と体制的な「徳行の人」の区別を曖昧にすることになったと思われる。だが、その限界の中で「畸人」はぎりぎりまで偽善を嫌い、自己を実現しようとした。「仕官の人の尠《すくな》きは、奇は大やう窮厄《きゆうやく》の間に聞えて得意の人に稀なれば也」と言われるのは当然なことである。

「京師畸人の第一名」と称された表太《ひようた》(表具師太兵衛)は、「男子三人、皆家をことにかまへたる」隠居の身で、その子供たちの家を「一夜づゝめぐりてやどる。明ればいでゝ野山に交りつゝ、春秋の花もみぢはさら也、月の夕も雪のあしたも、一日もおこたらず」という風流人であった(巻四)。ここには社会的な抵抗も屈折した精神もない。いわば隠居の風流が自由にのびやかに広がったものと言ってよい。しかし、それでも、「世は澄《すめ》りわれひとりこそ濁り酒酔ばねるにてさうらうの水」という歌には、「世」との違いが明白に意識されているのである。

二、風　狂

1、挫折と自負

『売茶翁偈語』(5)の巻頭は「売茶口占《こうせん》十二首」であるが、その最初の一首を挙げよう。

将謂伝宗振祖風　将《まさ》に謂《おも》えり　宗を伝えて祖風を振わんと
却堪作箇売茶翁　却って箇の売茶の翁と作《な》るに堪えたり
都来栄辱亦何管　都来　栄辱　亦何ぞ管せん
収拾茶銭賑我窮　茶銭を収拾して我が窮を賑《すく》う

(禅の教えを伝え、祖師の宗風を盛り立てようと思っていたが、結局のところ茶店のオヤジになれただけだった。名誉も恥辱もすべて私には関係ない。茶代をかき集めて貧乏暮しの足しにするだけだ。)

「将謂」は、本来、「将謂…、～」の形で、「…とばかり思い込んでいたが、実は～だった」の意であるが、ここは、「…するつもりでいたが、結局～となっただけだ」の意であろう。「宗を伝え祖風を振わん」という大きな志を持っていたが、それを果すことができず、結局売茶の翁となれただけだ、と言うのである。これは文字どおりに取れば挫折であり、卑下した言い方である。だが、もちろんそれほど単純ではない。「都来栄辱亦何ぞ管せん」と言うように、「売茶の翁」であるが故に、栄辱を超えた、あるいは栄辱を捨てた境地に至りうるのである。「茶銭を収拾して我が窮を賑う」というのも、わずかの茶銭で身を養うみすぼらしさであるとともに、その貧の極においてはじめて「無一物中無尽蔵」の境地が達成できるという自負でもある。すなわち、この作は一見卑下するようでありながら、もう一歩踏み込むと自負であり、むしろ「宗を伝え祖風を振う」ような禅坊主や贅沢に慣れた仏教界への皮肉にもなるのである。

売茶翁が寺院での生活を捨て、売茶の生活に入るに際して著わした文章に、「対客言志《たいきゃくげんし》」がある。[6]ここでは、客との問答の形を借りつつ、『偈語』に見られるのよりはるかに厳しく当時の仏教界のあり方を批判している。すなわち、

夫れ沙門は、僧伽藍に住し或は空間に独処し、十方の供養を受け、若し供無きときんば乞を行して自活す。是れ大聖の遺誡にあらずや。今子、閙市《どうし》に跡を託し煎茶を鬻《ひさ》て活す。幾《ほと》んど邪命毀禁に似たり。請ふ其意を聞ん。

という問いに対して、翁は口を極めて当時の仏教界を非難する。

今時の輩を見るに、身は伽藍空間に処して、心は世俗紅塵に馳《は》する者の十に八九なり。又出家は、財施を受るに堪たりと云ふの言を仮て、千態万計して信施《しんぜ》を貪求《どんぐ》す。施す者有るときんば、媚び諂《へつらい》て師長父母よりも敬重す。これに依て施者も少き財施を以て、其功に誇り、重恩の思ひを作《なし》

て受者を軽蔑す。……

それに対して、自活することこそ仏意に適った行為だとする。この一節は、翁が売茶の道に入った動機を記したものとして注目されるので、やや長いが引用する。

唐土の禅林、多くは主伴各自ら田園を耕て自活す、誠に微意有るかな。外邪命に似て、正命清浄の食なり。余洛に来て東郊に寓すること数年、或は斎供《さいぐ》に応じ或は施物を受く。皆是れ薦霊《せんれい》の為めにして、粒米半銭も有心の施にあらずと云ふこと無し。加之《しかのみな》らず、却て恩恵を加ふるの思ひをなす。悉く不浄食にして、彼の播間《はんかん》の祭余に同じ。余本より有心の施を嫌ふ。唯洛に留らんことを欲するが故に、忍んでこれを受く。……古人物外の活計を追憶するに、蒲鞋《ほあい》を編み、渡子《とす》と為り、或は力を鬻ぎ、柴を売る等、皆余が堪へざる所なり。是を以て、鴨水河辺、人跡繁き処を相《えらび》て、小舎を借り得舗を開き、茶を烹《に》て往来の客に売与し、茶銭を収て飯銭となす。是れ余が素懐に愜《かな》へり。売茶は児女独夫の所業にして、世の最も賤する所なり。人の賤する所我れこれを貴しとす。

翁は最初京にのぼったとき、僧として法要などに出て、その供養を生活の糧としていた。しかし、そのような供養は不純なものであるとして、自活の道を求め、自らの能力に可能な方法として売茶の道に進んだというのである。このように、ここでは金銭のために目のくらんだ当時の仏教界が厳しく糾弾されるとともに、不純な施物によらず、最も世間で賤しまれている売茶の生活こそ最も貴いものとして自負するのである。

こう見るならば、冒頭の一首が卑下よりも自負と見られることも理解できよう。この面については後で考えることにしたい。しかし、改めて考えるに、それではそこに見られる卑下した言い方があくまでレトリックだと決めつけられるかと言うと、単純にそうも言えないところが難しい。ここで、先に引いた『売茶翁伝』に出る翁の言葉を改めて考えてみよう。そこには、「苟《いやし》くも能く一拳頭以て普ねく物機に応ずるに足ることあらば、出でて人の為にして可なり。其れ或いは未だ然らずして両姿《そこばく》の学解を修飾し、顔を抗《あ》げて宗匠と称せんは、我が恥ずる所なり」という自戒の語が述べられていた。この言葉も重層的である。若い頃には、この自戒を励みとして修行に打ち込んだのであろう。だが、師の後を大潮に譲って寺を出たのは、おそらくは自ら「宗匠」たりえないという諦めがあったためと思われる。しかし、それは同時に「宗匠」たりえずして「宗匠」と称している世の僧に対する痛切な批判ともなるものである。

こうして、(1)「宗匠」たることへの挫折、(2)世の僧侶への批判、(3)「売茶翁」たることへの自負、の三つは一体となっている。このうち、「対客言志」に強く見られた(2)の批判性は『偈語』では比較的弱いように見える。しかし、よく読んでいくと、必ずしもそうではない。

売茶口占十二首(第四首)

身老殊知吾性拙　　身老いて殊に知る　吾が性の拙《つた》なきことを
旧交尽是占機先　　旧交尽《ことごと》く是れ機先を占む
可憐隻影孤貧客　　憐れむべし　隻影《せきえい》　孤貧の客

売却煎茶充飯銭　　煎茶を売却して飯銭に充《あ》つ

（年をとると、とりわけ自分の世渡り下手が身に沁みる。昔の知人は皆素早く立回って出世したのに。可哀そうに、ひとりぽつんと立つ貧乏人は、煎茶を売って飯代を稼いでいる。）

第二句は解りにくいが、「機先を占む」を「目先がきく」というような意に取り、自分の世渡り下手に較べて、旧友たちが目先がきいて巧く立回り、出世していることを皮肉った意に取れよう。そうした「機先を占む」る「旧交」に較べて、自分自身は余りに愚直であった。そう見るならば、「吾が性の拙なさ」や、あるいは第三、四句に歌われた哀れなお茶売りの姿も、実は自分こそ正しく生きているのだという自負にもなる。

だが、概して『偈語』では直接に他人や世間を批判する面は弱い。おそらく翁の志向するところが、社会的な広がりを持つよりも自分一個の生き方に収束されるためであろう。これは、先に見た近世の「畸人」たちに共通するところである。しかし、自らを貫く生き方自体が、実は偽善に満ちた「徳行の人」の社会への痛烈な批判となるのである。

ここでもう一度、(1)の挫折ということが本当にあるのか。単なるレトリックではないのか、という点を改めて考えてみよう。上記の作にも「身老いて殊に知る　吾が性の拙なきことを」とあるが、同様の表現は、単なるレトリックと言うには集中に余りに多い。特に、集中最後に近い「自賛三首」のうちの第一首は、四言古詩の形で来し方を振り返っている。

咄這《とっこ》の瞎漢《かっかん》　謾《みだ》りに風顚を打《だ》す　早歳　釈に入り　師に事《つか》えて参禅す

百城　煙水　　遠く要津《ようしん》を探り　　熱喝《ねつかつ》　痛棒　　苦を嘗《な》め辛を喫す
雪霜を歴尽して　　自救不了《じぐふりよう》　　顢頇《まんかん》の面皮　　懡㦬《もら》　多少ぞ
老来　分に安んじて　　売茶の翁と為り　　銭を乞うて飯に博《か》え　　楽　其の中に在り
通天の澗《たに》に煮て　　渡月の花に鬻《ひさ》ぐ　　若し人味を論ぜば　　驀口《まつく》に蹉過《さか》す
因って憶う昔年の王太傅《たいふ》　　依然として千古　知音少《ま》れなり

十四句までは翁自身の経歴を振り返ったものである。「早歳釈(仏門)に入り」てよりの「苦を嘗め辛を喫す」る修行も、結局、「自救不了」(自分さえ救いおおせない)に終わり、「顢頇の面皮」(愚図でぼんやりした顔つき)、「懡㦬多少ぞ」(何とも恥かき)と、口汚く自らを罵る。これだけの強い表現は、やはり単なるレトリックではなく、痛切な自己認識であっただろう。それ故にこそ、「売茶の翁と為」ったことは「分に安んじ」たことであり、ようやくそこに肩肱張らない自分にふさわしい落ち着きどころを得たのである。それ故、この偈に歌われたところは、素直にそのまま売茶翁の思いを述べたものとみてよいと思われるのである。

2、風　顚

先の「自賛三首」の長詩は、「咄這《とつこ》の瞎漢　謾《みだ》りに風顚を打す」(こら、この瞎漢　やたらに風顚をふりまわすな)で始まっている。「風顚」という語は、他の偈にも出てくる。

売茶口占十二首(第五首)

初心不改幾春秋　　初心改めず　幾春秋ぞ
性癖風顚竟不休　　性癖の風顚　竟《つい》に休《や》まず
紫陌紅塵謾盤礴　　紫陌紅塵《しはくこうじん》　謾《みだ》りに盤礴《ばんぱく》
世波険処泛虚舟　　世波険《けわ》しき処　虚舟《きょしゅう》を泛《うか》ぶ

（最初の志を長い年月頑固に保ち続けてきた。持ち前の風顚は畢竟変えようがない。都大路の雑踏に勝手にとぐろを巻き、世の荒波に無心の境地で舟を浮かべる。）

偶成

性癖の風顚世上と違い　　売茶の生計其の機に愜《かな》う
心休して冷淡　甘旨に勝れり　　意足りて破衫《はさん》　錦衣に斉《ひと》し
暁に井華を酌みて月を涵《ひた》して荷い　　暮に瓦鼎《がてい》を挑《かか》げて雲を帯びて帰る
老心用い得たり這般《しゃはん》の事　　物外に逍遥して是非を絶す

自賛三首（第二首）

髭鬚《ししゅ》雪を照し　疎髪髼鬆《ほうしょう》　　瘦杖《そうじょう》老を扶け　鶴氅《かくしょう》容《かたち》を蔽う
具籃《ぐらん》荷い去りて　洛東に独歩し　　売茶の生計　衰躬《すいきゅう》を養うに足る
儒に非ず釈に非ず又道《どう》に非ず　　一箇風顚の瞎禿翁《かっとくおう》

同類の語で、「風狂」という語も見られる。

売茶偶成三首(第三首)

祖道無功垂古稀　祖道　功無くして古稀に垂《なんな》んとす
風狂被髪脱緇衣　風狂　髪を被《かぶっ》て緇《し》衣《え》を脱す
世間出世放過去　世間出世　放過し去って
唯此売茶足拯饑　唯だ此の売茶　饑《き》を拯《すく》うに足れり

(仏祖の道には何らの功績もないまま七十歳になろうとしている。風狂な私は髪はざんばらで僧衣を脱ぎ捨てた。世俗も仏道もともに放り出して、ただこの茶を売ることだけが飢えから救ってくれる。)

「風顚」は「瘋癲」に同じ。常軌を逸していること、狂人。禅ではそれが肯定的な意味合いで用いることがしばしばある。例えば、『臨済録』行録で、黄檗は自分を平手打ちにした弟子の臨済に対して、「這の風顚漢、却て這裏に来たりて虎鬚を捋《ひ》く」(この気狂いめ！　よくもわしに向って虎の鬚を引っぱりおったな)(7)とその乱暴を認め、さらに臨済が喝すると、侍者に、「這の風顚漢を引いて参道去らしめよ」(この気狂いを禅堂に案内するがよい)と言っている。師の黄檗に対して打ったり、喝したりするその傍若無人の威勢のよさを「風顚」と言っているのである。

売茶翁との関係で、より注目されるのは、『寒山詩』の次のような例であろう。(8)

時人見寒山　時の人　寒山を見て
各謂是風顛　各《みな》謂う　是れ風顛なりと
貌不起人目　貌《かお》は人の目を起さず
身唯布裘纏　身は唯だ布裘《ふきゅう》を纏うのみ
我語他不会　我が語　他《かれ》は会せず
他語我不言　他の語　我は言わず
為報往来者　為めに報ず　往来の者
可来向寒山　来たって寒山に向うべしと

世間の規格を外れた「風顛」たることを自ら認め、肯定しているところ、売茶翁と類似している。というよりも、おそらく売茶翁に影響を与えているであろう。だが、売茶翁の場合、全く寒山の「風顛」と同じかと言うと、そうも言えない。まず、売茶翁の場合、寒山の「我が語　他は会せず　他の語　我は言わず」という厳しい世俗の社会との対立がない。寒山の場合、自分のことを「風顛」と見なしているのは世間であり、寒山自身は必ずしもそれを諾《うべな》っているわけではない。しかし、売茶翁の場合、「性癖の風顛」と自ら「風顛」たることを認め、それを自分一個の「性癖」に帰しているのである。

上述のように、『偈語』には少なくとも表面的には世間に対する批判性は弱く、自分一個の問題として自得しようという傾向が強かった。ここでも世間と対立して自分の正しさを貫くというよりは、

「性癖」たる「風顚」をいかにして自己実現するかという点に主眼があると考えられる。師の化霖《けりん》の没後、大潮に後を継がせるまで辛抱強く寺務に勤《いそ》しみ、大潮に後を託してようやく寺を離れたその実直さは、「風顚」というイメージから余りに離れている。大潮の「月海兄に復する書」には、「又た謂はく、吾が兄、他日、必ず箇《こ》の風顚と為りて、往く所を問ふこと莫《な》く、若しくは第五橋下に於いてせん」(9)と言われており、「風顚」はむしろ実現されるべき理想と言ってよいものであった。それ故にこそ、「初心改まらず」という粘り強い頑固さが必要だったのである。

先に述べたように、寺院を捨てて売茶の生活に入ったところには、「宗匠」たることへの挫折、世の僧侶への批判、「売茶翁」たることへの自負などが見られた。しかし、さらにその根底には、このように「性癖の風顚」の実現ということが考えられなければならないと思われるのである。

次に、「風狂」の概念を見ながら、このことをもう少し補足しておこう。「風狂」もまた狂気を意味し、「風顚」とほぼ同義である。が、それよりも思想や文芸の領域において熟した概念である。例えば、『碧巌録』第三十七則本則著語では、盤山《ばんざん》が普化《ふけ》について、「這《こ》の漢は向後《このさき》風狂の如くに人を接し去《ゆ》かん在《ぞ》」と評している。『臨済録』で、臨済その人以上に強烈な印象を残す普化は、まさに「風狂」の人と言ってよい。

普化が直裰《じきてつ》(僧服)を求めた時、臨済は棺を買い与えた。

普化はみずからそれをかついで、町々をまわりながら叫んだ、「臨済さんがわしのために僧衣を作ってくれた。わしは東門へ行って死ぬぞ」。町の人が競って後について行くと、普化は言った、

「今日はやめた。明日南門へ行って死ぬことにする」。こうしたことが三日つづくと、もう誰も信じなくなり、四日目には誰もついて来る者がなかった。普化はひとりで町の外に出て、みずから棺の中に入り、通りがかりの人に頼んで蓋に釘を打たせた。この噂はすぐにひろまった。町の人たちが先を争って駆けつけ、棺を開けてみると、なんと普化はもぬけのからであった。ただ空中を遠ざかっていく鈴の音《ね》がありありと聞こえるだけであった。[10]

むき出しの死を相手にひとり踊る普化のすさまじさは、まさに風狂の極である。寒山、普化、そして日本に来て一休と、彼らの風狂は触れなば切れん凄さを帯びている。[11] それに較べるとき、売茶翁の「風狂」ははるかに穏やかで、毒が少ない。

売茶口占十二首(第七首)

自覚疎狂違世間　自ら覚ゆ疎狂　世間に違《い》することを
陸沈城市恣痴頑　城市に陸沈して痴頑《ちがん》を恣《ほしいまま》にす
誰言形影唯相弔　誰か言わん形影唯だ相弔《あいちょう》すと
十二先生伴我閑　十二先生　我が閑に伴う

(奔放で世間と合わないことは自分でも解っている。だから、この町中に隠れ住んで、愚昧さを思い切り発揮しているのだ。自分の影しか慰め合う相手がいないなどと言ってくれるな。この「十二先生」(茶道具)が私の無聊を慰めてくれる。)

売茶翁の世界は、「世間に違する」「疎狂」を自覚し、「痴頑を恣に」すること、その自己実現において開けてくる世界である。だが、その実現のために、長い忍耐と、そして自由と引き換えの貧窮に耐えなければならなかった。「世上知らず　家産の乏しきを　尽《ことごと》く言う好事　風流を逞しくすと」(世間では私の家計の貧しさを知らず、すき勝手に風流をほしいままにしていると、誰もが言っている)(偶作)。すんなり行けば師の後を襲って住職となり、仏教界のエリートの道を進めたのに、あえてそのコースを捨て、その日暮しの売茶翁となって自らの「風顚」を貫いたのは、一休などとは違うものの、それは確かに「風狂」と言うにふさわしい。

三、茶と貧

1、茶と禅

売茶翁の売茶生活は、確かに生活のためであったとしても、同時に煎茶道の開祖とされるように、新しい文化の創造でもあった。「売茶は児女独夫の所業にして、世の最も賤する所なり」(「対客言志」)と言うが、単純にそのままは受け取れない。

「煎茶」の語が日本の歴史に最初に見えるのは、『日本後記』の弘仁六年(八一五)に、嵯峨天皇が近江唐崎に行幸して梵釈寺に立ち寄った時に、「大僧都永忠手自ら茶を煎じ奉御す」とある記事だという。[12] しかし、この時の茶は団茶であったと推定されている。その後、栄西が宋より茶の種をもたらし、明恵が栂尾に植えて以来、茶は次第に普及するようになったが、その主流は抹茶であった。それが村田珠光《しゆこう》、武野紹鷗《じようおう》らを経て、千利久によって大成されることは言うまでもない。他方、煎茶が新たに脚光を浴びるのは、江戸時代に入って、文人趣味と手を結ぶことによってであった。楢林忠男(小川後楽)氏によれば、時代の閉塞的状況の中で、

可能であった一つの行為、それは魂を遥か遠くの世界に飛翔させ、心を異国に遊ばせることであった。そうしたとき、まず手本とされたのが、中国文人にみられる、悠々自適の隠逸的な生き方だったのである。……そして、山中で茶を煮る詩人の画がかれらに、煎茶を伴侶とすることへの一つのヒントを与えることになったのだろう。……鬱屈した精神の新たな捌け口として、このとき煎茶に新鮮な関心が注がれることになるのであった。(13)

これはまさに先に触れた「畸人」達の風流の精神に他ならない。茶に遊ぶことは、一つの風流であり、精神の贅沢である。

夏日松下に茶を煮る

独り愛す清閒　夏日の長きことを　　千株松下　石炉香《かんば》し
人間《じんかん》の炎熱　復《ま》た何ぞ到らん　　洞裏《とうり》の風光　豈《あ》に是れ望まんや
水は麗泉を択んで音羽《おとわ》に汲み　　茶は唐製を烹《に》て家郷よりす
此の生尤《もつと》も喜ぶ　煩累を脱することを　　世上笑う　吾が心転《うた》た狂することを

水は音羽(清水寺の裏の泉)から汲み、茶は故郷から取り寄せた中国のものを用いる(故郷佐賀は長崎が近いので、中国のものが入手できたのであろう)。ただの口すぎのための売茶ではない。

茶は長い伝統をもつ文化である。その著『梅山種茶譜略』(14)によると、「夫《そ》れ茶は神農より以来其来《そのきた》ること尚《ひさ》し。唐に至りて、陸羽《りくう》経を著し、盧同《ろどう》歌を作りて、茶事海内に布く。爾来《じらい》風騒之士、詩賦若くは譜を造りて、茶を賞せずと云《い》うこと無し」ときわめて格調高く、その由来を明らかにする。我が国においては、栄西が請来し、明恵がそれを植えた徳を讃え、

故に茶事に於て見るときは、吾邦の栄西明慧あるは、大唐の陸羽盧同有《ある》が如し。若《もし》道徳を以て論ぜば、大法を荷担して、行解相応し、禅教抜群の大宗匠なり。譬《たとえ》ば車の両輪の如し。智水内に満て、徳沢外に溢るゝの余り、風雅茶事に及ぶもの歟《か》。今時遊蕩の僧、漫《みだり》に茶事に倣ひ、世塵を逐《おう》を以て、古人を見は、霄壌《しょうじょう》の隔《へだて》なり。

と、「今時遊蕩の僧」の批判に及ぶ。それ故、茶にかけた翁の自負はきわめて大きいものがある。

　御皐の茶舗に掲ぐ(第二首)

昔年茗飲遠相伝　　昔年茗飲《めいいん》　遠く相伝う
此土移来歳半千　　此の土　移り来たりて歳半千
好古逸人高益価　　好古の逸人　高く価を益し
竹炉荷去賞花前　　竹炉荷い去りて花前に賞す

(その昔茶を飲む習慣は古くから伝わってきた。この国に入って来てからは五百年になる。古いものを好む隠逸の士がその評価を高めてくれた。竹炉を荷いで来て花の前で賞味する。)

御皐(御室仁和寺)という場所柄もあろうが、極めて格調高く伝統の継承を主張する。

売茶口占十二首(第九首)

遠覓霊苗入大唐　遠く霊苗《れいびょう》を覓《もと》めて大唐に入り
持帰西老播扶桑　持ち帰って西老《さいろう》　扶桑に播《ま》く
宇陽一味天然別　宇陽の一味天然別なり
堪嘆時人論色香　嘆ずるに堪たり　時人《じじん》の色香《しきこう》を論ずることを

(遠く、素晴らしい茶の木を求めて中国に渡り、持ち帰って栄西老師はその種を日本に播いた。宇治に産するものは味が純粋で、他の土地のものとはおのずから違っている。それを今の人は、色とか香ばかり論ずるのは、嘆かわしいことだ。)

ここで「西老」が持ち帰った「霊苗」は、茶であるとともに、禅の正流でもあろう。とするならば、「時人の色香を論ずる」というのは、茶のことであるとともに、表面だけで価値判断する当時の禅者への批判も含意されていることになる。その点を考えるならば、前節で見た売茶生活に対する翁の態度のうち、「売茶翁」たることの自負と世間への批判という点がもう一度焦点を当てられることになる。翁は自ら「盧同正流兼達磨宗四十五伝」と記した(『偈語』巻頭の自題)ように、決して単純に自分をドロップ・アウトしたと見ているわけではない。「高遊外は禅僧の堕落・退廃の一つの具体的な現われとして、当時の茶の世界、いわゆる茶の湯を見ていたのである。茶禅一味のまやかしをまず指摘し、禅僧社会改革の第一歩にしたかったのであろう(15)」という指摘もなされる所以である。

では、禅と茶の精神は、新たにどのように結び付いているのであろうか。

売茶口占十二首(第二首)

茶亭新啓鴨河浜　　茶亭新たに啓《ひら》く鴨河《かもがわ》の浜
坐客悠然忘主賓　　坐客悠然として主賓を忘る
一盌頓醒長夜睡　　一盌《いちわん》頓《とみ》に醒む長夜の睡
覚来知是旧時人　　覚め来たって知んぬ　是れ旧時の人

(茶店を新たに鴨川の河原に開いた。客はゆったりと腰を落ち着けて、主人と客との区別もなくなってしまう。一杯のお茶にはっと長い眠りから目醒め、醒めてみると何と以前のままの自分であった。)

第二句は『荘子』大宗師の「坐忘」を念頭に置く。第三句は、茶の覚醒作用と、悟りによって長い間の迷いから醒めることを掛ける。「頓醒」は禅の「頓悟」を思い起させ、「長夜の睡」は無明の状態で長い間輪廻を繰り返すこと。第四句の「旧時人」は、悟る前も悟った後も変らない本来の自己のあり方。これも禅で説く。このように、茶はその精神において禅に通ずる。禅だけでなく、『荘子』が意識されているように、老荘や道教も念頭に置かれている。そもそも翁の茶店の名が「通仙亭」であった。また、東福寺の通天橋も好んで茶舗を置いたところであった。

通天橋に茶舗を開く

茶具携来黄落中　　茶具携え来たる黄落《こうらく》の中
竈焼松卵煮松風　　竈《かまど》に松卵を焼《た》いて松風《しょうふう》を煮る

通仙秘訣吾無隠　　通仙の秘訣　吾れ隠すことなし
忘味応知滋味濃　　味を忘れて応《まさ》に知るべし滋味の濃《こまや》かなることを

（茶道具を持って落葉の中をやって来た。竈に松かさを焚いて茶を煮ると、松風の音がする（松風は湯の沸く音）。仙境に通ずる秘訣を私は隠さない。味覚を忘れ果てたところにこそ奥深い本当の濃密な味わいがある。）

「忘」はさきの「坐忘」のように、『荘子』に見え、ここから後の老荘、道教で重視される。例えば、『荘子』天地篇に「物を忘れ、天を忘る、其を名づけて己れを忘ると為す。己れを忘るる人、是れ之を天に入ると謂う」とある。味を忘れ果てたところにはじめて知られる濃厚な味わい――「吾れ隠すなし」と言っても、その境地はなかなか難しい。

売茶偶成三首（第一首）

非僧非道又非儒　　僧に非ず道に非ず又儒に非ず
黒面白鬚窮禿奴　　黒面白鬚《はくしゆ》の窮禿奴《きゆうとくど》
孰謂金城周売弄　　孰《たれ》か謂う金城に売弄周《まいろうあまね》しと
乾坤都是一茶壺　　乾坤都《すべ》て是れ一茶壺《いちさこ》

（僧侶でもなく道士でもなく、また儒者でもない。黒い顔、白い鬚の貧乏なハゲの男。この都で能書きを並べ立てて茶を売り歩いている、と誰が言うのか。実は天地すべてがこの一つの茶壺の中にあるのだ。）

「僧に非ず道に非ず又儒に非ず」については、次項に触れる。ここでは「乾坤都て是れ一茶壺」の一句に注目しておきたい。ここには費長房《ひちょうぼう》の「壺中の天地」が踏まえられているとともに、「一塵法界」のような仏教的な世界観をも念頭に置いているだろう。それらを踏まえつつ、「僧に非ず道に非ず又儒に非ず」、すべての枠付けを取り去り、「一茶壺」に一切を収めるのである。

そのような境地を知らずに、恐らく翁のヒッピー的な奇行を表面だけ真似する人もあったのであろう。翁の茶事を真似ようとした少年禅者を戒めて言う。

偶成〈少年禅流《ぜんる》の余が茶事に倣うを警《いまし》む〉

太傅面前飜却去　太傅《たいふ》の面前飜却《ほんきゃく》し去って
千年旧案挙来新　千年の旧案挙《こ》し来たって新たなり
腕頭無力全扶起　腕頭　全く扶起するに力無し
謾叫煎茶莫失真　謾《みだ》りに煎茶と叫んで真を失すること莫《な》かれ

（王太傅の目の前で報慈が茶瓶をひっくり返した。千年来この公案は提起するたびに新鮮だ。お前の力量ではその公案を打ち立てることなど全くできないくせに、やたらと「煎茶」と叫んで本来の自己を見失ってはいけない。）

「太傅の面前飜却し去る」は、王太傅が禅院で茶を煎じたとき、報慈慧朗《ほうじえろう》が明招徳謙《めいしょうとくけん》に茶を注ごうとしてその瓶をひっくり返してしまったことから展開する問答（『碧巌録』第四十八則など）である。その公案が解らないようで、「煎茶」と叫んでも駄目だというのである。単に少年禅者だけでなく、おそらく売茶翁の周りに集まってきた風流者たちへの戒めでもあっただろう。翁の世界の独自性は、その禅味を禅の世界においてではなく、茶の世界において実現しようとしたところにある。

翁の煎茶はこのように厳しいものであったから、それを真に理解する人は少なかった。「凡《およそ》人茶を売《うる》ことを奇として称すといへども、翁の志、茶にあらずして茶を名とす。其平居綿密の行ひはしる人まれ也」と『近世畸人伝』には記されている。それ故、「売茶翁サークル」と呼ばれる程の交遊関係を持ちながら、最終的にはひとりその境地を楽しむのみであった。

偶作

炉煙茶熟白雲深　　炉煙　茶熟して白雲深し
何用神仙洞裏尋　　何ぞ用いん　神仙洞裏《とうり》に尋ぬることを
自売与来還自買　　自ら売与《ばいよ》し来たって還って自ら買う
単提独弄少知音　　単提独弄　知《ち》音《いん》少《まれ》なり

（炉から立ちのぼる煙は、茶が煮られるにつれて白雲のように深くなる。わざわざ神仙を尋ねて仙境に行く必要もない。自分で売って、自分で買うのみ。この境地は自分ひとりのもので、解ってくれる友人はいない。）

2、貧と老

売茶の生活ははじめからかつがつの生計を維持しうるのみで、常に貧窮と向い合った生活であった。

『近世畸人伝』によると、茶店には次のように書き付けられていたという。

茶銭は黄金百鎰《ひやくいつ》より半文銭まではくれ次第、たゞのみも勝手、たゞよりはまけまうさず。

達磨さへおあしで渡る難波江の流を汲《くめ》る老のわが身ぞ

「対客言志」に見られたように、翁は施物によって暮しを立てることに罪悪感を持って、売茶の生活に入った。そこには、意外なくらい「何で暮しを立てるか」、つまり露骨に言えば「何で銭を稼ぐか」という問題意識が強い。ここに引いた狂歌にしても、「おあし」への強烈な意識がある。おそらくは貨幣経済の進展する中で、それによって禅の世界までもが犯されてしまうことへの強い抵抗感があったのであろう。それが直截の社会批判にならず、屈折した表現を取っているのである。面白いことに、『偈語』の中には「銭筒」を歌った作が意外に多い。

銭筒に題す

煎茶日日起松風　　煎茶日日に松風を起し

醒覚人間仙路通　　醒覚す　人間《じんかん》に仙路の通ずることを

要識盧同真妙旨　　盧同《ろどう》が真の妙旨を識らんと要《ほっ》すれば

傾嚢先入箇銭筒　　嚢《ふくろ》を傾けて先づ箇《こ》の銭筒に入れよ

（茶を煎じて毎日松風の響きを立て、人間世界に仙境に通う路のあることを人々に悟らせる。盧同の茶の真髄を知りたいならば、財布を傾けてまずこの銭筒に入れなさい。〔「箇」は誤用で、「この」の意と解する〕）

「人間の仙路」を悟らせ、「盧同の真の妙旨」を教えるのに、「まずおあしを」というわけである（ただでも結構）。銭がすべてになってゆく社会に対する痛烈な皮肉であろう。売茶の貧窮生活は、貨幣経済下で如何にして精神の自由が確保できるかという果敢な挑戦であった。

舎那《しゃな》殿前《でんぜん》の松下《しょうか》に茶店を開く

松下点茶過客新　　松下に茶を点じて過客新たなり
一銭売与一甌春　　一銭に売与す一甌《いちおう》の春
諸君莫笑生涯乏　　諸君笑うこと莫れ　生涯の乏しきことを
貧不苦人人苦貧　　貧　人を苦しめず　人　貧に苦しむ

（松の木の下で茶を淹《い》れていると新しい客がやってくる。一文銭で一杯の茶を売る。皆さん、一生貧乏だなどと笑って下さるな。貧乏が人を苦しめるのではなく、人が勝手に貧乏に苦しんでいるのだ。）

「貧　人を苦しめず　人　貧に苦しむ」はやや型にはまった言い方ではあるが、「貧」の自由を楽しむ心境である。紀伊の某士が銭を送ってきたときの作、雨で客がなく食料が尽きた時に亀田窮楽から恵みを受けた時の作など、その面目は躍如としている。窮楽はひとつ小路に住む貧乏友達であった。金が入ればみなばらまいて、また貧乏暮しの窮楽は、好きなものとして、「たばこ。すまふ。けいば。銭。酒は予が糧《かて》なれば計《かぞ》へず」と書いたと言う（『近世畸人伝』）。同じ時代、同じように屈折した抵抗者であった。

売茶生活を続ける中で老いてゆく翁にとってのひとつの転機は、寛保二年(一七四二)六十八歳のときの還俗であった。それは国法の煩雑な手続きを省略するための便法であったが、ただそれだけのことではない。きっかけはそうだったとしても、還俗するにはそれなりの内的な必然性がなければならない。逆に言えば、すでに僧形をしている必然性がなくなったと言ってもよい。僧でいようが、還俗しようが、ある意味ではもはやどうでもよいことであろうが、にもかかわらず還俗という事実は、翁の生き方をさらに一歩進めるものであった。すでに二首引用した「売茶偶成三首」は、おそらくこの還俗から遠からぬ時期の作であろうが、当時の翁の心境を如実に示している。残る第二首をここに引いておこう。

丱歳辞親謝世栄　　丱歳《かんさい》 親《しん》を辞して世栄《せいえい》を謝し
頽齢立姓遁僧名　　頽齢《たいれい》 姓を立てて僧名を遁《のが》る
此身堪笑同蝙蝠　　此の身 笑うに堪《たえ》たり 蝙蝠《へんぷく》に同じきことを
依旧売茶一老生　　旧に依て売茶の一老生

(幼い頃、出家して親から離れ、世俗の栄達を拒否した。年をとって新しく姓を作って僧としての名前を捨てた。我が身はコウモリと同じで、お笑いぐさだ。だが、ずっと茶を売る一人の年寄りであることは変らない。)

第一首の「僧に非ず道に非ず又儒に非ず」は、同様の表現が、これも先に引いた「自賛三首」中の第二首にも見えた。これは白居易「池上閑吟二首」第二首の「道に非ず僧に非ず俗吏に非ず」に典拠があるようであるが、「愚禿」親鸞の「僧に非ず、俗に非ず」を思い起こさせるところがある。親鸞の場合、僧形を保ちつつ「非僧非俗」であったが、売茶翁は還俗という形を取った。しかし、翁の意識としては、「俗」に戻るわけではなかったであろう。中世の隠者が僧の生活から再出家するかたちで隠遁したように、翁の還俗も今まで付きまとってきた「僧」というあり方を超える道であった。「僧に非ず道に非ず又儒に非ず」は、社会的な身分という形で付き纏う一切の枠づけから身をもぎ放す必然的な過程であった。「世間・出世（間）放過し去って」（第三首）と言われるように、世俗も仏界もすべて脱ぎ捨て、むき出しの、まるはだかの自分として生きてゆくのである。それは翁の生き方からすれば必然的な帰結ではあるが、同時に並々ならぬ覚悟と自信がなければできないことであっただろう。「旧に依て売茶の一老生」（第二首）、「乾坤都て是れ一茶壺」（第一首）という強い言い切り方に、その精神の緊張と到達した境地が表現されている。

『偈語』は必ずしも厳密に年代順に並んでいるわけではないが、おおまかにはその順によっていると思われる。集中最後の方になると、さすがに「老」という語が目立つようになる。八十歳近くなった頃であろう。

新年口号
九九元来八十一
眼横鼻直自天真
狂心歇処本演若

九九元来八十一
眼横鼻直《がんおうびちょく》　自《おのずか》ら天真
狂心歇《や》む処　本《も》と演若《えんじゃく》

一機転時大地春　　一機転ずる時　大地の春

（九九はもともと八十一、目は横に、鼻は真直ぐで自然のまま。狂心がおさまったところに演若達多の本来の姿がある。からり転ずれば大地は春のさかり。）

「元来」は「何と……だった」の意であるが、ここは「もともと」の意であろう。「演若」は『首楞《しゆりよう》厳《ごん》経』巻四に出る演若達多のことで、鏡中の顔に眉目があるのを見て、自分の顔にはそれがないかと疑い、狂走したという。「一機転時」は、迷いから悟りへとからりと転換すること。八十一歳という年齢の自分の「眼横鼻直」をそのまま受け入れるのである。ここでは、もはや「風狂」も必要ない。「狂」を超えてあるがままの己れに立ち戻るのである。

この年、もはや売茶の生活が困難になり、九月に仙窠《せんか》（茶道具を入れて運ぶ籃《かご》）を焼いて、売茶の生活に別れを告げる。その時の「仙窠焼却の語」は、『偈語』の最後を飾り、生活を伴にしてきた仙窠に別れを告げ、「火聚《かじゆ》三昧」に付する思いを述べた作で、心に迫るものがあるが、長いので、引用は略す。「是より門を杜《ふさ》ぎ客を謝して天年を養ふ。或人いふ、一旦座右に、長咄しいや、と書付られしが、老窮《きわまり》ては全く客を辞せりと。終に蓮華王院の南、幻々庵にして化《け》す」と『近世畸人伝』には記されている。

最後に晩年の一首を引いておく。

夢中作

困去窮来無一物　　困《こん》じ去り窮《きゆう》し来たって一物《いちもつ》無し

清貧瀟灑淡生涯
唯餘半夜寒窓月
一片禅心相照帰

清貧《せいひん》瀟灑《しょうしゃ》　淡生涯《たんしょうがい》
唯半夜寒窓の月を餘して
一片の禅心　相照《あいてら》して帰る

（すっかり困窮して何ひとつない。あっさりさっぱりとした清貧の一生。ただ冬の夜中に窓から見える月だけが残り、純粋な禅心と照し合いながら、本来のありかへと帰ってゆく。）

（1）　売茶翁に関する主要な参考文献として、
谷村為海「売茶翁年譜」（『禅文化』一八、一九六〇）。

福山暁菴編纂訓註・淡川康一抄出平訳『売茶翁』（其中堂、一九六二）。

川頭芳雄編『佐賀県郷土史物語』第一輯（私家版、一九七四）。

生誕三百年記念出版『売茶翁集成』（主婦の友社、一九七五）。

佐賀県立博物館編『売茶翁』（同博物館展覧目録、一九八三）。

水田紀久「売茶翁グループ」（『秋成とその時代』、論集近世文学五、勉誠社、一九九四）。

また、注（4）（12）の文献も参照。

伝記については、佐賀県立博物館編『売茶翁』所収の谷村為海氏の「売茶翁年譜」が詳しく、本稿はそれによったところが多い。

なお、本稿は、堀川貴司氏との共著『江戸漢詩選』五・僧門（岩波書店、一九九六）の準備過程で執筆したもので、同書には売茶翁の偈を抜粋収録した。本稿に引用した偈は、堀川氏との共訳になるものを、筆者の責任のもとに一部改めて用いた。

(2) 福永光司『荘子』内篇(朝日新聞社、一九六六)、二七五頁。
(3) 『近世畸人伝』については、宗政五十緒校注『近世畸人伝・続近世畸人伝』(平凡社・東洋文庫、一九七二)による。
(4) 高橋博巳『京都藝苑のネットワーク』(ぺりかん社、一九八八)。
(5) 『売茶翁偈語』は東京大学総合図書館所蔵本(南葵文庫)による。これは刊年不明の京都松月堂刊本である。なお、引用に当っては、絶句は原文・書き下し・訳を掲げるが、それ以上長いものについては、書き下しのみに留める。
(6) 「対客言志」は、福山・淡川『売茶翁』による。
(7) 入矢義高訳注『臨済録』(岩波文庫、一九八九)の訳による。
(8) 入矢義高『寒山詩』(中国詩人選5、岩波書店、一九五八)による。
(9) 大潮『西溟余稿』巻三。高橋、前掲書所引による。
(10) 入矢義高氏の訳による。岩波文庫版『臨済録』、一七七頁。
(11) 「風狂」の系譜について、市川白玄『一休』(NHKブックス、一九七〇)第五章参照。
(12) 煎茶の歴史については、小川後楽『煎茶入門』(保育社、一九七六)、楢林忠男『碧山への夢』(講談社、一九八五)などによる。
(13) 楢林、前掲書、二一頁。
(14) 『梅山種茶譜略』は、福山・淡川『売茶翁』による。
(15) 楢林、前掲書、七三頁。

11　肥大する孤独——『草堂詩集』

我れに一張の琴あり　梧に非ず　亦た桐に非ず
五音詎《なん》ぞ能く該《か》ねん　六律調べ同じからず
静夜　高堂の上　朱絲　松風を操る
氤氳《いんうん》たり青陽の暁　声は天帝の聡に徹す
天帝は大いに驚異し　声の従《よ》る所を知らんと欲す
伊《こ》れ時は二三月　気候稍《や》や和中
雨師は道路に灑《そそ》ぎ　風伯は林叢を厳《いま》しむ
月暈《げつうん》を采《と》って繖《かさ》と為し　彩虹を横たえて弓と作す
雲の旆《はた》と霞の纓《ひも》　逸《はや》其らせて六竜を御す
十洲　坐《い》ながらにして超忽　五天　望裡に空し
弥《いよい》よ行けば則ち弥よ遐《はる》か　西に在れば倏《たちま》ち東よりす
神《たましい》も亦た之がために疲れ　心も亦た之がために窮す
逡巡して相顧みて云う　帰らんかな　吾が旧邦へと

自筆本『草堂詩集』天巻に収める雑詩百十一首の巻頭詩。[1]人巻でも冒頭に収めるが、字句にやや相違がある。この詩ではまず、「我れに一張の琴あり」と歌い起こされる。これは言うまでもなく、陶淵明の「没弦琴」の故事を踏まえたものである。だが、その琴の調べは五音にも六律にも合わない、規格からはみ出した調子はずれのものである。それは所詮人間世界では受け入れられず、それ故、その声が語りかける相手は天帝である。天帝をそぞろ心に駆り立て、世界中を引き摺り回したあげく、へとへとに疲れさせ、「帰らんかな　吾が旧邦へと」と嘆かせる。規模は壮大であるが、何か奇妙な味わいのある詩である。一体何を歌おうとしたのだろうか。

この詩について丁寧に鑑賞した柳田聖山氏は、雑詩の原型を玉島時代の修行中の作ではないかと推定し、さらにこの詩を雑詩の冒頭に置いた理由を、「ひょっとすると良寛の悟りの歌、禅僧としての良寛が、始めて自分の心境を詩にあらわした、謂わば一種の投機の偈《げ》でないか」と見ている。[2]しかし、この詩が雑詩の冒頭に置かれた理由はもう少しほかにあるのではないだろうか。

この点を考えるためには、自筆本『草堂詩集』天巻の位置付けについて、簡単に見ておく必要がある。周知のように、良寛の詩集は自筆本の『草堂詩集』の他に、数種の写本と蔵雲の手になる刊本『良寛道人遺稿』などがあり、それらによって収録された詩にかなりの出入りがあり、また文字の相違があるとともに、詩の順序も大きく異なっている。雑詩だけを取っても、そこに収められた詩の数・内容・順序等、きわめて大きな相違がある。自筆本『草堂詩集』にしても、天・地・人三巻からなるうち、地巻が詩題のついた作品を収めているのに対して、天巻と人巻はいずれも雑詩で、かなりの程度において重複して同じ詩を、しかも近似した配列で収めている。

良寛の名の高いのに対して、意外にもこれらの諸本の関係に関するきちんとした文献的な研究は遅れており、全集の編纂者である東郷豊治氏の先駆的研究の後、[3]ようやく近年下田祐輔氏の詳細な研究が現われるに至って、一気に新たな研究段階に入ることとなった。[4]下田氏はまず、自筆本『草堂詩集』の天巻と人巻について、人巻を草稿本、天巻を再稿本と位置付け、天巻と地巻とで『草堂詩集』という一つの詩集を構成すると見る。さらに、自筆を有する貫華系テキスト（興善寺本など）と鈴木本・草庵本などに由来する流布本系テキストをこの『草堂詩集』と比較し、次のような成立順序を推定した。

〔雑詩〕　興善寺本（貫華系テキスト）↓人巻↓天巻↓流布本系テキスト

〔有題詩〕興善寺本（貫華系テキスト）↓地巻↓流布本系テキスト

なお、成立年代については、興善寺本は文化五年（一八〇八、良寛五十一歳）八月以降、地巻の成立は文化八年（一八一一、五十四歳）三月以降であり、他方、流布本のもっとも古いものに文化十二年（一八一五、五十八歳）の年記があることから、これ以前には成立していたとされる。良寛の詩集は、良寛の五十代を通してさまざまな試行錯誤を通じて、次第に形を整えていったのである。こうした経緯を考えるとき、自筆本『草堂詩集』天巻・地巻のセットは、その五十代における詩集形成の一段階を如実に示す資料と見るべきものである。それ故、それはあくまで途中段階であり、完成したものではないから、それを拠り所にするのは不適切のようにも見える。しかし、雑詩と有題詩をはっきりと別巻に分けた自筆本の構成は、両者を同巻に纏める鈴木本（東郷全集本）の形態より余程すっきりしている。

そもそも個々の詩題を有しない雑詩と有題詩とは、その性質上大きく異なっている。雑詩というのは、『文選』巻二十九、三十に見られるように、「詩人の心そのものを吐露すべき詩[5]」であるが、良寛における雑詩百余首は明らかに『寒山詩』を念頭に置いている。『寒山詩』の特徴は、それが基本的に固有名詞を欠き、いわば「詠み人知らず」的な形で、かつまたどのような状況で作られたものかも明らかにされないまま、厳しい求道と世情批判の言葉を投げつけるところにある。それ故、そもそも寒山とは何者か、伝説のヴェールに覆われ、果して寒山という人物が実在したかどうかさえ定かでない。

そのことを念頭に置いて天巻の雑詩を読むと、まさに『寒山詩』と同じく、直接その詩の背景をうかがわせる固有名詞をほとんど有しない観念詩としての性格を持っていることが知られる。それに対して、地巻の有題詩は、しばしばその題に、あるいはその詩の中にも地名や人名など具体的な固有名詞が現われ、制作の状況が知られる。通常の漢詩を読み慣れている目には、有題詩は抵抗なく受け入れられるが、具体的な固有名詞を抜き去った作品が百余首も並ぶ雑詩の世界は、一種異様な感がある。それは意図的に当代における『寒山詩』を目指したものとしか考えられない。

このように見るとき、いわば実験詩とも言うべき雑詩と通常の詩の形態を取った有題詩を別巻に分けて組み合わせた『草堂詩集』天巻・地巻の構成は、極めて納得の行くところである。それに対して、鈴木本の形態は両者の対比を緩めるばかりでなく、雑詩の中に「法華堂の西　願成寺」など、少数ではあるが、具体的な状況を示す固有名詞を含む詩が入ってきている。かつまた、雑詩の冒頭に「少小より筆硯を抛《なげう》つて」の詩を置き、あたかも年代を追うかのような印象を与える。こう見るとき、鈴木本の構成は、『寒山詩』を模した雑詩の実験性を著しく弱めており、逆に言えば、『草堂詩集』の天巻は雑詩への意欲に燃えた一時期の良寛の突出した問題意識を顕著に示すものと言うことができよう。

天巻の雑詩を以上のように位置付けることができるならば、前掲の詩が冒頭に置かれた意味も、作者の伝記上で重要な意味を持つからというのとは違うのではないだろうか。個々の詩自体はそれ以前に特定の状況下で作られたものであるとしても、それが天巻で雑詩として構成されたとき、個別的な制作の状況を失い、まさに『寒山詩』と同様に具体的な場を離れた観念詩としての統合体をなすことになったのである。それ故、冒頭の詩も雑詩全体の序詩というべき性格を持つと考えるべきであり、まさに自らの詩のあり方を述べた意欲的な詩論とも見るべきである。このことは、天巻巻末の詩と照応させるとき、より明瞭となる。巻末から二首目には、これも自らの詩の性格を述べた有名な作品が収められている。

　　孰《たれ》か我が詩を詩と謂う　　我が詩は是れ詩に非ず
　　我が詩の詩に非ざるを知らば　　始めて与《とも》に詩を言《かた》るべし

「我が詩は是れ詩に非ず」というのは、良寛の詩全体について言われると同時に、この位置に置かれたとき、それは雑詩という形で纏められた一連の創作意識を述べたものと見ることができる。そして、その断定的な詩論を提示した後、最後の一首で静かに歌い収められる。

仲冬　十一月　　雨雪　正に霏々《ひひ》たり
千山　同じく一色　　万径　蹤跡《しょうせき》稀《まれ》なり
昨游《さくゆう》は都《すべ》て夢と作《な》り　　草堂　深く扉を掩《とざ》す
終夜　榾柮《こつとつ》を焼《た》き　　静かに古人の詩を読む

このような巻末の二首と照応するものとして、巻頭の一首を見ることができるのではないだろうか。そうとすれば、その「一張の琴」で紡ぎ出される音楽こそ一連の雑詩の世界に他ならない。それは人間世界の誰に語りかけるものでもなく、孤独な営為、「ひとりあそび」の戯れであり、ともに語るもの天帝以外に誰もない。天帝とは、外なる宇宙的な存在であるとともに、自らの内にひそみ、自らを超え出る何かである。だが、天帝をも日常性から逸脱させるその壮大な戯れは結局何ひとつ生み出すことなく、徒労の果てにもとの己れへと帰るほかはない。

こう見るならば、「一張の琴」の奏でる音楽=雑詩の世界は二重性を持っていると言うことができる。一方で、天帝をも連れ出す途方もない強烈で壮大な規格からの逸脱という面であり、他方で、結局それが「吾が旧邦」に落ち着く以外に何もない、実りのない空しい営為という面である。そしてまた、「吾が旧邦」に帰るということも二重である。すなわち、徒労の果て、空しく戻って行くという面とともに、それこそ「本来の家郷」に他ならないという禅的なニュアンスである。良寛はここで、自らの詩の世界を端的に提示している。世間を睥睨《へいげい》して天駆けてゆく想いと、その空しさ、そして結局戻って行く本来の世界……。「我が詩は是れ詩に非ず」と言われるのはこの故である。そして、最後の詩で、「昨游は都て夢と作り」と言われるのにも対応する。最後の詩の静かな収束は、実に「吾が旧邦」の光景に他ならない。雑詩百余首は、まさにこうした詩観の表明に前後を挟まれて展開されている。その一首一首において、孤独の中で肥大した想念が溢れ出し、渦巻いて、己れに帰って行く。

こうした良寛の自覚的な詩への取り組みの対極に世人の詩がある。

我れ後世の子《ひと》を見るに　群居して好んで詩を作る
題を命じて趣向を案じ　心を凝らして体裁を分つ
句法は必ず拠るところあり　平仄《ひょうそく》は浪《みだ》りには施さず
或は力《つと》めて陳言を去り　復《ま》た故《ことさ》らに新奇を逐《お》う
是《ぜ》は則ち太《はなは》だ是なるも　奈何《いかん》せん　脱体《だったい》非なるを

これが「我が詩」の対極にある、いわゆるの「詩」である。ここで「群居」とあるのは目を引く。「我が詩」はあくまで「群居」を軽蔑して孤高の極に立つのである。だが、詩とは、文学とは、一方で孤独への沈潜があるとともに、それがある座の中にもたらされ、集団の場の中に位置付けられて、はじめて豊かに華開くという一面を有していたのではないか。雑詩が一切の具体的な状況を切り捨てるということは、このような「場」の文学、「座」の文学という側面を大胆に否定するという実験性を持っている。

例えば、次のような詩を見てみよう。

依稀《いき》たり藤蘿《とうら》の月　　君を送って翠微《すいび》を下る
今より朝復《ま》た夕　　寥々として柴扉《さいひ》を掩《とざ》す

別本(玉木本)によると、「暁に左一を送る」という題があるという。その題によって、この詩はある特定の場の中に位置付けられる。『草堂詩集』地巻には、「左一の訃至り、喟然《きぜん》として作る」他の詩があり、数少ない親友に向けられた良寛の切実な思いを知ることができる。先の詩もまた、もともと良寛と左一という特定の人間関係の中で生まれ、その具体的な関係の中で息づいているのである。だが、固有名詞が切り捨てられ、雑詩の一連の中に投げ込まれるとき、その特定の人間関係そのものが消失する。「君」は左一という特定の個人であることを捨てて抽象化され、それに伴って作者もまた良寛という固有名詞を捨て去る。

だが、このような抽象空間に移されるということは、決して詩そのものの力を弱めることにはならない。むしろ固有名詞という名札を剝がされることによって、その名札の蔭に隠れていた主体そのものがむき出しに提示される。「君」も作者も無時間的な永遠の場に置かれる。このような抽象化の極限にあるのが『寒山詩』に他ならない。そして、このような形式においてはじめて理屈っぽい観念詩も生きてくる。

青陽　二月の初め　　物色　稍《や》や新鮮
此の時　鉢盂《はつう》を持し　　騰々として市廛《してん》に入る
児童忽ち我れを見て　　欣然として相将《ひき》いて来る

我れを寺門の前に要《むか》え　我れを携《たずさ》えて歩むこと遅々たり
盂《う》を白石の上に放《お》き　嚢《のう》を青松の枝に掛け
此《ここ》に于《おい》て百草を闘わし　此に于て毬子《きゅうし》を打つ
我れ打てば　渠且《かれしばら》く歌い　我れ歌えば　渠これを打つ
打ち去り　また打ち来たって　時節の移るを知らず
行人　我れを顧みて問う　曷《なに》に由って其れ此《かく》の如きかと
頭《こうべ》を低《た》れて他《かれ》に応えず　道《い》い得るも亦た何似《いかん》ぞや
箇中《こちゅう》の意を知らんと要《ほっ》すれば　元来祇《た》だ這《こ》れ是れのみ

毬つき良寛の面目が躍如としており、「我れ打てば　渠且く歌い／我れ歌えば　渠これを打つ」は、ほとんどそのまま和歌の長歌にも用いられている。だが、和歌の手毬歌と違うのは、最後が「行人　我れを顧みて問う」以下の理屈で締めくくられることである。和歌の手毬歌になじんだ眼からすれば、これはいかにもあらずもがなの蛇足である。だが、この場合、最後の六句がきわめて重みを持っている。それによって毬つきの具体的な事実が一気に抽象化されて、禅の境地として定位される。子供たちと毬をつく作者の行動は、「元来祇だ這れ是れのみ」という一点に集約され、ただちに時間を超越して唐代の祖師たちの行動とも同一次元に置かれるのである。

『寒山詩』を模し、百余首を一纏めにして抽象空間に移し去り、天帝と戯れる壮大な雑詩の実験は、おそらく自筆本『草堂歌集』天巻において極限に達し、その後再び詩の組み替えによってその極端さを緩めることになったのではないか。それが素人の一読者としての勝手な推測である。

(1) 自筆本『草堂歌集』は『墨美』二一〇・二一三(一九七一)に、原田勘平氏の訳注とともに写真掲載されている。なお、本稿では訓読は入矢義高『良寛』(『日本の禅語録』二〇、講談社、一九八八)による。
(2) 柳田聖山『沙門良寛』(人文書院、一九八九)、三二頁。
(3) 東郷豊治編著『良寛全集』二巻(東京創元社、一九五九)。特に下巻の解説参照。
(4) 下田祐輔「良寛詩集系統序説」(『国文学攷』一二五・一二九・一三五、一九九〇—九二)。この論文の存在は堀川貴司氏よりご教示頂いた。
(5) 入矢、前掲書、二〇頁。

IV

12　思想史の中の仏教

一、アジア

しばらく以前、『アジアから考える』(全七巻、東京大学出版会、一九九三—九四。以下、『考える』と略す)というシリーズが刊行され、アジア研究者、また、日本研究者に大きな刺激を与えた。それは非常に明確な理念と方法を持ってアジア学の現状を描き出したもので、戦後のアジア学の一つの集約であるとともに、今後に向っての礎となるべきものと言って過言でない。シリーズは全七巻からなるが、その構成は、①交錯するアジア、②地域システム、③周縁からの歴史、④社会と国家、⑤近代化像、⑥長期社会変動、⑦世界像の形成の各巻からなる。この構成を見ても、また、編者が溝口雄三・浜下武志・平石直昭・宮嶋博史の諸氏であることから見ても、全体の傾向として、歴史的、あるいは社会科学的視点に立つことが明白である。

他方、それより以前、『岩波講座・東洋思想』全十六巻が刊行された(一九八八—九〇。以下、『岩波講座』と略す)。こちらは、長尾雅人・井筒俊彦・福永光司・上山春平・服部正明・梶山雄一・高崎直道の諸氏の編で、全体の構成は、①②ユダヤ思想、③④イスラーム思想、⑤⑥⑦インド思想、⑧⑨⑩インド仏教、⑪チベット仏教、⑫東アジアの仏教、⑬⑭中国宗教思想、⑮⑯日本思想の各巻からなる。仏教が十六巻中の五巻を占めているのは、編者七名のうち、三名が仏教学者であることを反映したものか。いずれにせよ、この構成から見ても解る通り、こちらはもっぱら思想を扱うもので、対象や方法が異なるとはいえ、同じアジア（東洋）を扱いながら、先の『考える』とは全く異質の世界のように見える。なぜ、このような異質性が生まれたのであろうか。また、その中で仏教研究はどのように位置付けられるものであろうか。

以下、『岩波講座』と比較しながら、『考える』の方法を検討し、アジア研究の問題点をいささか考えてみたい。それによって、アジア研究の中で仏教研究がどのように位置付けられるかについて、いくらかのヒントが得られるであろう。

『考える』の理念・方法は、各巻の巻頭に付された編者連名の「刊行にあたって」に明白に述べられている。それによると、基本的な共通理解は以下の四点に整理できるように思われる。

1、アジア自体からの内的理解

「もっぱらヨーロッパと日本とから説明され、接近がなされてきたアジアを、それ自体として内側から構想しようとする。」

2、アジアとの関わりの中での日本の自己認識

「アジアの文脈のなかに日本を位置づける試みを通して、日本の自己認識が、アジアとのかかわりのなかでどのような歴史的展開を示したかを吟味したい。」

3、近代の歴史的意味を問う

「アジアの近代を再検討する文脈として、日本の近代をより巨視的な観点から相対化しようとする。」

4、地域的には東アジア・東南アジアを中心とする

「ただし、これに連なる要素として北東アジアや南アジア・西アジアをも含めようとしている。」

以上、四点を『岩波講座』と較べてみるとき、その視点の相違は明白である。『岩波講座』の方は編集方針を明らかにしていないが、その巻立てや収録論文の性質からすると、1の点は『考える』と共通すると考えられる。しかし、2に関しては、必ずしも日本との関係を考慮に入れずに、それぞれの文化圏での思想展開に意を用いている。また、3については、近代よりもむしろ古代・中世の思想に重点が置かれている。4については、東アジアよりもむしろ西アジア(①—④)、南アジア(⑤—⑩)に重点が置かれている。このように、その主要な特徴を見ただけでも、両者がまったく正反対の方向を志向していることが見て取れる。

ところで、1—4の特徴はきわめて明快に『考える』の問題意識を提示しているように見えるが、よく考えると、1—4の関係は必ずしも必然性を持っているとは言えないようだ。特に疑問に思われるのは、1と2、あるいは1と4が矛盾しないかという点である。確かに2と4とは矛盾しない。日本との関係で考えれば、東アジア・東南アジアが中心になることは理解できる。だが、「アジアをそれ自体として内側から構想」するとき、どうして東アジア・東南アジア中心になるのか。しかも、

「東アジア・東南アジア」と言いながら、論文の数から言うと、圧倒的多数が東アジア(日本も含めて)に関するものが多い。それが本当に「アジアをそれ自体として内側から構想」したものと言えるのであろうか。ヒンドゥーやイスラム世界は「アジアをそれ自体」として考えるとき、重要ではないのであろうか。誰が考えてもそれ抜きはおかしい。

思うにそれは2との関係であろう。2の観点は確かにもっともである。我々は日本という場からアジアを見ている。その主体の立場を忘れて、客観的な「アジア」なるものは存しない。どんな視覚もそれぞれの歪みを持つ。その歪みを自覚することこそ大事だ。だが、それならば、「アジアはこれまで、ヨーロッパを座標軸とする平面の上で動く一つの函数であったし、また日本から見てもやはり同様に日本を基準とし、比較や対比すべき対象としてのアジアに止まっていた」という批判されるべき過去の方法とどこが違うのか。

さらに悪いことがある。それは中華思想だ。もちろんインドにもインド中心主義があり、イスラムにもイスラム中心主義がある。しかし、日本と関連させた場合、日本中心主義の欠陥は直ちに解るが、そこから足を踏み出して、ようやく偏狭な自民族中心主義を脱したかと思うと、実はより始末の悪い中国中心主義に無自覚のうちに絡め取られてしまうのだ。日本の東洋史研究が中国史研究を中心に展開してきたことはよく知られているし、現在でもアジア学研究者のうち、仏教学というヌエ的な存在を除けば、中国研究者が圧倒的であろう。『考える』は果してそこから自由であっただろうか。そして、日本と関連しつつ、東アジア(そして、その次に東南アジア)を中心にアジアを考えるという視点は、『考える』の編者たちがもっともそこから脱したかったはずの、かの大東亜共栄圏の発想からどれだけ出ているのであろうか。むしろその点、『岩波講座』の方がよほど大胆に東アジア中心主義を脱しているのではないか。

もっとも、だからと言って、インドもイスラムも、さらにはユダヤ教まで、すべて平板に並べれば、そこにアジアが成り立ってくるというわけでもない。そもそも今日、アジアという概念の有効性は何なのか。言うまでもないことだが、アジア(東洋)という概念は、ヨーロッパ(西洋)から見るところに成り立った歴史的な概念である。そのことは『考える』の「刊行にあたって」でも明白に言われている。いわゆるオリエンタリズムの対象である。そして、それらの諸地域は帝国主義に対する民族主義の自覚という点で、確かに問題意識を共通にしえた。だが、それは今日でもなお全く無条件に有効な概念なのか。直ちにアジアという概念が解体されなければならないというわけではないが、少なくともその概念の自明性はもう一度問い直さなければならないのではないか。

次に『考える』で問題にしたいのは、第三の点、すなわち近代を中心に考えるという姿勢である。もちろん社会科学的な方法を中心にするとき、近代が中心になるというのは解らないではない。だが、アジアにおける近代は、一方でヨーロッパに発する特殊な「近代」をいかに受容し、またそれと闘うか、という問題であるとともに、重すぎるくらいに重い過去を引き摺って、それとどう闘い、またどう継承するかという問題でもあったはずだ。古代・中世のどうしようもない重さが解明されない限り、アジアの近代は語りえない。そしてその際、ここでもやはりイスラムやヒンドゥーの宗教的伝統を無視してアジアが語られるとは思われない。

思うに、そこには宗教的伝統に対する軽視がある。それは二つの理由が考えられる。一つは、社会科学の方法の中に宗教軽視がある。もちろんマックス・ヴェーバーのように、宗教を社会科学の中軸に織り込もうとした巨大な先蹤《せんしょう》はあるが、その後、特に日本の社会科学の主流は、おそらくはマルクス主義の影響もあるものと思われるが、宗教を軽視し、その影響力を無視して、政治・経済を語るという方向に進んだ。第二に、中国の伝統は知識人社会においては宗教を軽視するのが通例であり、中国を中心に見る限り、宗教は軽蔑すべきものでこそあれ、知識人が正面から論ずべきものとは考えられないことになる。『岩波講座』が中国を扱うのに、あえて「中国宗教思想」としたのは、そのような通説への痛烈なアンチ・テーゼである。だが、この場合も、だからといって宗教を中心に据えればそれでよいというものでもない。宗教が他の文脈から切り離されて過大に評価されるとすれば、それもまたおかしなこととなる。

さて、そこで仏教がどう位置付けられるかということになる。仏教については、『考える』の第七巻「世界像の形成」で扱われる。本巻は担当編者平石直昭の序の後、①中国古代の天人相関論(池田知久)、②中国における理気論の成立(溝口雄三)、③仏教の批判的考察(松本史朗)、④鎌倉仏教と民衆(大隅和雄)、⑤朝鮮朱子学と近代(金容沃)、⑥徳川思想史における天と鬼神(平石直昭)の七本の論文からなる。編者の序が「日本思想史の構想」と題されていることからも知られるように、この構成はあくまで日本思想史を理解するためという目的がはっきりしており、必ずしもアジアの思想を総体として理解することが目指されているわけではない。

それにしても、そのうち仏教に関する論文が二本というのは、かなり大きく扱われていることになる。だが、この場合も仏教が取り上げられればよいというわけではない。松本論文も大隅論文も優れたものではあるが、必ずしもそれで仏教の思想史における位置付けが明白になったわけではない。特に松本論文は従来の仏教学へ果敢な挑戦を続けている氏の力作であり、従来仏教的と考えられてきたものが、多く非仏教的な発想に基づくものであることを明らかにしているが、そのことは、まさに仏教と非仏教の関わりこそが思想史の課題となることを示している。だが、まさにその肝心のところがここでは抜け落ちてしまっている。

この点、編者の平石の問題設定にいささかの疑問があるように思われる。氏は「日本史上には四つの重要な思想傾向を見出すことができ」るという。四つというのは、(1)「国体」思想、(2)「天道」思想、(3)普遍的な救済宗教、(4)現世利益的・呪術的諸教義である。氏は(3)として聖徳太子から鎌倉新仏教の祖師に至る系譜とキリシタンの宗教運動を考えている。それに対して、「日本ではるかに有力だったのは」第四のタイプの宗教であり、特に「戦国期から近世初頭にかけての思想史は、とくに普遍宗教の犠牲のもとに、残り三つが癒着するという形で展開した」という。だが、それ程明白に(3)と(4)が分かれるものであろうか。現世利益的・呪術的なものとまったく無関係に「普遍的な救済宗教」があると考えるのは、一時代前の誤った常識の残滓ではないのか。そのことによって、仏教が思想史の中に生きた形で組み込まれず、抽象化され、理念化され、何かきわめて特殊な領域で純粋に「普遍的な救済宗教」として存在するかのような幻想を生み出すことになってしまった。

思想史の中で仏教が実際にどのような位置を占めるのか、それを見定めるのは決して容易でない。それには仏教だけを特殊なものとして抽出するのでなく、他思想・他宗教との関わりの中に置いてみるのでなければならない。『考える』はヒンドゥー教や道教や神道の位置付けを明白にしえなかったことによって、仏教をかなり大きく取り上げながら、結局その位置付けを十分に明らかにしえなかったように思われる。

二、日本

丸山真男の論文「歴史意識の「古層」」(『丸山真男集』一〇)は、もっぱら近代化の問題を扱ってきた丸山が、はじめて本格的に古代思想に挑んだ論として広く注目を浴びたものである。これは、『日本の思想』6「歴史思想集」(筑摩書房、一九七二)の解説として記され、『忠誠と反逆』(筑摩書房、一九九二)に再録された。この論文では、記紀神話(特に『古事記』)冒頭の宇宙生成神話を取り上げ、その分析を通して、日本の歴史意識の「古層」を解明しようと試みられている。すなわち、

> 主としていわゆる記紀神話、とくにその冒頭の、天地開闢から三貴子誕生に至る一連の神話に、たんに上古の歴史意識の素材をもとめるにとどまらず、そこでの発想と記述様式のなかに、近代にいたる歴史意識の展開の諸様相の基底に執拗に流れつづけた、思考の枠組をたずねる手掛りを

見よう。

というのである。

ここで、まず問題になるのは、なぜ「古層」が問題とされるのかということである。「古層」論文の背景や周辺的な問題を知るのには、慶応大学内山秀夫研究会特別ゼミの記録「日本思想史における「古層」の問題」（『丸山真男集』一一）における丸山の発言は有益であるが、この問題については、次のように言っている。

> 日本思想史において主旋律となっているのは、教義となったイデオロギーなんです。……「儒教」「仏教」を含めて全部これは外来思想なんです。……それでは日本的なものはないのかというと、ちゃんとした教義をもったイデオロギー体系が日本に入ってくると、元のものと同じかというとそうでなくて必ず一定の修正を受ける。その変容の仕方、そこに日本的なものが現われているのではないか。……それを見ていきますと、そこに共通したパターンがあり、それが驚くべく類似しているんです。それが「古層」の問題なんです。だから、「古層」は主旋律ではなくて、主旋律を変容させる契機なんです。
> （『丸山真男集』一一、一八〇頁）

ここで言っていることは、ある意味ではきわめて常識的なことであり、一見すると、ほとんどそのまま認めてよいように思われる。外来思想が日本思想史の主旋律をなしていること、しかもその受容の際に「必ず一定の修正を受ける」ことは確かに間違いない。だが、もう一歩立ち入ってみると、ここにすでにいささかの疑問が提示される。

第一に、それほどはっきりした「共通のパターン」を抽出できるかということである。確かに漠然と何か共通性がありそうな感じはする。しかし、古代における仏教受容から近代におけるマルクス主義受容にまで共通する何かを、はっきりと学問的手順を経て抽出できるかというと、それほど自明ではない。

第二に、もし仮にそのようなものが想定できるとしても、「古層」があくまで外来思想受容のパターンの問題であるならば、「古層」そのものはそれ自体として実在するものとは言えないであろう。だが、それが記紀の冒頭の神話に明確に提示されるとすれば、それは単に「主旋律を変容させる契機」であるに留まらず、それ自体顕現化した思想と言わなければならない。

だが、なぜ記紀の冒頭神話にこだわるのか。「古層」論文に言う。

> 天地初発(……)の神話は、皇祖神および大和朝廷の有力氏族祖神の誕生と活躍への前奏曲をなし、そこでの神話全体が、……そのまま第一代神武以下、歴代天皇を中心とする、いわゆる「人代」史に流れ込むように叙述されている。宇宙発生神話をふくむ民族神話が右のような形で、一貫した「歴史的」構成のなかに組みこまれているのは、国際的に見てもきわめて特異である。

> より端的には、「なぜ皇室統治の正統性《レジティマシイ》が、天地開闢→国生み→天孫降臨→人皇という時間の流れの中で、しかも系譜的連続性という形で行われたのか、そこに伏在する思考のパターンが問題なのである」と言われている。

すなわち、ここで問題にされているのは、実は丸山が一貫して追い続けてきた天皇制の問題、それも神に由来し、万世一系を主張する近代の天皇制の問題である。その点の問題意識も明瞭に表明されている。

右にいう「古層」は、直接には開闢神話の叙述あるいはその用字法の発想から汲みとられているが、同時に、その後長く日本の歴史叙述なり、歴史的出来事へのアプローチの仕方なりの基底に、ひそかに、もしくは声高にひびきつづけてきた、執拗な持続低音(basso ostinato)を聴きわけ、そこから逆に上流へ、つまり古代へとその軌跡を辿《たど》ることによって、導き出されたものだからである。

だが、「直接に」開闢神話そのものの分析から出てくるものと、その後の歴史展開を遡って出てくるものと、それほどうまく、いわば予定調和的に合致するものだろうか。その点、やや安易に過ぎるのではないか。この危惧は不幸にも的中する。丸山は具体的に神話の分析から、「なる」「つぎ」「いきほひ」という三つの基底範疇を抽出する。いまその詳細には立ち入らないが、全体として必ずしも分析は成功しているとは思えない。近代の問題に対してあれほど明晰な分析をなし得た丸山がどうして、と思うほど陳腐である。しかもその陳腐さは、まさに丸山が常に批判の矛先を向けていたはずの皇国史観の発想ときわめて接近することによって、危険でさえある。丸山自身その近似性を認めている。

江戸時代の神道系思想家から、昭和の日本精神論者まで、「なる」と「うむ」とを基本範疇とした日本主義の哲学あるいは解釈学には事欠かない。……けれども、漢籍や仏典や西洋哲学の「洗礼」を受けながらも、彼等が懸命にそれらと異なる何ものかを日本的思惟として嗅ぎ分けようとした跡には、……ある種の直観から出た真実が含まれており、必ずしもすべての立論が荒唐無稽とはいえない。

なぜこのように日本主義者と意見の一致を見ることになったのか。彼らの立論が正しいからなのだろうか。むしろ丸山もいわばミイラ取りがミイラとなって、彼らの発想の落し穴に落ち込んだのではないか。万世一系の天皇制を記紀神話に基づけて合理化し、正統化しようとしたのはまさに近世以来の日本主義者の方法であり、その自覚的、あるいは無自覚的な基底範疇として「なる」「つぎ」「いきほひ」の三つを提示することは、確かに可能であろう。だが、そのことは直ちにそれが「古層」であり、「持続低音」であるとは言えないはずだ。

確かに丸山は一応記紀神話そのものの解明という方法を取っているように見える。だが、丸山のような形の天地開闢神話の分析が適当なのか。彼は、記紀神話の分析に歴史的な解明や祭儀の面からの検討という方法があることを認めた上で、そのような方法を捨てる。しかし、単なる伝承の文字化でなく、ある歴史的段階での創作を多分に含むことが明白となっている文献に対して、その歴史性を無視することは、どのように強弁しても手続き上の不備である。また、なぜ冒頭神話のみを対象として「古層」を抽出するのか。神話全体の構造を論じようというのならばまだ解る。だが、冒頭の神話は、まさに冒頭であるからこそ、編纂時の変形をもっとも受けていると考えなければならず、そこに「古層」を見ようというのは、余りに無理がある。

丸山は結局、近世以来の日本主義者の記紀解釈を受けながら、その原型を記紀そのものに見ようとしている。これは結論の先取りだ。日本主義者の解釈に従って記紀を見れば、そこに日本主義に連なる「古層」が見えてくるのは当然である。ただ、日本主義者が自らの源泉を古代に求めたのに対して、丸山はそれへの批判的な立場から、その根深い根源を「古層」に求めたのである。だが、日本主義者たちが付けたのと同じ道をたどって古代へと進んだために、皮肉なことに、丸山の見た古代は日本主義者の見た古代と重なってしまったのだ。

おそらく丸山には深い絶望があったのではないか。丸山による鋭利な日本の近代の分析は、その歪みをきわめて明快にえぐり出した。そして、戦後の進歩派の運動に携わることによって、彼は日本がその歪みを克服して、よりよい方向へ向かう希望を持ったにちがいない。だが、それに失敗したとき、彼はその歪みが簡単に矯正のいくものでなく、実はきわめて根深いものであることを思い知らされたにちがいない。その歪みの源流を、たやすく変えることのできない「古層」として位置付けたのは、一つにはこのような絶望によるものと思われるのである。

だが、近世・近代の研究者であった彼が、一気に古代に跳ぶのは余りに早急すぎた。古代から近代までの一貫性というのは、それこそ一つの神話でしかない。

> われわれの「くに」が領域・民族・言語・水稲生産様式およびそれと結びついた聚落と祭儀の形態などの点で、世界の「文明国」のなかで比較すればまったく例外的といえるほど等質性《ホモジエニティ》を、遅くも後期古墳時代から千数百年にわたって引き続き保持して来た、というあの重たい歴史的現実が横たわっている。

民族の一貫性というあの神話に、丸山もまた絡め取られているのだ。思想史とは、そのような神話のもとに、「民族に一貫せる精神」をアクロバット的に取り出すことではなく、むしろ微細な資料にこだわることによって、その神話の虚構を抉り出し、くつがえす作業ではないのか。

近世・近代から遡るとすれば、まず中世が問題にならなければならないはずだ。それが、一気に古代と近世・近代を結んだために、中世は単なる通過点にすぎなくなってしまった。しかし、例えば近世の国学や神道論にしても、それ以前の中世的解釈への批判として成り立つのであり、それには中世的な神話論の分析へと遡るのが穏当な方法だ。まず仏教と神道が絡み合う中世の迷路が解明されなければならない。

丸山は牢固たる「日本的なるもの」の源流を遡ろうとして、日本主義者と同じ「古層」の罠にかかった。だが、それと逆の場合もある。顕密体制論によって中世宗教史への展望を開いた黒田俊雄は、「神道」の語義を歴史的に解明することによって、「民俗宗教ないし習俗として〝神道〟なるものを超歴史的に想定することの一面性と、それを基軸に構想された宗教史の全体構造の虚偽性を明らかに」(『日本中世の社会と宗教』、岩波書店、一九九〇、五七頁)しようとする。そして、「日本の民族的宗教」としての神道の成立を「国学から国家神道」にまで引き下ろす(同、四四頁)。それによって「民族的宗教」としての神道の根の浅さを暴露しようというのであるが、今度は丸山とは逆に余りにそれを浅く見すぎてはいないか。少なくともその源流は中世において十分に捉えられるものではあるまいか。

思想史における「日本的なるもの」の見定めは、かく困難が付きまとう。そこには研究者の冷静な判断を失わせるほどの何かがあるようだ。それに適切な位置付けを与えるためには、仏教との関わりなど、まだまだ解明しなければならない問題が多すぎる。性急な結論は戒めなければならない。

三、仏教

社会学者大村英昭の近年の大胆な発言は、仏教に関心を持つ研究者にとってきわめて刺激的だ。戦後の社会科学が、マルクスとヴェーバーの路線を正統として、実践的には進歩派知識人の運動として結実したのに対して、大村は正面から挑戦する。前項で論じた丸山真男はこのような戦後社会科学者=進歩的知識人の旗手であり、第一項で取り上げた『アジアから考える』は、そのアジア版の集大成と言える。戦後の社会科学的発想は、ヴェーバー流のプロテスタンティズム評価を除いて基本的に宗教を軽視するが、その中にあって、親鸞ならびに浄土真宗は例外的に高い評価を受けた。それには二つの理由が考えられる。

第一に、親鸞が反権力的、民衆的と考えられ、それがマルクス主義者をはじめとする進歩的知識人にも共感をもって受け止められた。また、その後の真宗門徒を中心とする一向一揆は、民衆による一種のコミューン的なものと考えられた。第二に、真宗の信仰にはヴェーバー的なプロテスタンティズムに通うものがあると考えられた。すなわち、そこに合理的な禁欲精神が見られ、それが日本の近代化に通じたという評価である。

こうして確立した真宗評価を大村は真宗ピューリタニズムと呼び、それに対して、自ら主張するところを真宗カトリシズムと呼ぶ(以下、大村の説は、『現代社会と宗教』、岩波書店、一九九六、第六、七章による)。真宗ピューリタニズムは、親鸞精神を持ち上げる一方、民衆の生活に根差した伝統を軽視する。その近代的解釈が風靡することによって、「現場なき教義」が「教義なき現場」から乖離し、かえって両者は相互補完的に共存することになったという。それに対して、後者の方向を教義化してゆくことによって、「民族のこころ」が包摂された新しい真宗のあり方が可能になるという(同書、一六〇―一六二頁参照)。

大村の指摘は、確かに近代、特に戦後の親鸞論、真宗論の核心を突いている。それがきわめて一面的で批判すべき面を持つことはまったく同感である。しかし、それを全面否定できるかというと、それではまた逆の極端に突っ走るだけになる。

我が派以上に気の毒なのが、〝ご隣山〟大谷派の内紛だったろう。「親鸞精神」をかかげた改革派が、ある種の成果(事実上、大谷家の追い出し)をおさめられた矢先、世間一般の風潮は保守化こ、、、となかれ主義へ雪崩《なだれ》をうっている有様、今となれば、かえって若い僧侶の間にひどいしらけムードをただよわせる結果になっただけ、と見て間違いあるまい。(同書、一五九頁)

確かに大谷派の内紛は、よそから見てもいかにも奇妙なところがある。しかし、世が「保守化ことなかれ主義」になり、「しらけムード」がただよったからといって、それが改革運動を否定する理由になるのであろうか。氏の言うところは、時流に乗るのが正しい思想で、流行遅れになるような思想は駄目だというのであろうか。清沢教学の流れは、確かに今日では批判すべき点も少なくないであろう。しかし、たとえそれを批判するとしても、近代の中で格闘したその思想の果した役割は正しく評価しなければならない。過去の思想を批判的に継承することなく、単に拒絶するだけでは、真の思想の発展は考えられない。

大村が提起した一つの問題は、神仏習合の評価である。従来、親鸞および真宗に対する評価の一つとして、神仏習合の態度を取らず、純粋な阿弥陀仏信仰を維持したという点が挙げられてきた。特に戦後、神道への拒絶反応の強い時代に、この点が親鸞評価の一つのポイントとなった。だが、その後、神仏習合と神仏分離の研究が進むにつれ、神仏習合の方が民衆の間に定着していた思想であり、神仏分離はその民衆の心情を踏みにじって、明治政府によって強引に推し進められた強権的な政策であったことが明らかになった。そうとすれば、かつて評価されてきた真宗の神道拒否はまさにこの神仏分離の楯の裏側ではないのか。大村は言う。

> まず為政者レベルに浸透した排仏派の国学が、知識人一般の啓蒙主義とも相俟って、神仏習合より成る「心の習慣」を、次第に挟撃するような事態になっていくこと。呼応して、危機感を募らせた浄土真宗の僧侶の間からは、むしろ神道色の払拭を目指して同じ啓蒙主義が、いわば真宗ファンダメンタリズムの形をとって噴出してくること。この二つの動向が、いずれにせよ、それまで庶民の人生全般を安定させていた「聖なる天蓋」を揺るがし、亀裂を生じさせていったことは想像するに難くない。
>
> （同書、一九六頁）

戦後の進歩的な親鸞解釈、真宗解釈もまた、実は明治政府の強権的な神仏分離策の延長上にあるということ、それはきわめて皮肉な結果と言わなければならない。だが、この場合も、だからといって無定見な神仏習合がいちばんいいのだという短絡的な結論に至るとすれば、きわめて危険なことである。強権的な分離か、無定見の習合か、その二つしか選択肢はないのであろうか。確かにその二つの解決は明快である。しかし、神仏習合と神仏分離の歴史をきちんと押さえていけば、ことはそれほど単純でないことは直ちに理解できるであろう。複雑に絡み合った歴史の糸を丹念にほぐし、そこから未来への展望を開くこと、それは決して容易ではないが、思想史の研究者にとって避けて通れない課題である。

以上、本稿では、仏教研究の周辺的なところにある、主として社会科学的な思想史研究の動向の一端を見てきた。多少批判がましい見方になったが、しかし、それ以上に問題は、仏教研究を「仏教学」という枠の中に閉じ込め、より広い諸学との関わりに意を用いない仏教研究者の側にあるのではないだろうか。確かに仏教学は長い伝統と、確固たる方法があり、一つの学問領域であることは間違いない。その伝統を否定するつもりはまったくないが、しかし、仏教は仏教だけ孤立しているのではなく、常に社会の中にあり、また、他の思想宗教と関連しつつ展開しているのである。その事実に目をつぶり、かたくなに「純粋な仏教」にこだわる限り、他の領域の研究者の仏教に関する誤解をあげつらう資格はないと言わなければならない。

13　神仏論序説

一、いかがわしさと危うさ

――そう　むごたらしい戦いでした　宗教戦争はいつもむごいのです　そう　人間というのは何百年何千年たっても　どこかで　いつも宗教のむごいあらそいをおこすんです　きりがないのです　とめようがありません

――きりがないって？　なぜなんですか？

――それはねえ　宗教とか人の信仰ってみんな人間がつくったもの　そしてどれも正しいの　ですから正しいものどうしのあらそいは　とめようがないでしょ

――あの侵略者の仏教を正しいっていうのか　おれはだんじて正しいとは思わないぞ!!　絶対に!!

――わるいのは宗教が　権力とむすばれた時だけです　権力に使われた宗教は　残忍なものですわ　人間の権力は……人間自身の手でなくすもの……　だから私は　見ているだけ

（手塚治虫『火の鳥』太陽編）

新来の侵略者仏族に対して在来の霊界の存在である狗族を守ろうとする主人公犬上に向かって、火の鳥は醒めた目つきでこう諭す。未完に終った大作『火の鳥』の最後となった太陽編は、これまでの諸編と打って変わってペシミスティックな色合いが強い。壬申の乱(六七二)と二十一世紀の近未来を往復しつつ、遠い過去においても、未来においても、同じように宗教は権力と結びつき、人々はそのために残忍な血を流す。侵略者、抑圧者からの解放と思われていた戦いは、実は新しい侵略者、抑圧者を生み出す結果をもたらすに過ぎない。たとえ宗教が権力から離れようとも、宗教そのものが新たな権力として個を圧迫する。それならば、永遠に権力から自由な宗教はありえないのではないか。

太陽編で注目されることの一つは、ここでは仏教が悪役に回っていることである。新来の仏教が土着の産土《うぶすな》の神々を圧倒してゆくさまは、霊界の戦いとして描かれる。仏族は権力と結びつつ、強大な力をもって、狗族などの在来の霊界の存在を駆逐し、滅ぼしてゆく。作者の共感は滅ぼされる側にある。犬上は狗族に味方しつつやがてそこを離れ、千年以上を経て再び狗族の長の娘マリモと出会い、結ばれる。

もちろん産土の神々とそれを支える村落共同体を余りに理想化するのは誤りであり、それが中央集権的な国家に移行し、それに相応する宗教が要求されるのは当然である。しかし、それが例えば民族宗教から世界宗教へというような単純な図式で正当化されるものでもないし、新来の宗教が土着の宗教より必ず優れたものとも言えない。仏教の制圧が綺麗事で済まなかったのも間違いない。仏教としてもっとも純粋な信仰の立場に立つといわれる真宗は、他面でもっとも強力な民俗信仰の破壊者でもあったのである。

仏教だからといって常に正しいということはできない。仏教もまた、さまざまな悪に手を染めつつ展開してきたものである。自らの内なるいかがわしさを自覚することは不可欠である。自分は絶対に正しいと思い込むことほど危険はない。「正しいものどうしのあらそいは　とめようがない」からである。

ところで、宗教と権力というと、我々の時代に身近なものではただちに国家神道の問題が思い浮かぶ。今日なお神道界は国家神道の呪縛から自由でない。神道が国家神道から離れてどのようにして可能か、当然起きなければならない問題が余りに等閑視されすぎている。

敗戦後まもなく、国家神道の解体によって意気消沈した神道界に向かって、折口信夫は矢継ぎ早に情熱を込めて新しい神道の確立を訴える文章を発表した(1)。「神道の友人よ」(一九四七)、「民族教より人類教へ」(同)、「神道宗教化の意義」(同)、「神道の新しい方向」(一九四九)などである(いずれも『折口信夫全集』二〇所収)。それらは、国家神道の解体により沈黙を余儀なくされた神道界の暗鬱とは逆に、むしろ初めてこれから真の神道が作られるのだという希望に満ちた、そしてまた神道界を鼓舞する内容のものであった。例えば、彼は言う。


神道にとつては只今非常な幸福な時代に来てゐる。かういふ言ひ方は決して反語ではない。正しい姿を今まで発揚しなかつたのを、今になつて発揚させようとする希望が湧いて来てゐるからである。

（「民族教より人類教へ」）

では、何が神道の「正しい姿」なのか。

私は思ふ。神道は宗教である。だが極めて茫漠たる未成立の宗教だと思ふ。宗教体系を持つこと久しい、神話であつたと思ふ。だから美しい詩であつた。其詩の暗示してゐた象徴をとりあげて、具体化しようとした人が、今までなかつたのである。

(「神道の友人よ」)

神道は今まで幾多の難関を経て来たが、宗教としての神道は非常に若いといへよう。極端にいへば本年は二歳とも言へるかも知れない。……我々は、これから大決心と深い情熱とをもつて神道宗教の建設に向ふところであるからだ。

(「民族教より人類教へ」)

敗戦に伴う神道宗教化こそ折口の望む方向であった。今までの神道は、単に国家神道の形態のみならず、それ以前まで含めて、宗教でありながら、宗教として未成立のものであった。それがいま初めて宗教として歩み始める端緒をつかんだのである。折口の語る新しい神道の理念は、これまでの神道史すべてを前史とするスケールの大きなものであり、それを語る折口の口調は予言者のような情熱を持っている。

われ〳〵は、日本の神々を、宗教の上に復活させて、千年以来の神の軛《クビキ》から解放してさし上げなければならぬのです。

(「神道の新しい方向」)

折口を除いて、誰が自信を持ってこのように言いえたであろうか。

折口にとって、神道がもっとも栄えたかに見える国家神道の時代は、神道の宗教性を忘れ、神道を倫理として極限化した時代であった。

神道の根柢も枝葉も倫理である。研究の窮極も此であり、方法もやはり此である。資料もやはり倫理以外のものではない。かうした考へ方で、私どもは神道の学的生活を営んで来なかつたか。時としては、目的が方法であり、方法が目的であることもあつた。そこへ割り込んで来たのが、今まで数回くり返された日本社会倫理化運動とも言ふべき政治行動であつた。／……けれど近代の神道家は――殊に神道の宗教儀礼伝承者たる私どもは、簡単に官吏に列すべきものではなかつたのだ。宗教家は政治家ではない。まして政治行動の力役者なる官吏となつてよいわけはなかつた。

（「神道の友人よ」）

では、神道の宗教化はどのようにして達成されるのか。

私どもの情熱が、何時になつたら、その私どもの情熱を綜合して、宗教神道を、私どもに与へてくれる教主の出現を、実現させることが出来るか。その時こそ、私ども神道宗教儀礼伝承者の生活を、一挙に光明化してくれる――世の曙の将来者の来訪である。

（同）

こうして折口の神道宗教化論は、教主待望論にまで至るのである。

だが、折口の理想は、その後五十年を経てどれだけ実現の方向へ進んだであろうか。今日、折口の言うように、教主の出現によって一気に神道が宗教的に確立するという可能性はほとんど望めない。神道は国家の庇護を離れても、依然として宗教と非宗教のきわどい境界線を進みつつ、あわよくば国家神道時代の再来を待望しているかのように見える。折口の理想は所詮夢想にすぎなかったのか。

最近刊行された安蘇谷正彦『神道とはなにか』(2)は、篤実な研究者による穏当な概論であるが、最初に「なぜ日本人は神道と密接な関わりをもちながらも、神道を信じるという次元では捉えられないのか、また神道とは何かについて言葉によって説きにくいのか」(同書、一四頁)という二つの問いを掲げ、それに対して、三つの理由を挙げる。

第一に神道は教典や定まった教義を持っていない。第二に神道は、日本人の生活様式の構成要素であったため、神道との関係は無自覚であったこと。……第三に神道の長い歴史においても、神道信仰の言葉化は極く限られた人々の営みであり、神職も神道を一般の日本人に積極的に説こうとしなかった。……
(同書、二一頁)

第一点、第三点も結局第二点の神道が「日本人の生活様式の構成要素」であったことに帰着しよう。それ故に、定まった教義も必要としなかったし、ごく一部の人を除けば言葉化し、理論化する必要もなかったのである。だが、この方向を押し詰めると、神道習俗論とも呼ぶべきものに行き着く危険は大きい(安蘇谷は慎重にその問題を回避しているが)。神道が生活様式であり、習俗であるならば、通常の宗教の範疇に含みえないものになる。神道習俗論の危険は、それ故それは非宗教であり、従って国家によって護持されても宗教の自由に抵触しないという主張に連なる点である。それでは国家神道の再来である。その理論のどこがおかしいのか。

第一に、たとえ個別的には習俗であっても、「神道」として統合されるとき、それはもはや習俗と言い逃れることはできない。それは折口の言うように「未完成の宗教」であるとしても、やはりそれを統合する原理を持った「宗教」の一部とみなされなければならないであろう。

第二に、「日本人の習俗」「日本人の生活様式」という言い方で「日本人」を一纏めにし、「すべての日本人」に適用するものとして全称命題化することはできない。たとえ大多数の日本人が無自覚的に関わっていても、ただちにそこから「日本人であれば誰でも関わらざるを得ない宗教」(安蘇谷、同書、二〇頁)と言うのは無理ではあるまいか。まして、それを受け入れない人がいたとき、「日本人だから受け入れないのはおかしい」という論理にまで至れば、恐るべき強制である。

思うに、神道は折口の待望するような「教主」が出現しなくとも、宗教として自覚し、自立することが不可欠ではあるまいか。無自覚的な生活様式や習俗に頼り、さらには国家権力に依存するとしたら、それは自らの首を絞めるだけのことである。日本の宗教の問題は、しばしば余りに曖昧のまま捨て置かれたように思われる。その曖昧さゆえ、権力によって都合のいいように曲げられ、利用されることを許してきたのではなかったか。例えば、神仏関係一つ取っても、理論のない無責任な馴れ合いの習合か、さもなければ一方的な排撃か、そのいずれかに留まっている。そのいずれでもなく、神仏が関わり合うことはできないのか。時代そのものが急速に変りつつあり、習俗の自明性が通用しなくなりつつある今日、考え直さなければならない問題は大きい。

とはいえ、筆者にもその問題に正面から答える準備はない。本稿は筆者なりにその問題を考えてゆくための、序論のまた序論であるにすぎない。

二、篤胤と仏教

1、篤胤の立場

神道からの仏教批判は数多いが、ここでは神道思想のひとつの頂点であり、もっとも強力な仏教批判者と考えられている平田篤胤の場合を見ることにしよう。(3) それによって神仏関係をもう一度考え直してゆく糸口としたい。

まず、篤胤の基本的立場を『古道大意』によって見ておこう。本書は文化八年(一八一一)、または同十年頃の成立で、古道を学ぶ古学・古道学の概論であるが、古学・古道学とは、「古《イニシ》へ儒仏ノ道、イマダ御国へ渡リ来ラザル以前ノ、純粋ナル古《ヘ》ノ意《コヽロ》ト、古《ヘ》ノ言《コトバ》トヲ以テ、天地ノ初《メ》ヨリノ事実ヲ、スナホニ説考《トキカンガ》へ、ソノ事実ノ上ニ、真《マコト》ノ道ノ具ツテアル事ヲ、明ラムル学問デアル」(『平田篤胤全集』八、一五頁)。それは特に『古事記』に記されているものであり、その神話論へと展開してゆくが、ここでは立ち入らない。

ここで注目されるのは、基本的な立場は宣長から受け継ぎつつも、宣長の文献学的な方法からはうかがえない壮大な学が意図されていることである。例えば、儒学・仏学と較べて、「御国スナハチ我国ノ学問ホド、大《キ》イ物ハナイデゴザル」(一四頁)と言われる。何故かと言うと、まず「儒者ニ比ベテハ、出家ノ方ガヨツポド広イ」。その理由は、仏経の方が儒教の聖典よりもはるかに多いばかりでなく、「儒者ハ、仏書ヲヨマンデモ、事ガ欠《カケ》ヌニ依テトント読ズ、……僧徒ハ其《ソレ》ト事カハリ、儒者ノオモト見ル書物ヲバ、子供ノ時カラ、文字ヲ知ル為ニヨンデオク。又詩モ漢文モ、儒者ト同ジヤウニ作リモスル」からである。しかし、御国の学はそれ以上に広い。

其道〻ノコヽロト事トガ、尽ク御国ノ学ビ事ニ混雑シテ、……ソノ混雑ヲ具《ツブサ》ニ分ネバ、真《マコトノ》道ノ有ガタキ所モ顕レズ、其コンザツヲヨリ分テ、真ノ道ノ害トナルコトヲ、イヒ顕サウトスルニ付テハ、ヨク先ノ事ヲ知ラネバ言ヘズ。……タトヘバ僧徒ヲ諭スニハ、仏書デ言フトギウノ音モ出ズ。儒者ヲサトスニハ、儒書デ論ズレバ、猫ニ逐レタ鼠ノヤウニ畏《カシコ》マル。然レバ御国ノ純粋ト正キ道ヲ得ヤウトスルニハ、此《コヽ》ニ心得ナクテハ叶ハヌコトデゴザル。殊ニモロ〳〵ノ学問ノ道、タトヒ外国ノ事ニシロ、御国人ガ学ブカラハ、其ヨキコトヲ撰ンデ、御国ノ用ニセントノコトデゴザル。サスレバ実ハ漢土ハ勿論、天竺、阿蘭陀ノ学問ヲモ、凡テ御国学ビト云テモ違ハヌ程ノコト、即コレガ御国人ニシテ、外国ノ事ヲ学ブ者ノ心得デゴザル。　（同書、一四―一五頁）

篤胤の学が儒学・道教・仏教から蘭学にまで及ぶことができたのは、この故である。すなわち、一つには論破の対象として、一つにはその中の「ヨキコト」を「御国ノ用ニセント」するがためである。

では、具体的にその学はどのように展開するのであろうか。例えば、「我御国ハ、天神《ツ》ノ殊ナル御恵ニ依テ、神ノ御生ナサレテ、万ノ外国等トハ、天地懸隔ナ違ヒデ、引比ベニハナラヌ、結構ナ有難イ国デ、尤《モツトモ》神国ニ相違ナク」（同書、二九頁）とする点は宣長とも大差ないが、宣長が、「外国には皆、神代の古伝説を失へる」（『玉くしげ』）とするのに対して、篤胤は、「ナント御国バカリデ無ク、諸ノ外国ニ、人ダネノ生《デキ》タルノモ、又悪イナガラモ国ラシクナリ、夫〻ニ物ノ出来タルモ、皆此神ノ御霊ニ因ルコトデ、其証拠ニハ、其国〻ニ、各〻ソノ伝ヘガ有ル」（『平田篤胤全集』八、三三頁）として、唐の上帝・天帝・皇天や天竺の大梵自在天・梵天王など、みな産霊神のことであるとする。こうして不完全ながらも比較神話学とも言うべきものの端緒が開かれるのである。

こうした立場から、篤胤は蘭学の成果をも採り入れ、その世界観は伝統的なインド・中国・日本という三国観を超え、五大陸に及ぶ世界へと視野が開かれた。

> 扨其大地球ニ有ル国ヲ、五ニ分テ、第一ヲアジヤト云ヒ、第二ヲエウロッパト云、第三ヲアフリカトイヒ、第四ヲ南アメリカト云ヒ、第五ヲ北アメリカト云フ。凡テ是ヲ五ツノ大国トイヒ、又是ヲ以テ五大州トモ申スデゴザル。御国、モロコシ、韃靼、天竺ナドハ、此第一ノアジヤト号《ナヅ》ケタル大国ノ内デ、サスレバ、御国カラ韃靼天竺ナドヲ合セタル程ノ国ガ、マダ四ツ有《アラ》ウト申スモノデゴザル。 （同書、五七頁）

とアジアの相対化にまで至るのである。『印度蔵志』のような膨大かつ精密な研究が成されたのも、こうした大きな展望のもとに理解されなければならない。

2、仏教批判

篤胤の仏教に対する基本的な観点は、『鬼神新論』に次のように述べられている。

> 凡て世の中の事は善も悪きも、本は神の御所業によれる事にて、仏道の行はれ、仏神の参渡《まいわた》りて、

其を祭る風俗《ならわし》となりたるも、本は神の御心に因れるにて、則公ざまにも立置る、事なれば、是も広けき神の道の中の一ノ道なり。かくて、仏すなはち神なれば、時世に祭る風俗《ならわし》のほど〳〵に、礼《いや》び饗《あえ》しらひ、また由縁ありて、心の向はむ人は、祭もし祈言《のみごと》をせむも、咎むべき事には非ずかし。然《さ》れど真の道の趣を悟《さと》りたらむ人は、……外蕃《とつくに》の仏神などに、ひたすら心の向きて、尊み忝《かたじけな》むべきに非ず。　（『平田篤胤全集』九、三九頁）

この言い方は篤胤の厳しい仏教批判を予想するとき、やや穏健に過ぎるようにも見える。しかし、「善も悪きも、本は神の御所業」と言われるように、悪であっても一応認めなければならないわけである。「仏法すなはち神の枝道にて仏すなはち天竺の神なり」（同書、三七頁）と言われるように、仏教も神道の大きな枠の中で考えられることになる。

ところで、篤胤の仏教批判は『出定笑語《しゅつじょうしょうご》』においてもっとも纏まった形で提示されている。本書は、全三巻で、それに付録二巻が付せられている。本巻の方は、まず①インドの風土の問題から釈迦の伝記に展開し、②次に経典論、③その後に仏教東伝の問題を論ずる。③を除くと、篤胤自身記すように、全体として富永仲基の『出定後語《しゅつじょうごご》』及びその影響下に書かれた服部天游の『赤《せき》倮《ら》倮《ら》』の影響が大きく、その論述内容は必ずしも独創的と言えないところが多い。また、経典の文句を取り上げて、その矛盾や非合理性を突くという方法を取るため、一部を除くと、必ずしも理論的に仏教を論破しているわけではない。しかし、最後の部分はかなり興味深い理論的問題が提起されている。付録は、①まず必ずしも体系立てずに、随想的に仏教のさまざまな矛盾を取り上げて論破し、②その後、神敵二宗論と題して、特に浄土真宗と日蓮宗を取り上げて批判している。この二宗への批判は厳しいが、本稿では取り上げない(4)。

ここでは『出定笑語』本編の方を中心に、どのような方法で篤胤が仏教を批判しているか、具体的な例を見ながら、その論点をうかがってみよう。特に最後の理論的な問題を少し詳しく論ずることにしたい。

a、釈迦の伝記

まず、伝記に入るに先立って、インドの風土・習俗を論じ、インドは「モロコシヨリモ、マタ余程ワルイ国デゴザル」(『平田篤胤全集』一〇、二八二頁)とする。四姓の問題などを取り上げた後で、釈迦の伝記の問題に入る。その詳細を追うことは略して、基本的な批判の論法を見ると、伝記中の奇跡などの非合理的、超人的側面を否定して、「釈迦ガ元来凡人デアル」(同書、二九五頁)ことを前提とする。そして、非合理的な奇跡などは、①後世、釈迦が偉大であったことを主張しようとした偽作か、②または幻術によるたぶらかしであると見る。

第一の偽作という面は、大乗非仏説論がその典型であるが、この問題は後に回して、伝記的な面を見ると、例えば、釈迦が摩耶《まや》夫人《ぶにん》の脇腹から生まれたということを偽りであるとして、その理由を次のように推測する。

ナゼカヤウニ偽ハツタモノジヤト云ニ、釈迦ホドノ仏ガ凡人ト同ジヤウニ、陰門ト云フ不浄ナ所カラ生レタト云テハ、尊ク思ハレヌカラ、脇バラカラ生レタト、事ヲ神妙ニセンガ為ニ偽ハツタ

コトデゴザル。　（同書、二九一頁）

これはなかなか合理的で納得のいく説である。なお、奇跡とは異なるが、悉多《しつた》（釈迦）の四門出遊《しもんしゆつゆう》に触れて、

マタ悉多ハ王ノ太子ト有ナガラ、コノ出タル度々ニ、カヽル不浄ノ者ナドヲ見ル所ヲ以テモ、漢《モロ》土《コシ》ノ王ナドノ如ク立派ナコトデナク、今御国デイフナラバ、村々ノ大庄屋ヲ見タヤウナ物ナルコトヲ知ルガヨイデゴザル。　（同書、三〇〇―三〇一頁）

とするのも、今日釈迦がそれほど大王家の出身でないことが明らかにされていることを思うと、興味深い。こうした合理的な思考は富永仲基などを承けたものであるが、また一面では篤胤自身にも内在するものである。

次に、幻術によるたぶらかしという論であるが、これは「竺人《じくじん》の俗、幻を好むを甚だしとなす」として、釈迦の神通を幻とする仲基の説（『出定後語』神通第八）に基づいて、それを発展させたものである。

ソレヲ神通トイヘバ甚ダキ、ヨイヤウナレドモ、実ニハ幻術トイフモノデ、幻術トハマボロシノ術トイフコトデ、狐ヤ狸ノソデモナイ物ヲソレト見セテ、人ヲタブラカスト同ジ術デゴザル。夫《ソレ》故コレヲ幻術トイフ。近クイヘバ手妻《テヅマ》ノ大キイヤウナモノデ、……　（同書、三〇六頁）

神通変化は手妻（手品）の類や狐狸が人を化かすの同類とされる。これは得意な論法で、しばしば用いられる。やや強引な非難になるところもあるが、やはり仏教を外から見た醒めた眼をうかがうこと

ができる。例えば、釈尊の身体が金色であったという点について、

信ズル者ハ迷ヒニ依テ、金色大光明ノカラダト見ナシ、信ゼヌモノハ迷ハヌニ依テ、有ノマヽニ灰色ノヤセ法師ト見エルデハナイカト思ハル、デゴザル。（同書、三三八頁）

として、あたかも狐狸が化けたのに人間がたぶらかされても、犬などはたぶらかされないとするのは、『今昔物語』などに出る説話を念頭に置いたものであろう。幻術は釈迦のみならず、仏教の特徴とされ、行基・伝教・弘法など、「御国ノ法師ドモヽ、其幻術ヲ受続《ウケツイ》デヤツタモノデゴザル」（同書、三一二頁）と言われる。

この点、本書では立ち入っていないが、『古今妖魅考』で、伝教・弘法・慈覚・智証らの高僧を妖魔の中に加えて詳しく論じていることが思い合わされる。これは、林羅山の『本朝神社考』に彼らを天狗であるとした説（『日本思想闘諍史料』一、一八九頁）を承けたものであるが、本書について折口信夫が、「あの本から受ける坊さんに対する感じは、さう悪いものではありません。……ひよつとすると篤胤先生は仏教に好意をもつてゐるのではないか、といふ書き方も混つてをります(5)」と評しているのはさすがである。篤胤には怪異に対する強い関心がある。仏教に関して盛んに幻術を言うのも、批判であるとともに、それを超えた幻術そのものへの関心を感ずるのである。

ところで、釈迦の教説はどのように理解されるのであろうか。

釈迦ノハジメタル仏法ト云フモノハ、死生ヲハナレ、三界トイフヲ出テ、天地ノ外ノ者トナラフトスルコト故、君父ヲモステ、妻子ノ愛情ヲモ浄クハナレネバ得ラレヌトイフノ教デ、真ノ人間

ニハトント出来ヌコトデゴザル。

（『平田篤胤全集』一〇、三三四頁）

結局その世俗超越の立場が、「人情ニ相反シテヲル」（同書、三四〇頁）点が批判されるのである。この点は、後にさらに詳しく展開される。

b、経　典　論

経典の成立に関しては、基本的に『出定後語』や『赤倮倮』に依っており、その限りでは特に新しいことはない。その中には、「実ニ法華経一部八巻二十八品、ミナ能書バカリデ、カンヂンノ丸薬ガアリヤセヌ」（同書、三六五頁）など、有名な文句も出てくる。また、大乗経典に出てくるさまざまな仏や菩薩についてはこう言う。

一体モロ〳〵ノ大乗ノ経々ニアル所ノ、仏菩薩ト云モノハ、ミナ其経々ヲ偽作シタル者共ノヨイカゲンニ拵《コシラヘ》タ物デ、実以テ有《ッ》タ物デハナイ。……阿弥陀、観世音、不動、普賢、文殊ト云タヤウナ名モ仮デ、其オンヅマリヲ穿鑿シヌクト、人ノ心ノ異名ニナル訣デゴザル。

（同書、三六七頁）

「人ノ心ノ異名」とは、例えば、大日は「日輪ノ普ク世界ヲ照スヤウナル心徳」（同頁）を言うようなものである。このようにして、諸仏菩薩の実在性は否定される。この問題の最後は以下のように結ばれている。

サヤウノ拙《ツタナ》ク愚《オロカ》ナル物ガ世ニ弘マリ、ソレヲ頂《イタヾキ》ニオシ捧テ、カノ草鞋大王ノ類ナル、有名無実、名アツテ実ナキ物ヲ拝ンデ、甚ダシキハ、身ヲサヘニ捨テ媚諂《コビヘツラ》ヒ、オノガ国、オノガ身ノ本タル、有名無実、名アリ実アル、我ガ皇神等ヲ、粗略《オロソカ》ニナシ奉ルトイフハ、是モ皆イヒモテユケバ、禍《マカ》神ノ心トハ申シナガラ、憤《イキドホ》ロシク、歎カハシキコトデゴザル。（同書、三七〇頁）

このように諸仏を非実在とするのは、先の『鬼神新論』に「仏すなはち天竺の神」とするのに矛盾するようであるが、『鬼神新論』でも「諸仏は大かた、釈迦法師の杜撰《つく》り出たる物と見えたり」（『平田篤胤全集』九、三七頁）と言われている。ちなみに、阿弥陀仏の信仰は、付録の真宗批判（「神敵二宗論」）においてさらに厳しく糾弾される。

c、仏教東伝

ここでは、まず龍樹をやはり幻術遣いとして取り上げた後、中国への伝来は比較的簡単に扱われる。漢明帝の時の仏教伝来をやはり幻術として批判した後、釈迦の仏法はそのような幻術を除くと、「正味ノコル所ハ、只、天堂、地獄、輪廻、治心ノ、四条バカリ」であり、「コレラノ事ハ、自分ノ国ノ古書ニ、小沢山ト云テアル」とする（『平田篤胤全集』一〇、三七四頁）。

次に日本への伝来の問題は、伝来時から聖徳太子の頃の問題まで、もちろん批判的な立場から、詳しく論じられている。その後、諸宗論に入り、諸宗の伝来を論じた後、それら諸宗の教義が結局一に帰することを説く点は注目される。

其オンヅマリ、極意ノ所ヘユクト、諸宗ガミナ一《ツ》意ニ帰シテ、スデニ申《シ》タル楞伽経ノ旨、スナハチ彼経ノ文ニ、即一切法、唯一真心、一念不生、即是仏、トイフニ因テ立タル、禅宗ノ宗祖タル、ダルマガ、謂ユル以心伝心、不立文字、直指人心、見性成仏トイフ、見性治心ト云ノ説ニシメラ

ル、デゴザル。（同書、四〇一頁）

これはかなり大胆な説のように見えるが、要するに仏教の肝要を唯心説に見ようというものである。すでに引いた箇所の諸仏菩薩を「人ノ心ノ異名」と見る点にもそれはうかがわれた。例えば、浄土教にしても、「唯心ノ弥陀」「己心ノ浄土」と言われるようなものである。

ところで、ここから先の議論は極めて注目される。すなわち、その「心」とは何か、「性」とは何かという方向へ議論を持ってゆく。

其生レツキ則性ト云《フ》モノハ、中庸ニアル通リ、アマツカミ則皇産霊《ミムスビノ》神様ガ、人ノカラダノ出来ルト一《ツ》ニ、賦《クマ》リツケテ下サレタ物デ、削ルニモ削ラレズ、洗ツテモ、オチヌトイフ、人ノ真心デゴザル。……其《ノ》生レツイタル真ノ心ト云モノハ、ドンナ物ジヤト云ニ、親ヲ敬ヒ、妻子ヲメグミ、富貴ヲネガヒ、悪《アシ》キヲイヤガリ、善キヲ好ムノガ則《チ》性デ、人ノ真ノ心、コレニ反シテヲルナラバ、ソリヤ変ト云モノデ、常ニ違《タガ》ツテヲルカラ、人ノ道トハ言レマセヌ。（同書、四〇五頁）

すなわち、悟るべき「性」「心」とは、生まれつきのあるがまま、自然の心に他ならない。だが、「妻子ヲメグミ、富貴ヲネガヒ」というような心は、仏教の求める方向と違うのではないか。そこで、篤胤は仏教の「見性《けんしょう》」の方が間違っていると言う。

釈迦ヤ達磨ハ、見性モセネバ、サトリモセヌ。其《ノ》見性シタ、悟ツタト、思ツテ居タノハ、其《ノ》生レモツカヌ、ネヂケゴトヲ考ヘツケ、夫《ソレ》ヲバ無理ニ、強テヤツテヰタノヲ、見性シタ、成仏シタト、心得タ物デゴザル。（同書、四〇六頁）

世俗を超越して、真の「心」「性」に到達すると考えるのが間違いである。世俗のままのあり方を認めるのが真の「見性成仏」である。「何カヲシテ、六年九年苦マズト、今キイテ今ワカリ、今ヤツテ今出来ル、一向無造作ナモノハ、此サトリデゴザル」（同頁）。それならば、出家すること自体が間違いである。「見性成仏シタト云ナラバ、マヅ僧ニ成テハ相スマズ、妻子ヲモタズ、親ヲ捨タガ相スマズ、汚イ物ヲ拾ツテ著タリ、乞食ヲスルノガ気ニ入ラヌ」（同頁）ことになる。この点で、篤胤は他の点では批判する親鸞を、「扨コソ親鸞ナドハコ、ヲ悟ツテ、肉食妻帯ノ宗旨ヲ、工夫シタル事ト見エルデゴザル」（同書、四一〇頁）と評価するのである。

このように、本書の最後の方で、篤胤ははじめて正面から仏教の理論を対象として論ずる。すなわち、諸宗の理論は唯心というところから禅の「見性成仏」に押しつめられ、その「性」を検討すると、それは「生レツイタル真ノ心」であり、見性も必要としない自然の世俗の心そのままということになる。

ところで、ここで気がつくことは、「今キイテ今ワカリ、今ヤツテ今出来ル、一向無造作ナモノハ、此サトリデゴザル」というこのような発想は、まさに日本の仏教の中で本覚思想として知られる考え方に他ならないということである。本覚思想そのものについてここでは議論すべき場ではないが、ごく大雑把に、現実のありのままの世界、ありのままの人間のあり方をそのまま認め、修行不要論にまで至るような発想を本覚思想と考えてよいであろう。このような本覚思想は、いわば仏教の自己崩壊の思想であると言うことができる。すなわち、あるがままでよく、修行を必要としないならば、それを理論的におしつめてゆくとき、仏教さえ必要でなくなってしまう。もちろん中世の本覚思想はそこに歯止めをかけようとするのであるが、その歯止めを外すと、まさしく篤胤の論ずる方向へと展開してゆくことは、論理的な必然性である。このように考えるならば、もっとも仏教と遠い位置にあり、仏教の正面からの批判者である篤胤が、意外にも本覚思想を媒介として仏教と結びついてゆくとも考えられるのである。あるいは、篤胤の思想の少なくともある一面は、本覚思想の展開上に見ることができるということである。

ここで触れておきたいのは、袴谷憲昭『本覚思想批判』で宣長の仏教批判、及び両部神道批判を本覚思想批判という観点から論じていることである。(6) 氏の説を認めるとして、宣長の立場が本覚思想批判に立ち、篤胤には本覚思想に連なるものがあるとするならば、それは何に由来するのであろうか。いま、ここではこれ以上立ち入るだけの準備はない。しかし、先にも触れたように、篤胤というと厳しい仏教批判者のように思われがちであるが、意外に必ずしもそうでないところがある。固定観念を離れて、自由な見地から篤胤の学を見直す必要があろう。折口信夫が「平田国学の伝統」において言いたかったことも、まさにそのことであろうと思われる。

3、両部神道批判

中世以来の神仏習合の両部神道などに対する篤胤の批判は『俗神道大意』に纏められている。本書は、「神道ゝゝト一《ト》口ニイヘバ云モノノ、巨細《コマカ》ニ此ヲ分テ云ヘバ、十二三ニモ分ラウガ、其内大《キ》ナル相違ノ所ヲ別テモ、ザット五ツノ差別ガ有ル」(『平田篤胤全集』八、一一三頁)として、神道の意味に五種類を分けている。すなわち、その五種類は以下のものである。

①「真ノ神道」と呼ばれるもの。すなわち、

御祖産霊《ミオヤムスビ》ノ御神、天照大御神ヨリ、皇御孫《ノ》命ノ御代〻〻、天ノ下ヲ知《シロ》シ召ス、御政《マツリコト》ノヤウヲ御伝ヘアソバシ、扨《サテ》御代御代ノ天皇、ソノ御依《ヨサ》シノマニ〳〵、己命《オノレミコト》ノ御サカシラヲ御加ヘアソバサズ、天地ト共ニ御世シロシメスコトヂヤガ、此道ヲサシテ神道ト申シタルコト……

(同書、一一三—一一四頁)

である。ちなみに、本稿では、というより本稿に限らずこれまで筆者はあえて天皇論を避けてきた。その問題に立ち入る準備がないことによるが、日本の思想を論じようとするならば、いずれ真向かわなければならない問題であることは十分に承知している。

②「神ヲ祭リ神ヲ禱《イノ》リ、マタ祓ナドノ類、スベテ神ニ仕ヘ奉ルノワザヲ、宏《ヒロ》ク申タモノデ、謂ユル神事ノコトヂヤ」(同書、一一四頁)。これは、用明紀に「天皇、仏法を信じ、神道を尊びたまふ」と言っているようなものであり、根本の①に対しては枝葉に当るものである。

③『易』などの漢籍に見えるもの。これは、『易』の「陰陽測られざる、これを神という」の「神」に当り、「天然ノ神道《アヤシキミチ》」のことである。これは、日本の神が「シヤント実物ノ神ヲサシテ、其神ノナサル、道」というのとは異なっている。この指摘は重要である。中世の神道論では両者を結びつけることによって、理論性を持たなかった日本の神に理論性を与えようと試みたのであった。

④両部神道
⑤唯一神道

①―③が古典に見える「神道」の語義解釈に基づくものであるのに対して、④⑤は「真ノ神道」が確立する以前の神道の体系であり、これが本書で批判の対象とされる「俗神道」と呼ばれるものである。ここで注目されるのは、第一に、今日習合系の神道としては両部神道とともに山王神道が挙げられるが、ここではその名が見えないことである。もっとも既に吉田兼倶《かねとも》の『唯一神道名法要集』にも山王神道の名は見えず(代りに「本迹縁起の神道」が挙げられている)、習合系の神道に山王神道と両部神道を立てるのは必ずしも一般的ではなかったと考えられる。また、後述のように伊勢神道もまた両部神道の中に含めて考えられている。第二に、唯一神道も幅が広く、垂加神道や出口延佳《のぶよし》なども唯一神道の枠で考えられている。唯一神道への批判も詳しいが、ここでは両部神道の問題に限り、特にその中で空海の位置付けの問題を中心に見ることにしよう。

両部神道については宣長も批判を加えており、[7]篤胤も『玉勝間』の該当箇所を長く引く。しかし、篤胤の独自性はその後の議論にある。まず、本地垂迹の源泉は釈迦自身にあると言う。もともと兜率《とそつ》天《てん》にいた善賢菩薩が衆生済度のためにこの世に出たこと自体が原点であり、中国へ渡っては、孔子などが仏弟子の化身であるとする説(『清浄法行経』など)が広められた。日本の本地垂迹もそれを真似たものだとする。すなわち、その最初は行基《ぎょうき》が伊勢の大御神の神託に基づいて、「日輪是毘盧遮那(または毘盧舎那)」と称したことにある。それに対する篤胤の解釈は注目される。すなわち、『翻訳名義集』によると、(毘)盧舎那とは光明遍照、あるいは遍一切処のことであり、それは単独の仏名ではなく、「ナベテノ仏ノウヘニ云コト」なのである(『平田篤胤全集』八、一二五頁)。従って、「行基法師ガ、偽テ奏上《マウシアゲ》タル意モ、タヾ仏ト神ト一躰ニシテ隔《ヘダテ》ナク、仏ハ神ノ本地ヂヤト云心ニ申上タコトト見エル」(同頁)。

それに対して、それを大きく発展させて両部神道を作ったのが空海の「奸曲ワルダクミ」であると言う。篤胤の空海論はまさに出色ともいうべきもので、際立っておもしろい。まず、六点を挙げて、空海の密教伝授の伝承自体を疑問視する。

①竜樹が鉄塔から経典を取り出したという伝承は『大智度論』にも記載がない。
②龍樹―龍智《りゅうち》―不空《ふくう》―慧果《けいか》の伝承は年代的に合わない。
③鉄塔の件は玄奘の『西域記』にも記載がない。
④密教経典が天竺から渡来したとは考えられない。
⑤毘盧舎那は本来諸仏の通名であり、大日として一仏の名とする説は天竺にはない。
⑥大日の仏名は中国にもない。

これらの一部は既に仲基や天游が言っていることではあるが、篤胤はそれを極端までおしつめる。「其無キ仏ノ名ヲ設ケ、無キ経〻ヲ偽リ作レル」人こそ空海であったと言うのである(同書、一四五頁)。何故そのようなことをしたかというと、先の行基の「日輪是毘盧舎那」の説を推し進め、天照大御神の岩戸隠れの話をもとに、龍樹の鉄塔の話を作り出したと言うのである。従って、空海の密教は全体として、「神仏習合シテ、神ト仏トヲ混同シテ人ヲ惑ハシ、己ガヨル仏道ヲ、普ク人ニ信ジサセントノ心デ、深ク巧《タク》ンダルコトヂヤ」(同頁)。つまり、空海は密教をもとにして神仏習合の理論を展開したのではなく、その密教自体が神仏習合を目的として創作されたものだと言うのである。

篤胤の論はさらに続く。当時既に神道五部書が外宮神官の偽作であるという吉見幸和の説が知られていたが、「外宮豊受大神ノ宮司等ヲソ、ノガシ、悪智慧ヲツケ、且多ク偽書ヲ作ラセタ」(同書、一四八頁)のも空海に他ならないとする。空海こそ、「木ノ国ノ高野山ト云山ニ、カレコレ千年バカリモ以前ニ隠レ住ダガ、老クタバツテモ、其悪念ノ凝《コリ》カタマリ、今モ猶ソノ悪霊ヲコノ世ニ留メ、……愚人ヲ惑ハシ誑ラカス」(同書、一四五頁)存在である。

このような痛快とも言える悪罵を読むとき、何かかえってそこに篤胤の空海への親近感があるのではないか、という皮肉な思いさえする。これは逆説的ではあるが、例えば、歌舞伎の悪役にかえって魅力があるようなものである。篤胤は空海に悪人ではあるが、ものすごい力を認めているのである。篤胤の批判は、言葉の表層だけで受け取ってはいけない底の深さがあるように思われる。そして、その底において、意外にも仏教と通ずるところがありそうである。『密教修事部類稿』のような真摯な密教研究を残しており、篤胤自身佐竹義厚の急病の際祈禱を行なったということなども思い合わせるべきであろう。(8)

三、中世へ

神仏関係の問題は否応なく中世に遡らなければならない。中世の神仏論関係の文献は絶望的なまでに錯綜している。文献自体の書誌的な解明や、成立状況の研究が遅れているのに加え、近世になって厳しく批判されたのももっともな通り、理論とも言えないようなこじつけに満ち、それに正面から真向かうのは、ほとんど徒労とも思われるほどである。にもかかわらず、そこには無視して過ごすことのできない重要な問題が満ちている。はじめて神道が理論的な武装を持つのは中世においてであり、その端緒を見極めるには仏教との関係を無視することはできない。本稿ではその問題に十分に立ち入るだけの準備もないし、もはや残されたスペースも少ない。それ故、ごく一端に触れるに留めたい。
慈遍《じへん》の『豊葦原神風和記《とよあしはらじんぷうわき》』の「神仏同異事」では、神仏の相違を次のように言う。

仏神ノ内証同一ニシテ、而モ化儀各別也。所謂神道ハ一法未《タ》起ラサル所ヲ守テ、起ル心ノ万ノ物ヲハ皆穢悪也ト是ヲイメリ。仏法ハ二途既ニ別レテ後、諸ノ迷ヒアリ。此迷ヲヽサヘテ実相也ト是ヲヽシフ。雖レ然仏法ニモ本初ヲサトリ、不生ト談シ、神道ニ亦和光同塵ノ利生アマネシ。然ハ一二互ニカハル事ナケレ共、且カタトリテ面トスル計也。夫神ハ必本ヲ守テ末ヲ忌給フ所ハ、其末ヲミチヒカン為也。仏ハ亦末ヲ導テ本ヲ示シタマフ心ハ其本ヲサトラシメンカ為也。

（神道大系『天台神道』上、二二三頁）

これはただちに反本地垂迹とは言えないが、神を本、仏を末とする点において、それに近いところがある。それはともかく、慈遍の考えでは神道の特徴は「一法未起」の根源性にある。このことを『旧事本紀玄義《くじほんぎげんぎ》』では次のように言う。

仏未だ出でざれば能説なく所説なし、法未だ説かざれば能迷なく所迷なし。惣じて心識不生にして言語自ら絶し、本来無一物なる元神は是れ如何。但、元を元として二法を見ることなかれ、偏へに本を本として諸妄を忌ましむ。二法以来神道ならず、諸妄紛然として仏化を以てす。（同書、七頁）

この内容も『神風和記』と全く同様と考えることができる。ところで、すでに『神風和記』に「仏法ニモ本初ヲサトリ、不生ト談シ」と言われているように、根源への志向は仏教の中にも見られるものである。『旧事本紀玄義』の「心識不生」「言語自絶」「本来無一物」などの語がいずれも仏教に由来することが思い合わされる。

では、このような仏教の動向はどこに由来するものであろうか。一つ考えられるのが本覚思想の流れである。もっとも現象即実在という本覚思想からすれば、「此迷ヲ、サヘテ実相也ト是ヲ、シフ」という方が本覚思想に該当する。しかし、ここでは詳しく立ち入ることはできないが、「本覚」の概念を用いた思想の展開(広義の「本覚思想」)には二つの方向があり、一つは上述のような現象即実在論であり、もう一つは「本覚」そのものを根源的原理として、そこから現象世界の展開を説くという発想がある。その原理は「本覚」以外にも「真如」「一心」「本性」などに求められる。このような発想は中世には特に禅と関連して展開したと考えられる。「父母未生以前」「一念不生」などと言われる根源性・始源性である。

ところで、仏法の位置付けはともかく、神道を原初的な根源性において捉えるのは、慈遍のみならず、度会家行《わたらいいえゆき》においても同様である。よく知られているように、『類聚神祇《るいじゅうじんぎ》本源《ほんげん》』神道玄義篇では神道を「機前」において捉える。

> 神祇の書典の中ニ、多くは天地開闢を以て最と為すと雖も、神道ノ門風之《これ》を以て極と為さざる歟《か》。志す所は、機前を以て法と為し、行ふ所は清浄を以て先と為すなり。
>
> （日本思想大系『中世神道論』、一一四頁）

この「機前」について、久保田収が、「その機前に存する道は、家行においては一元的なものであった。その一元を説くのに、家行は、老子や周子の虚無や太極をもってするのである」と言うのは[9]、『類聚神祇本源』の天地開闢篇に引用された諸書を念頭に置いたものであろう。おそらくその解釈は正しいと思われるが、それにしても「機前」の語には、仏教的、それも禅的なニュアンスが付きまとう。

「機前」について、安蘇谷正彦は辞典類に見えないとするが[10]、『禅学大辞典』に、用例は挙げないものの、「一機未発以前の略。機先」という説明がある。また、『禅語辞典』では、『註心賦』三により、「機前なるものは、本心成現して、意は言前に在り。迷悟に渉らず、問答を待たず」という説明があり、また、『中峯広録』の用例（「機前語活、棒頭眼開、山河倒走、仰嶠再来」）が挙げられている。さらに、『景徳伝灯録索引』によって見ると、四例挙げられており、例えば、「機前の旨を了せんと欲すれば、咸く句下において違う」(巻十二・陳操章)と用いられている。「機」は禅語としては、禅者のはたらきであり、「機前」はそのはたらき以前の根源性を意味すると言ってよいであろう。

では、このような仏教的な語を用いながら、どこが仏教と相違するのか。仏教においては、あくまで主体の問題であり、心のはたらきの問題である。そこでは外的世界の形成は二次的な問題でしかない。しかし、神道においては外的な世界の形成、すなわち天地開闢、そしてその後の神々の生誕こそが大きな問題となる。そこに「機前」の意味の転換が認められる。仏教においてはあくまで主体のはたらく以前の意味であったのが、家行では宇宙開闢以前ということに転じて用いられているのである。神道玄義篇で「機前」の説明として、「天地開闢の後、万物已《すで》に備はるト雖モ而も混沌の前ヲ照らすコト莫《な》し」という『御鎮座伝記』の神勅を引くが(『中世神道論』一一五頁)、まさにその「混沌の前」が「機前」に当ると考えられる。また、神道玄義篇のこの箇所には、他にやはり『御鎮座伝記』の「神人ハ混沌の始を守り、仏法の息を屛《かく》せ」という箇所も引いており、このような思想が『御鎮座伝記』などの五部書に由来することが示されている。

しかし同時に、そこには久保田収の指摘するように、漢籍との関係も無視できず、その点は天地開闢篇に引かれた漢籍から明白である。それはちょうど中国において、仏教的唯心論から宋学へと展開してゆく過程とも類比的なところがあり、実際、天地開闢篇には周敦頤《しゅうとんい》の太極説も引かれている。

ところで、ひとまず上記のように仏教から神道への原理論の展開を跡づけられるが、しかし、心を重視する仏教の発想もまた中世神道の中に流れ込んでいる。これは「心神」という熟語に典型的に示されるように、「心＝神」とするものであり、神道五部書の中にもそのような思想が見える（傍点引用者）。

心神は則ち天地の本基、身躰は則ち五行の化生なり。肆《かるがゆゑ》に元《はじめ》を元として元の初に入り、本を本として本の心に任《よ》せよ。（『倭姫命世記』）

人は乃ち天下の神物なり。心神を傷《やぶ》ることなかれ。神の垂るるは祈禱を以て先と為し、冥加は正直を以て本と為す。其の本心に任《よさ》し、皆大道を得しむ。（『御鎮座伝記』）

人は乃ち天下の神物なり。須らく静謐を掌るべし。心は乃ち神明の本主なり。心神を傷ること莫《なか》れ。（『宝基本記』）

神が心に宿るという思想はまた、『麗気記《れいきき》』にも見える。

伝へ聞く、神明垂跡し、昔閻浮に下化せる時、神璽を魔王に受けたまひしより以還《このかた》、形《すがた》兒霊鏡に亙り、無辺法界を照し、衆生の心地に入り、不生の妙理に住し、神通の宝輅《ほうろ》に乗じて、三藐三《さんみやくさん》仏陀《ぶつだ》に至る。（『仏法神道麗気記』、神道大系『真言神道』上、八四頁）

こうした思想は、篤胤の言う「シヤント実物ノ神ヲサシテ、其神ノナサル、道」とは違い、それ故篤胤の分類によれば「俗神道」に属することになる。また、本覚思想との関係も十分に考えられる。しかし、それを不純なものとして簡単に切り捨ててしまってよいものであろうか。そこに思想としてもう少し可能性を認めることはできないであろうか。それは中世思想全体の再評価の中で考えられるべき問題であろう。

(1)　戦後の折口の神道論については、中村生雄「日本神道の〈対抗宗教改革プラン〉」(『仏教』二九、一九九四)(中村『哲口信夫の戦後天皇論』、法蔵館、一九九五に再録)参照。
(2)　安蘇谷正彦『神道とはなにか』(ぺりかん社、一九九四)。
(3)　篤胤の仏教批判については、菅野博史「平田篤胤と仏教」(『大倉山夏季公開講座』Ⅱ、一九九三)が従来の研究を踏まえて概観している。同氏の「平田篤胤の『印度蔵志』と仏教研究の意義」(『大倉山論集』三七、一九九五)は『印度蔵志』を中心とした詳細な研究である。なお、以下の篤胤の引用は、名著出版刊の『平田篤胤全集』による。
(4)　これについては、芳賀登「平田篤胤の仏教批判」(芳賀幸四郎先生古稀記念『日本文化史研究』、一九八〇)参照。
(5)　折口信夫「平田国学の伝統」(『折口信夫全集』二〇)。
(6)　袴谷憲昭『本覚思想批判』(大蔵出版、一九八九)所収「宣長の仏教批判雑考」「宣長の両部神道批判」。
(7)　袴谷、前掲論文参照。
(8)　高神信也「平田篤胤の仏教観」(『印度学仏教学研究』二四―二、一九七六)参照。
(9)　久保田収『中世神道の研究』(神道史学会、一九五九)、一三六頁。
(10)　安蘇谷正彦『神道思想の形成』(ぺりかん社、一九八五)、七三頁。

14 オリエンタリズム以後の仏教研究
——B・フォールの著作をめぐって

一

近年、禅研究の分野で国際的に新しい動向が顕著である。中国では最近の禅ブームを反映して、研究の分野でも杜継文・魏道儒『中国禅宗通史』(江蘇古籍出版社、一九九三)などの成果が刊行されつつある。日本では松本史朗氏の『禅思想の批判的研究』(大蔵出版、一九九四)が従来の研究を批判しつつ、仏教としての禅の正統性に疑問を投げかけた。

だが、その中でもバーナード(ベルナール)・フォール氏が刊行した二冊の英語の著書は、欧米の学界に大きな波紋を引き起こしたばかりでなく、日本の禅研究、ひいては仏教研究にも波及する大きな問題を投げかけている。すなわち、ここに取り上げる *The Rhetoric of Immediacy*(直接性の修辞学), Princeton, 1991 とそれに続いて刊行された *Chan Insights and Oversights*(禅の洞察と看過), Princeton, 1993 の二書である。この二冊はセットになっているもので、前者には「禅仏教の文化的批判(A Cultural Critique of Chan/Zen Buddhism)」、後者には「禅の伝統の認識論的批判(An Epistemological

Critique of the Zen Tradition)」と副題が付されている。それ故、両者を合せて論ずるのが適当であるが、問題が多岐に亙って焦点を絞りにくくなるので、ここでは先に刊行され、その分衝撃の大きかった前者(以下、*Rhetoric* と略す)を直接の紹介・批評の対象とし、必要に応じて後者(以下、*Insights* と略す)に言及することにしたい。

著者のフォール氏は、フランスの出身で現在アメリカのスタンフォード大学教授であり、これまでに中国の初期の禅文献や『正法眼蔵』などの研究や翻訳を、主としてフランス語で発表してきている。滞日経験も豊富で、柳田聖山氏など、日本の禅研究の第一人者に学んでいる。一方でこうしたアカデミックな研究の蓄積に基づきつつ、他方で最新の人文・社会科学の方法論的議論を踏まえ、大胆な禅研究の脱構築を図ったのが上記の二書である。両書は構造主義からポスト構造主義に至るまで、フランスを中心としたありとあらゆる現代の方法論に関する著書を縦横に引用活用しており、また独特のレトリックに満ちていて、きわめて難解である。その正確な理解は評者の能力を超えているが、日本の研究者にひとまず本書の存在を知らしめることを目的として、あえて筆を執ることにした。誤解や理解が不正確な点について、ご教示給われば幸いである。

二

Rhetoric は全十二章からなり、それに序章・終章が付されている。

Chapter 1 The Differential Tradition （差異化する伝統）
Chapter 2 Sudden/Gradual: A Loose Paradigm （頓と漸：緩やかなパラダイム）
Chapter 3 The Twofold Truth of Immediacy （直接性の二重真理）
Chapter 4 Chan/Zen and Popular Religion(s) （禅と民衆宗教）
Chapter 5 The Thaumaturge and Its Avatars (I) （魔術師とその化身）
Chapter 6 The Thaumaturge and Its Avatars (II)
Chapter 7 Metamorphoses of the Double (I): Relics （似姿の変身：遺骨）
Chapter 8 Metamorphoses of the Double (II): "Sublime Corps" and Icons （同：「崇高な遺体」と聖像）
Chapter 9 The Ritualization of Death （死の儀礼化）
Chapter 10 Dreams Within Dreams （夢の中の夢）
Chapter 11 Digression: The Limits of Transgression （逸脱：違反の限界）
Chapter 12 The Return of the Gods （神々の復活）
Chapter 13 Ritual Antiritualism （儀礼的な反儀礼主義）

第一章から第四章までは一般的な認識論的、イデオロギー的な問題を扱い、第五章以下は具体的な例を検討する。前半部分、中でも序章から第三章あたりまでが特に難解である。

本書を貫く問題意識と方法は序章に提示されているが、以下のような点が注目される。

①研究対象と研究主体の自覚的な関係。「伝統がどこで終り、研究がどこで始まるか、研究がどこで終り、私がどこで始まるか、知ることが困難である」(p. 1)というところから、研究者と伝統との転移的関係(transferential relationship)が示され、そこから、「他の文化や宗教をいかに理解するか」(p. 3)という問題にも展開する。それ故、例えば本書でも重視される「頓」と「漸」のような禅のパラダイムは、単に研究対象上の問題であるに留まらず、研究主体の側の態度にも関わってくる。なお、禅研究における著者の主体的な問題意識については、後述のように、*Insights* に詳しく展開されている。
②方法論的多元主義(methodological pluralism)。著者の目的とするところは、「伝統を脱構築すること、すなわち、その本質的な多様性を露わにすること」(p. 2)にあり、そのために「解釈学的と修辞学的、構造主義的と歴史的、「神学的」とイデオロギー的／文化的のような矛盾する接近方法を媒介する」方法論的多元主義(p. 9)が提起される。特に従来の文献主義的な方法に対して、文化人類学などの方法が重視される。方法の多元性は、当然のことながら対象の側の多面性を照らし出す。

このような問題意識と方法論的な自覚は本書に一貫するもので、従来の禅研究の硬直した公式主義的な態度に対立するものである。そこではもはや、「教外別伝」の「純粋禅」は成り立たない。タテマエの上のきれいごとの裏に隠されていた曖昧な部分、暗い部分が白日のもとに曝される。それが本書の魅力をなすものであるが、他方、対象と主体の絡み合いや錯綜する多元的な視座は、著者自身自覚的に選んだ、多分に修辞的な本書の難解さを生み出している。

第一章以下の内容とその目指すところは、結章の次の箇所に簡潔に示されている。

禅の学問的な議論のオリエンタリズム的な周辺から進みでて、私は伝統がその実践に関して中心的であると主張してきたいくつかの問題、例えば「頓と漸」の論争などを検討しようと試みた。

> ……禅は直接性を主張し、あらゆる伝統的な媒介を否定することによって、他の宗教的潮流から区別される。しかし、たとえこれらの媒介がもっとも強く論破される場合でも(まさしくその場合にこそ)、常にそれらの媒介が現前することは明らかである。私は、夢、魔術師、死、遺骨、儀礼、神々などに対する禅の態度を提示することによって、この欠陥とされる方面をたどったのであるが、それはふつう――伝統それ自体によっても、伝統に従う学問によっても――二つの真理のような観念によってきれいに説明されたり、沈黙させられたりしてしまっている。熟達した達人によって「直接に(媒介なしに)」究極的真理として(その段階で)知覚されるものが、凡夫である信者の未成熟ゆえに、隠されたり、慣習的な真理として(その段階で)「方便」によって間接的に顕わされるのだと、通常言われる。……この偽装が、直接性の教義の補完物としての儀礼の使用や媒介物の再導入を説明するものである。 (p. 305)

ここで言われていることをもう少し(いささか荒っぽく)敷衍して、本書の概要を示そう。禅は「頓(sudden)」の立場、すなわち直接性(immediacy)を主張し、「漸(gradual)」の立場、すなわち媒介(mediation)を否定する。その「頓」の純粋な立場が「教外別伝」として継承されてきたと主張する。実際にはそのように純粋化しきれない要素がたくさんあるが、その場合はインド以来の二(重)真理説(二諦説)を用いて、それは「方便」であり、慣習的な真理(世《せ》俗諦《ぞくたい》)であって、究極的真理(第一義諦)

ではないという説明でコトを済まそうとする。だが、実はそれほど単純に「頓」と「漸」が分れるわけではなく、両者は錯綜しており、純粋な「頓」の立場など、所詮抽象物にすぎない。禅と民衆宗教の関係についても、単に禅が外から民衆宗教の影響を受けて「不純」な形に変容したと言うのではなく、禅自体にそのような展開を必然的ならしめるものがあったと考えられるのである。以上が本書第一章から第四章までで論じられる原理的な問題である。

このような原理論を踏まえて、第五章以下では具体的な例が取り上げられる。第五、六章では、中国仏教で魔術師的な存在が大きなはたらきを示したことが指摘され、それが禅の展開とともにトリックスター的な存在や菩薩の理想へとすがたを変えたことが述べられる。第七、八章では、遺骨(舎利)や祖師像(頂相《ちんぞう》)の崇拝が取り上げられ、特に「肉身」としてのミイラ崇拝の問題が大きく論じられる。第九章では禅の葬式仏教化と禅僧自身が死を儀礼化してゆくことが論じられ、第十章では禅における夢の問題が取り上げられる。さらに、セックスの問題(第十一章)、羅漢信仰や民間の神信仰との習合の問題(第十二章)などが取り上げられ、最後に禅の儀礼化の問題が総括的に論じられる(第十三章)。

以上の概観だけでは本書の具体的な論述については明らかにはならないが、少なくとも本書が従来の禅研究に対して、方法、対象の両面にわたって異議を申し立て、新しい視点を提示しようとしているその斬新さは理解できよう。従来の禅研究は文献主義的な方法を中心とし、それに合せて自らの禅体験を哲学的に考察するという方法(例えば、京都学派の哲学)によって、禅のもっとも本質となる思想、体験を純粋な形で抽出することを目的とし、それ以外の要素は夾雑物として排除してきた。それに対して、著者は禅はもともとさまざまな儀礼や崇拝を含んでいるもので、それらを非本質的な夾雑物と見ることはできないという立場から、その多面性を明らかにするために、教理的な文献のみならず、幅広い資料を用い、それを文化人類学の方法など、多様な方法によって解明しようとしている。

このような著者の方法は、従来の禅研究の最先端が大部分日本の研究者によって荷われ、欧米の研究者はそれに追随しながら成果を挙げるというパターンを脱し、日本の研究者によって主導されてきた方法そのものに異議を唱え、欧米の研究がその独自性を発揮するとともに、日本の学界に逆に大きな問い掛けをしてきたという点でも、極めて画期的な意味を持っている。このことは著者自身自覚的に行なったことであり、また不可避的な問題でもあった。すなわち、一方では欧米の禅研究が日本から輸入した方法で済まされないだけの伝統の蓄積を得てきたということを示すとともに、他方では今日その質的転換が図られなければならなくなっている状況が反映されている。周知のように、今日の欧米のアジア学はサイードによるオリエンタリズムの問題提起以後、中立的立場からのアジア研究というかつての東洋学の理念は崩れ、欧米の立場からいかにして異文化であるアジアの文化を理解できるかという方法論的な自己反省を伴わない研究は不可能となった。本書はこのような問題提起を受けた一つの答である。

三

ところで、上記のような問題意識は本書の序章に示されているが、より詳しくは *Insights* に展開されている。*Insights* は全九章からなるが、第一―四章を第一部、第五―九章を第二部として、第一部は序章とともにもっぱら方法論的な問題に宛てられ、今日に至るまでの禅の研究史をたどりながら、今日の研究状況と新しい方法を探っている。それ故、横道にそれるが、同書の第一部によって著者の問題意識と方法論をうかがうことにしたい。

第一章は「欧米の想像力の中の禅（Chan/Zen in the Western Imagination）」と題して、宣教師時代から二十世紀初頭に至る欧米の仏教観、禅観をたどり、第二章は「禅オリエンタリズムの興起（The Rise of Zen Orientalism）」として、欧米に大きな影響を与えた鈴木大拙から京都学派に至る禅観の形成を検討する。続いて、第三章は「禅史学再考（Rethinking Chan Historiography）」として、敦煌禅文献の発見以来輝かしい成果を挙げ、日本の学界を中心に今日に至るまで主流となっている文献学的な歴史研究の方法を批判的に論ずる。その上で、第四章「代替する方法（Alternatives）」として新しい方法を提示する。このように *Insights* の第一部は極めて整然とした禅（より広くは仏教）研究の研究史と方法論の探求となっている。

そこで注目されるのは、第一に、第二章で鈴木大拙や京都学派に批判的な検討を加えていることである。大拙こそは欧米の禅を宗教的にも研究的にも確立した人物であり、日本においてもその影響は大きい。しかし、日本の禅界では必ずしも大拙がすべてでないのに対して、欧米の禅はその影響下に立たないものがないほどの影響を及ぼしている。それ故、その伝統は日本と異なる欧米の禅の特徴でもあり、また今日大拙の批判的な検討が大きな意味を持ってくる所以でもある。近年、フォール氏の他にも、ロバート・シャーフ氏(Robert Sharf)の「日本ナショナリズムにおける禅(Zen in Japanese Nationalism)」(*History of Religions*, 33-1, 1993)のような優れた大拙禅の批判的検討も出されている〔和訳「禅と日本のナショナリズム」、『日本の仏教』四、法藏館、一九九五〕。

第二に、第三章で日本の学界を中心とした文献学的な歴史研究の方法に批判を加えていることが注目される。著者自身、ここで大きく取り上げられている柳田聖山氏に学び、その影響を受けているのであるから、その批判は単純な否定ではなく、十分にその成果を認めた上で、その行き詰まりを乗り越えようとするのである。その中で、特に文献主義のもつ客観主義の問題点とそれと裏腹の「目的論的誤謬(teleological fallacy)」が指摘されていることは注目される。日本でも異なる視点からであるが、松本史朗氏によって客観主義的文献主義の限界が指摘されており、それについては評者も別稿に取り上げて賛意を表した(拙稿「アジアの中の日本仏教」、『日本の仏教』二、一九九五〕『仏教——言葉の思想史』に再録〕。時を同じくしてこのような問題が提起されるのは、今日の仏教研究が大きな曲り角にあることを証するものである。

第三に、それに代る新しい方法として、第四章で構造主義的方法、解釈学的方法などが検討された上で、特に遂行的研究(performative scholarship)が提唱されていることが注目される。「遂行的」というのは、「認定的(constative)」に対するもので、行為の遂行に関わることを意味する。先に触れたように、客観主義に対して研究と対象との転移的関係を自覚する立場がそれである。こうして、*In-*

sights の第一部で検討された研究史と方法論に関する反省は、その第二部の認識論的な議論に繋がるとともに、*Rhetoric* の文化的批判の根底ともなるものである。

以上、*Rhetoric* を離れて、*Insights* の第一部をやや詳しく見たが、それを前提として、はじめて大胆とも言える *Rhetoric* の禅文化論が成り立つと考えられるからである。

四

ところで、評者は本書の問題提起を極めて深刻に受け止めながらも、いささか疑問と考えるところもないわけではない。議論を深めるために、最後にその点を指摘しておきたい。

第一に、そして最大の疑問は、このように儀礼や崇拝を含めた文化現象として禅を理解する時、対象が禅に限られなければならない必然性があるだろうか、という点である。*Rhetoric* の第五章以下で扱われるさまざまな現象は、僧の魔術師的性格、遺骨(舎利)信仰、ミイラ信仰、葬式仏教、夢の問題、女性とセックスの問題、神仏習合など、いずれを取っても禅独自の問題ではなく、東アジアの仏教諸派全体に通ずる問題であり、それを禅に限って扱わなければならない必然性もないし、対象を禅に限るとき、その問題の全体性がむしろ見えなくなってしまうのではないかという危惧が抱かれる。

それでもなぜ著者は禅にこだわるのであろうか。おそらくそこには禅＝東アジア系仏教と見なされてきた大拙以来の欧米の仏教の伝統があり、著者もその伝統を継承しつつ批判しようとするために、あえて禅にこだわることになったのではないかと考えられる。それ故、単純に著者の立場を批判することはできないが、将来への研究の展望を見ようとするならば、もはやここには「禅」でなければならない必然性はなく、それを「禅」の枠に閉じ込める唯一の根拠は、著者自身の批判する宗派性以外には何もないように思われる。「禅」は「禅」として特殊な領域なのではなく、より広い(東アジア系)仏教論の総体性の中から捉え直されなければならないのではないだろうか。

このことは、儀礼や崇拝のみならず、頓・漸を基本的なパラダイムとして立てる立場についても言える。確かに、中国の初期の禅思想など、ある場面では頓・漸のパラダイムは有効であるが、それですべての禅思想を覆うのは無理ではあるまいか。日本の禅思想を理解するには、中世の仏教に共通する本覚思想をより根底的な問題として設定し、ここでも「禅」を解体する方が、より広い場に問題を持ち出すことができるのではないだろうか。

第二に、著者の言う方法論的多元主義が普遍的にどこまで有効であろうか、という疑問がある。著者はそれにかなりの程度において成功しているが、それは著者自身のすぐれた能力とともに、欧米から東アジアを見るという距離を持って初めて可能だったという面も無視できず(それが逆にオリエンタリズムの問題と関わることになるのだが)、また学問の縄張り主義の少ない欧米の学界状況が有利にはたらいたということもあろう。

それに対して、日本人にとって仏教は社会の中に活きた伝統であり、対象との適度の距離を取ることが難しい。例えば、仏教の各宗派が厳然と存在し、積極的に活動している以上、それぞれの宗派の立場に立った研究（宗学）も十分に意義のあることと考えなければならない。また、日本の学界においては、学問領域間の縄張り意識が相互の見通しを極端に悪くしている面があると同時に、他方、東アジア、特に日本研究においては、日本の研究者はそれぞれの分野（史学、教学、民俗学、文学、美術等）で無数にある一次資料（文献以外も含めて）を扱わなければならず、そのためのスペシャリストであることを要求される面も無視できない。それ故、一人の研究者が多様な方法や立場を自由に操るのは決して容易ではなく、とすれば、他の方法、他の立場、他の領域の研究者と交流を持ち、共同研究という形を取って単独の研究の陥る狭隘さを免れる等の方法が模索されなければならない。このように、方法論的多元主義は必ずしもただちに普遍的に実現されるものとは考えられず、むしろ常に自らの置かれた場の認識と方法の限界を自覚することが必要ではないかと思われる。

いずれにしても、本書のような研究が現われると、日本に関する研究だから日本の方が欧米より水準が高いというような傲慢がいかに根拠のないことか、痛切に思い知らされる。欧米のアジア研究がオリエンタリズム以後進めているような方法論的反省を経ずに、日本のアジア研究、日本研究ももはや成立しえない段階に至っていると思われるのである。

15 「日本哲学」の可能性

はじめに

ドイツにおいて、近年続けて「日本哲学」に関する概説書、研究書が出版されている。それは以下のようなものである。

L・ブリュル『日本哲学入門』(Lydia Brüll: *Die japanischen Philosophie, Eine Einführung*. Darmstadt: Wissenschaftliche Buchgesellschaft, 1989)

G・パウル『日本の哲学――初期から平安時代まで』(Gregor Paul: *Philosophie in Japan, Von den Anfängen bis zur Heian-Zeit*. München: Iudicium, 1993)

P・ペルトナー/J・ハイゼ『日本哲学』(Peter Pörtner/Jens Heise: *Die Philosophie Japans*. Stuttgart: Kröner, 1995)

パウルのものは、古代に限定しているが、日本哲学を論ずる全体的な方法論をも扱っており、その点では全体に関するものと言ってよい。

他に、近代を扱ったものとして、

濱田恂子『一八六八年以後の日本哲学』(Junko Hamada : *Japanische Philosophie nach* 1868. Leiden : Brill, 1994)

があり、まさに「日本哲学」が花盛りの感がある。これらとやや趣きの違うものとして、「哲学」と題さず、「思想史」(Geistesgeschichte)と題したものとして、

K・クラハト『日本思想史』(Klaus Kracht : *Japanische Geistesgeschichte.* Wiesbaden : Otto Harrassowitz, 1988)

がある。これは日本学を学ぶ学生のテキスト用として編纂されたシリーズの一冊で(Japanische Fachtexte, Band 3)、日本人研究者の日本語論文二十編の一節を抜き出し、原文にドイツ語訳・読み方・注を付けたものであるが、さらに序論として、リディンの日本思想史(Olof G. Lidin : History of Japanese Thought. 英文)を添え、その上に詳細な語彙や文献目録を付しており、十分に研究書として通用するものである。

ところで、西欧哲学が導入されて以後の近代について、日本の哲学を語ることは可能であるとしても、果してそれ以前について「日本哲学」を論ずることが可能であろうか。今日日本では、伝統的な思想をも含めて、「日本哲学」あるいは「日本哲学史」というような表現は決して一般的ではなく、むしろ「思想」「思想史」の方がふつうである。[1] 英語圏においても、あまり「日本哲学」(Japanese Philosophy)という把握は見受けられない。それだけに、ブリュル、パウル、ペルトナー/ハイゼと立て続けに三書も「日本哲学」を冠して前近代の思想をも含めて扱う概説書・研究書が出たことは、

ドイツの学界の特徴であり、彼らの「日本哲学」理解をうかがうことは、我々が日本思想を反省する上でも意義のあることではないかと考える。

そこで以下、これら三書について、どのような観点から、日本思想を「哲学」として捉えることができるか、という方法論的な問題、及び、主として筆者が専門とする仏教思想の理解の仕方を中心として、いささか検討を試みてみたい。

一、ブリュル『日本哲学入門』

ブリュルの本は「入門」と題されており、比較的小さいものではあるが(本文一八八頁)、長年近世・近代の日本思想を扱ってきた著書による纏まった概説であり、他の二書に先立ち、最近の「日本哲学」理解の先駆けとなるものである。

本書は短い序論(Vorbemerkungen)において、方法論的な問題と日本哲学の全体的な特質、展開について述べた後、以下のような三章に分けて論ずる。

Ⅰ　仏教哲学
Ⅱ　儒教哲学と反対運動としての国学
Ⅲ　一八六九年から一九四五年までの哲学

第Ⅰ章においては、第一節で歴史的概観を試みた後、第二節で特に小乗の倶舎・成実の哲学体系を論じ、第三節で大乗諸学派の説を、三論・法相・華厳・天台・真言・禅の順に論ずる。第Ⅱ章では、やはり第一節で歴史的な概観を行なった後、第二—四節では朱子学派の存在論・人間論・実践論を論じた後、第五節で陽明学派、第六節で伊藤仁斎、第七節で荻生徂徠、第八節で国学思想、特に宣長が扱われる。第Ⅲ章も第一節の歴史的概観の後、第二節で明治初期の実証主義と功利主義、第三節でその後の観念論の動向を論じた後、第四節以下は個別的哲学者の説に入り、第四節で和辻哲郎の倫理学、第五節で京都学派の西田幾多郎・田辺元の「無」の哲学、第六節で三木清の人間存在論について扱っている。

以上のように、本書はすべてを網羅的に扱うのではなく、各章の第一節で全体的な流れを論じた後、特定の学派・人に問題を絞って論じているのが特徴である。これは小冊で古代から現代まで論じ、かつまた単に人名の列挙と概観だけに終らせないためには適切な方法であろう。ただ、取り上げた人や学派が適切であるかどうかは検討の余地があろう。

ところで、上述のように、明治以前には日本には「哲学」の概念はなかったのであり、そこに「哲学」を見ようとするとき、どのような観点から「哲学」の概念が適用できるかが問題になる。本書の「序論」では、そのことが簡単ではあるが問題にされている。すなわち、「哲学」の概念が適用されるためには、それが特定の動機や特殊な分野に限定されてはならず、可能な限り広い意味で理解されなければならない。著者は哲学の概念を「思想的な探求」(denkendes Suchen)と規定する。すなわち、「その本質と意味を究明することが肝要であるような存在についての真の答の探求、一切存在の関連の探求。そこから人間存在についての問いも問題になる。この探求は、生と死、苦悩、希望、不安と喜びについての問いと結びついている」(S. X)。このように広義の「哲学」概念を採用することによって、はじめて前近代をも含んだ「日本哲学」の考察が可能になると言うのである。

このような柔軟な「哲学」概念の拡大は、日本思想を「哲学」として扱う以上不可避であるが、そこになお問題がないわけではない。これらの問題点は、パウルやペルトナー／ハイゼに関しても問題になることであるから、ここでその問題点を簡単に記しておこう。

第一に、このように広義に「哲学」の概念を取ったとき、どこまで「哲学」に含まれ、どこから排除されるかが曖昧にならないか、という点がある。後述のように、パウルにおいては、その説に賛成するか否かはともかく、基準はきわめて明快である。その代わり、その概念の中に入ってくる「哲学」は極めて限定されたものになってしまう。それに対して、ブリュルとペルトナー／ハイゼは「哲学」の中にできるだけ幅広い動向を含めようとする。それは日本でいう「思想史」の枠組みとかなり接近してくるが、完全にそれとは一致せず、そもそもそこで言われる「哲学」とは何なのか、いま一つはっきりしなくなる。

第二に、どれほど「哲学」の概念を広く取っても、西欧に長く強固な伝統を持ち、特殊なニュアンスを持つ概念を適用するだけに、おのずから西欧中心主義(Euro-zentrismus, Euro-centrism)を免れず、その立場から都合のよいものだけを取り出し、都合の悪いものは切り捨てる、という結果を生じないか、という点が問題にされよう。

第三に、もう少し具体的に問題点を挙げると、このような「哲学」概念を適用したとき、日本のある思想の特定の部分だけを切り取り、その思想の総体性や、その思想が時代の中に置かれた具体的な位置や役割が無視されることにならないか、が問題である。例えば、著者は、仏教思想について「宗教的思索と哲学的思索が一つである」ことを認めているが(S. X)、そもそもそういう言い方自体、「宗教的思索」と「哲学的思索」が分けられることを前提としており、ある思想、例えば仏教を必ずしも総体的に扱うことにならず、その中のある面だけを全体の文脈から切り離して論ずることにならないか。仏教を扱った第Ⅰ章を見ると、必ずしも日本で大きな役割を果したとは考えられない、倶舎・成実などが大きく扱われる反面、日本で大きく展開した浄土思想についてはほとんど論じられないという偏向が生じている。

第四に、それと同時に、このような広義の「哲学」概念が適用されたとき、かえって近代の扱い方のそれと合致しないことになる。近代においては、日本にも「哲学」が生ずるのであり、ブリュルもペルトナー/ハイゼもそのような狭義の「哲学」を中心に論じている。その場合、前近代においては広義の「哲学」概念を適用し、近代においては狭義の「哲学」概念を適用するというのでは、一貫した哲学史にはならないのではないか、という疑問が生ずる。

第五に、著者は、日本思想がインド、中国、西欧思想から多くのものを受け取りながら、他方で、自己の文化的同一性を守らなければならなかったところに日本思想の特徴を見ている(S. IX)。これは適切な指摘であるが、実際に第Ⅰ章の叙述を見ると、その大部分はインド・中国の仏教哲学の叙述であり、わずかに日本の仏教「哲学」者としては空海や道元が論じられているにすぎない。これでは、「日本哲学」の中の仏教の章としては、いかにも奇妙である。つまりは、日本には独自の「仏教哲学」はほとんどなかったということなのか、それとも、「哲学」の概念で日本の仏教を見ること自体に問題があるのか、問われなければならない。

以上、ブリュルの「日本哲学」観のいくつかの問題点を指摘した。これらは、パウルやペルトナー／ハイゼにおいても問われなければならない問題である。

二、パウル『日本の哲学』

ブリュルやペルトナー／ハイゼのものが古代から現代まで全体を扱っているため、個別的な箇所に関してはかなり叙述が粗いのに較べ、パウルのものは、必ずしもその説に同意しないにしても、著者自身の批判的立場を一貫した論理で、かつ古代に限って詳細かつ明快に論じている点で、興味深い。

本書は以下のような構成からなる。

基礎的問題
日本における哲学のはじめ——六世紀の仏教伝来以前の中国文化の受容
飛鳥・奈良時代の哲学(五五〇年頃より七九四年まで)
平安時代の哲学の転換

結論

付録(因明《いんみょう》に関して)

最初の「基礎的問題(Grundlegendes)」は、著者の哲学観を述べており、興味深い。そこで、著者は東西で哲学が基本的に異なるという常識的な説を批判し、哲学はどのような文化においても基本的に異ならないという自説を提示する。基本的な論理の法則、すなわち、同一律・矛盾律・排中律は普遍妥当的であり、それ故、それに従った思惟のあり方も同様に考えられるのである。

著者は文化による哲学の相違よりも、哲学と神話や宗教との相違を重視する。著者によると、宗教は神話の特殊形態であり、哲学はそれらとは相違し、より批判的(kritisch)であるところに特徴がある(S. 8)。このような立場から、著者は「日本哲学」(Japanische Philosophie)という表現を避け、「日本の(における)哲学」(Philosophie in Japan)を用いる。これは、「日本精神」のような国粋主義的立場を排除するという意味も持ち(S. 14)、その点でも著者の批判的な立場は一貫している。

それでは、具体的に著者の仏教哲学の扱い方はどうであろうか。著者の仏教論は常識的な理解にとらわれず、独自の哲学観に立った極めて特徴のあるものである。著者によると、奈良時代から平安時代初期は、仏教を中心に哲学的にかなり高い水準にあったが、十世紀末から水準が落ち、十六世紀にはじめてかつての位置を回復するというのである(S. 344)。仏教に関して、著者が高く評価するのは、空海と因明(仏教論理学)であり、日本において通常高い評価を与えられる鎌倉仏教に対しては否定的で、特に浄土教や日蓮はきわめて低い評価しか与えられない(S. 97)。中でも注目されるのは、日本に大きな影響を及ぼした『法華経』に対する評価は厳しい(S. 98)。

著者の仏教哲学観をもう少しくわしく見てみると、著者は仏教哲学の根本を四諦・八正道・縁起・三相に見る(S. 61)。それらの分析によって取り出されるのは、特に無実体の思想と日常的道徳の重視という点である。そこから、宗教性を強く持った大乗経典、特に『法華経』に対しては否定的であり、また、理論的には大乗の真如の概念を空に反するものとして批判する。真如に立脚するものとして、法相宗・華厳宗に対して批判的であり、天台宗も特に最澄が『法華経』中心主義を取ったところから、評価が低い。著者の論理重視の立場から因明への評価は理解できるが、空海への評価は意外に見える。著者が空海において評価するのは、通常評価の高い十住心の体系ではなく、法身観念の変容によって論理的一貫性を得た点、及び、その言語論において、言語に二つの種類を分け、法身の説法は記述的な言語ではなく、存在を「表現する」(ausdrücklich)「美学的性質」(ästhetischer Character) のものであることを明らかにした点である(S. 300-)。

以上、仏教哲学に関する箇所を中心に見てみた。一見すると、著者の仏教哲学観はかなり偏っているように見え、確かにその通りであるが、それにもかかわらず、本書の立場や仏教論はなかなかに興味深い指摘をも孕んでいる。以下、本書の日本哲学論の評価すべき点と、問題点を考えてみよう。

まず、ブリュルに関して指摘した第一点の哲学概念の規定であるが、本書はその点きわめて明確であり、立場が一貫している。立場をはっきりさせた上での批判的態度は、何でも含み込もうとして曖昧になるよりも、問題点を明確にする点で、優れていると言える。本書は古代だけしか論じていないが、この立場で近代まで一貫して論ずることは可能と思われ、第四点の一貫性の問題も恐らくクリアされると思われる。実際、例えば、通常高く評価される京都学派の「無」の哲学についても、それが仏教の無実体の思想と相容れないとして、その批判的視点を一貫させている(S. 136-137)。

このような批判の立場は、最近日本では袴谷憲昭らの批判仏教(Critical Buddhism)の運動によって取られている立場と近いところがある。(2)『法華経』の評価は異なるが、無実体を根本において真如概念を批判するところは、両者に共通する。この点、極めて注目される。また、いわゆる「日本的」なものを非合理性に見ようとする動向を批判する点でも、両者は軌を一にしている。後に見るペルトナー／ハイゼが日本の哲学を「トポスの哲学」と位置付ける点において批判哲学と近似しながら、それを肯定的に見るのと正反対である。

こうした批判的分析の優れているところは随所に見られるが、例えば、しばしば曖昧にされ、曖昧さゆえにかえって東洋的な神秘思想を表わすかのように見られる「即」の概念——「生死即涅槃」などと用いられる「即」——についても、現象と絶対との同一性と見る常識的な見方を否定し、同一の世界に対する別の呼称と見るべきであると論じている(S. 271-274)。これは傾聴に値する説と言えよう。

このように、本書の批判の立場は優れた分析を多く含むが、それにしても、今度は余りにその哲学概念を狭く取りすぎるために、内包と外延の反比例の関係で、その哲学概念の網の中に入ってくるものはきわめて限定されたものになってしまう。著者が日本の仏教の中で哲学として評価するのは、南都六宗の一部と空海と因明だけでしかない。だが、それでは日本の仏教の大部分は議論の対象から排除されてしまう。パウルは、仏教哲学が日本で大きな役割を果さなかったとしているが(S. 343)、確かにパウルの規定するような哲学に限るならば、そう言えるであろう。しかし、仏教思想が日本で果した大きな役割は否定できないはずで、そうとするならば、パウルの規定の方が再検討されなければならないであろう。このように見るならば、ブリュルについて指摘した第三点、思想の総体的理解という点で、パウルもまた不十分であると言わなければならない。

他方、パウルの評価する因明に関して見ると、確かに従来日本でもほとんど無視されていた動向を発掘し、正当な評価を要求するという点で、本書は新たな問題を提起するものである。だが、それこそが日本の仏教哲学のもっとも優れた部分であると言われて、納得するであろうか。インドにおける仏教論理学が確かに西欧的な意味の哲学体系を展開したとしても、日本では因明はあくまで論義の技法以上に出ず、それを「西欧的意味における哲学」(S. 10)というのは無理であろう。また、「因明の達人」を「哲学者」と同義とするのも(S. 11)、とても無理である。

パウルは西欧中心主義ではなく、論理的一貫性はあらゆる文化に普遍妥当的だと考えている。確かに、非合理的な「東洋の論理」があるかのような論法は許されるものではない。しかし、形式的な論理性があるというだけで、因明を日本の代表的な哲学と認めることはできず、また、ブリュル以上に哲学と宗教の鋭角的な対立を立てる立場にも、やはり西欧哲学を範型とする西欧優位の発想があると考えなければならない。この点、ブリュルについて指摘した第二点はパウルについても指摘できる。

最後に第五点であるが、空海はともかく、因明は基本的にインドから中国を経て日本に持ち込まれたものであり、確かにパウルの指摘するように、日本で関連する多くの著述が著わされているにもかかわらず、日本でその論理性という点で新たな思想的発展はなかったと言わなければならない。とすると、ブリュルの場合と同様、パウルの観点からも、日本においては仏教は空海以外、価値ある発展をなさなかったという結論に至らざるをえない。

三、ペルトナー／ハイゼ『日本哲学』

日本哲学について論じた三書のうち、ドイツでもっとも評価の高いように思われるのがペルトナー／ハイゼのものである。本書はブリュルと同様、古代から現代まで扱っているが、ブリュルに較べて、方法論的な議論をかなりの分量を取って行なっており、また、平面的に陥らないような論述の工夫がなされている。本書は序言(Vorwort)・序論(Einladung)の後、以下の十二章からなる。

1・原理論——トポスの哲学(Topische Philosophie)
2・歴史のはじめ
3・神道
4・儒教
5・新儒教
6・相関主義(Korrelationismus)と物の言葉(die Sprache der Dinge)

7・仏教
8・日本における仏教
9・中世——高次の言説と生活世界の言説(Hoher und lebensweltlicher Diskurs)
10・江戸時代(一六〇〇—一八六八)
11・過渡期——日本の近代への道
12・哲学の近代——いくつかのモチーフとテーマ

このように、本書はある程度は時代順に従いながらも、さまざまなテーマを交錯させ、多面的に光が当てられるように努められている。各章の中に、しばしば「余論(Exkurs)」が設けられているのも同様の趣旨である。

本書は当初より西欧中心主義を慎重に避ける配慮がなされている。すなわち、その序言では、一方で日本哲学を「他なるもの」として理解するとともに、もう一方では作用歴史的意識(wirkungsgeschichtliches Bewußtsein)の立場から、哲学的文化の差違の中に共通なるものを見出そうとする(S. 4-5)。

このような立場から、著者らが日本哲学を理解するための基本概念として提示するのが「トポスの哲学」(topische Philosophie)である。「トポスの哲学」はヴィーコによって提出されたもので、デカルトの批判哲学(kritische Philosophie)に対するものである。第一原理に基づくデカルトの合理主義に対して、トポスの立場では、真理は場所(topoi)により、不確かな根拠に基づく修辞学(Rhetorik)的なものである(S. 20)。この点で、まさに本書はパウルの批判的論理主義と正反対の立場に立つものであり、日本思想をなるべく幅広く取り込もうというブリュルの立場を受け継ぐものである。

このような立場から、本書ではいわゆる「哲学」的な問題だけが扱われるわけではない。例えば、第三章では神道の問題と関連させて「家」の問題も扱われる。第六章では呪術的な思考が扱われる。また、第九章では中世の知的世界を総体的に把握しようと試みられる。第十章では江戸時代のいわゆる哲学的と言われる思想だけでなく、特に第四節から第十節までは主として経済思想に的を絞って考察している。こうした多面的視角は本書のもっとも得意とするものであり、ある程度の成功を収めていると言うことができる。

例えば、中世はともすれば仏教の時代と考えられがちであるが、第九章は、顕密論から『愚管抄』や末法思想の歴史意識、僧侶と公家による知の分離などを論じ、さらには『方丈記』や『徒然草』に近代の兆候を見、余論として「道」の概念に説き及んでいる。こうした視点は、ともすれば矮小化されがちな哲学論に幅を与え、狭義の哲学に局限化されない知的世界の広がりへと読者を導く。仏教に関しても、インド以来の仏教の問題を論じた第七章のほかに、日本の仏教だけを第八章で取り上げ、そこではブリュルやパウルで十分な評価を得られなかった浄土教や日蓮にもある程度のスペースが割かれ、一応古代から中世までの仏教思想が幅広く扱われている。この点、日本独自の仏教の展開をほとんど認めないブリュルやパウルよりは適切であり、ブリュルに関して指摘した第五点、すなわち、外来的要素に対する日本独自の展開への視点は確保されている。

個々の問題に関しても、興味深い指摘は少なくない。例えば、ブッダが一方で無我を主張するとともに、他方で唯物論的な立場からの個我の否定を批判していることが、仏教思想を不安定な状態に置くとともに、そのダイナミズムを作っている点の指摘(S. 129)など鋭いものがある。

だが、すべての点で本書が成功しているかというと、必ずしもそうは言えず、全体としてかなり粗い習作的な段階を脱していないように思われる。ブリュルにおいて指摘した五点のうち、第五点は先に見たので、前の四点について見てみよう。

第一に、その哲学概念であるが、確かに「トポスの哲学」として、西欧的な哲学概念に含みえないものまで掬い上げようとしているが、では、その際、「哲学」とは何で、どの範囲まで含まれるかというと、その範囲の取り方が極めて曖昧である。

これは第三点の総体性と第四点の一貫性の問題と関わる。すなわち、確かに中世に関しては第九章を設けて、総体的な知的世界の構造を明らかにしようとしている。しかし、それと正反対なのが第十二章であり、近代に至るや、きわめて局限された「哲学」の世界だけを扱い、しかも、そこで取り上げられた哲学者は西田・三木・田辺・和辻・九鬼という具合に、京都学派とその周辺に局限され、そこからいきなり森有正と中村雄二郎に跳ぶという離れ業をやってのけている。これでは近代の知的世界の総体的構造は皆目解らないし、自分に都合のよい哲学者だけを選んで、だから日本の哲学は「トポスの哲学」なのだ、と言われても、まったく説得力を持たない。

中世と近代の叙述の中間的な性格を持つのが江戸時代で、経済思想への注目は興味深いが、それならば、より大きな問題として政治思想が論じられなければならないであろう。また、石田梅岩まで取り上げながら、狭義の「哲学」としての要素をもっとも強く持つ三浦梅園や安藤昌益、さらには山片蟠桃などに論及しないという偏向を持つことになった。このように、時代によって、その論述の態度は必ずしも一貫していないと言わなければならず、また、近世・近代に関しては時代の思想状況を総合的に把握する方向は捨てられていると言わなければならない。

第二点の西欧中心主義が脱せられているかという点であるが、少なくともその方向を志向していることは確かである。日本思想を「トポスの哲学」として把握するのはその方向の具体化である。著者らは知らなかったようであるが、まったく同じように日本の伝統思想をヴィーコの図式を使って「トポスの哲学」として規定することは袴谷の批判仏教においてすでになされている。ただ、袴谷はそれに対して批判の立場を取るのであり、その立場の取り方において、ペルトナー／ハイゼとは反対で、むしろパウルと一致する。しかし、いずれにしても「トポスの哲学」としての把握は著者らに限らないことであり、その点、著者らの把握は日本側でも確認されるようにも見える。

だが、その場合でも、袴谷が批判対象として「トポスの哲学」の規定を与えるのと、本書の著者が異文化の思想理解にその枠組みを利用するのとでは意図そのものが違っており、ただちに一緒には論じられない。そして、著者らが総体として日本思想を「トポスの哲学」としての枠にはめるのは、あらかじめ日本思想を自分たちで理解可能な図式に当てはめてしまうことになり、予断を持って異文化を裁断する危険から必ずしも免れていない。そして、近代の場合にもっともはっきりしているように、その図式から外れるものは切り捨てることになってしまう。著者らによっても西欧中心主義は乗り越えられていず、あたかも乗り越えているかのような偽装を持つだけに一層問題を見えにくくしている。(3)

四、「思想史」と「哲学」

以上、ドイツにおける「日本哲学」に関する三書について概観し、多少の批判を試みた。ひるがえって、日本における研究状況を振り返ってみるとき、彼らから提示された問題は果してどのように受け止められるであろうか。

第一に、日本では伝統的な思想を扱うのに、通常、「哲学」ではなく「思想」の言葉を用いる。「日本哲学」の語は、一見すると戦前の国家主義的動向を思わせるが、その方面ではいまだ用例が確認できず、むしろ、永田広志、三枝博音らのマルクス主義系思想家が用いている。特に三枝は『日本哲学思想全書』などの編集を通して、「日本哲学」の概念によって前近代思想をも包括しようとした。(4) それは、前近代の思想的伝統を、近代の哲学的営為に接続させようとする極めて注目すべき試みであったが、結局定着せず、「日本思想」もしくは「日本思想史」の方が一般化している。

この用語も必ずしも起源は明らかでないが、津田左右吉『文学より見たる我が国民思想の研究』、村岡典嗣『日本思想史研究』など優れた業績を有し、東北大学には戦前より日本思想史学科が設けられている。近年では日本思想に限らず、一般的に「哲学」よりも「思想」の方が好まれ、かつてインド哲学・中国哲学と呼ばれていた分野もインド思想・中国思想で置き換える動向が著しく、また、雑誌『現代思想』のように、現代の最先端を目指す動向も「哲学」よりも「思想」の方を好んでいる。

おそらく、その理由は、日本で「哲学」というと非常に範囲が限定されてしまうので、そこに含まれない領域をも広くカバーできる用語として広く用いられるようになったのであろう。(5) その点、「哲学」は必ずしもPhilosophieとぴったり一致しないのであり、日本の文学博士がPh. D. に当り、また、日本の文学部がphilosophische Fakultätに当ることを考えると、Philosophieは日本の「哲学」で覆い得ない幅広い概念であることが解る。(6) それ故、Philosophieには広義と狭義があり、狭義には日本の「哲学」に当たり、広義には日本の「思想」、あるいはそれ以上の領域をカバーするものである。逆にまた日本語の「思想」はきわめて外国語に訳しにくい語である。それ故、「日本思想」がドイツ語でPhilosophieの語で理解されるのももっともなところがあるが、その際、日本の「哲学」に当たる狭義のPhilosophieの概念が入り込むために混乱が生ずるのである。

今日の日本思想史は、戦後の丸山真男らの社会科学的な方法論の影響が大きく、社会的状況と関わらせながら思想を見るという傾向が強いが、それにしても、日本における「思想」の理解は余りにルーズであり、必ずしも「思想史」の方法が十分に議論されているとは言い難いし、「日本思想史」を一貫した構想で描きうるかというと、それもまた必ずしも明らかでない。津田のように、文学に素材を求めて、そこから思想を抽出するという形ならば、それも可能であろうが、より抽象度の高い理論的な文献を扱おうとするとき、例えば、中世の仏教を中心とする時代から、近世の儒教を中心とする時代にどのように接続するのか、必ずしも十分に解明されていない。文献の性格も問題意識もがらりと変る中で、どのように一貫した構想を描きうるのであろうか。それはなお未解決の問題である。

第二に、このように、日本では「思想史」と別のところに「哲学」があり、両者は必ずしも接点を持たない。その接点を求めた三枝の試みは、必ずしも大きな影響を与えずに終ってしまった。こうして、日本の思想的伝統と無関係のところで、日本の「哲学」は花盛りである。もちろん、京都学派をはじめとして、伝統思想への配慮もなされているかのように見えるが、京都学派系における伝統思想、特に仏教への接近は、しばしば仏教思想の歴史的文脈を無視し、都合のよいものだけを都合よく解釈し、西欧哲学に結び付けるという危険がないわけではない。だが他方、「思想史」の研究者の方もまた、余りに「思想史」の学としての自立性を目指すあまり、自ら哲学との接点を閉ざしている面がないわけではない。両者がどう交わり、どう切り結ぶことができるかは、これも今後の課題である。

第三に、日本において日本思想の研究を進めることは、たとえ偏狭なナショナリズムへの傾斜を避けることには注意しえたとしても、日本という場に局限された視野の狭さに陥る危険はつねに孕んでいる。そもそも日本思想が常に中国や、近代における西欧との関係の中で形成されてきたことを考えると、異文化との接点はつねに確保されていなければならない。だが、Philosophie と「哲学」の場合にも明らかなように、どれほど神経を使っても、異文化理解は常に微妙なずれに付きまとわれる。そのずれを埋めてゆく作業は、絶えざる対話を通して行われる他にない。その通路がどう確保されるか、これも容易ならざる今後の課題である。

(1) 近年、京都大学に「日本哲学史」の講座が設けられたが、これは近代を主とするものである。
(2) 批判仏教については、J. Hubbard & P. Swanson (ed.): *Pruning the Bodhi Tree. The Storm over Critical Buddhism.* Honolulu: University of Hawai'i Press, 1997が関連する諸論文を集めており、問題を概観するのに適当である。
(3) 細かいことをあげつらうことは本意でないが、本書は個別的な叙述の中に初歩的な誤りが多く、信頼度を失わせる恐れがある。仏教に関する箇所のみ気が付いた点を挙げておく。
S. 126 samsâraに対応するのは、「煩悩」ではなく、「生死」。
S. 128 仏教が三〇〇年代に日本に伝わっていたというのは、根拠不明。
S. 130 「施設」は仏教では「せせつ」と読む。
S. 130 「いろは歌」は空海の作ではない。
S. 131 大乗の『涅槃経』は注一二三に出る原始仏典としての『涅槃経』と異なる。
S. 133 「如是」は、「真如」か「実相」であろう。
S. 134 Yugakyô は「瑜伽行」(Yugagyô)か。
S. 140 この体系は真諦説としては疑問。また、真諦の用語では阿頼耶識ではなく、阿梨耶識。
S. 165 「祖師西来」は「西に来る」のではなく、「西から来る」意。
S. 169 *Daijô jishin ron* は *Daijô kishin ron*(大乗起信論)。
S. 176 Sautrântika の訳語は経量部(Kyôryôbu)が正しい。
(4) 三枝の方法論は、『三枝博音著作集』一〇所収『日本の知性と技術』第二章「日本における哲学的知性の歴史」など参照。もっとも簡略には、平凡社『世界大百科事典』(一九七二年版)「日本哲学」の項参照。

その一部はクラハト編、前掲書に収録されている。
（5）　筆者も編集委員となって、最近岩波書店より刊行された哲学事典は、狭義の「哲学」に限らないために、『哲学・思想事典』（一九九八）といういささか苦しい書名となった。
（6）　ただし、ライデン大学のW・J・ボート教授のご教示によると、今日のドイツ語では、Philosophie は日本語の「哲学」と同様に意味が狭く用いられるという。

初出一覧

Ⅰ

1 岩波講座『日本文学と仏教』九、岩波書店、一九九五
2 『へるめす』六三、一九九六
3 『白』一〇、一九九六
4 書き下ろし

Ⅱ

5 『仏教』二五、一九九三
6 書き下ろし

Ⅲ

7 『抒情の真と新』コスモス短歌会、一九七八
8 『季刊文学』八―四、一九九七
9 『国立能楽堂』一四三〜一四五、一九九五
10 『神仏習合思想の展開』汲古書院、一九九六（原題「『売茶翁偈語』考」）
11 『国文学』四一―八、一九九六（原題「『草堂詩集』論」）

Ⅳ

12 書き下ろし。ただし、第二項は、「〈日本的なるもの〉を見定めるために」の題で、『仏教と出会った日本』

（法蔵館、一九九八）に掲載したものをもとに書き改めた。
13　『宗教研究』三〇五、一九九五（原題「書評と紹介 Bernard Faure, *The Rhetoric of Immediacy*」）
14　『日本の仏教』三、法蔵館、一九九五
15　書き下ろし

あとがき

若い頃、哲学を志して挫折し、文学に入れ揚げて挫折し、宗教を求めて挫折した。すべてに挫折してボクは臆病になり、ひたすら自分の殻の中に閉じこもった。時代に背を向け、社会に関心を失い、ただ、時代離れした遠い昔の文献だけが裏切ることのない友であり、確かな慰めを与えてくれた。痕跡として与えられた文字の羅列から、思いもかけず広がってくる過去の世界に陶酔した。こうしてボクは文献学の世界に踏み込んだ。それは一種のオタク的世界であり、関心のない人にはおよそ退屈きわまりなく、無意味で耐え難いことに違いない。だが、それがボクの性に合った。本当は毒にも薬にもならないことかもしれないが、それでもボクは、ひとり密かに毒の糸を紡ぐような悦楽を味わった。

文献学というのは、(恐らく他の学問もかなりの部分はそうだと思うが、)世間で思われているほど高尚な精神性の発露ではなく、地味な、ほとんど職人技と言ってよいような技術の習得とその応用からなっている。新しぶった理論がしばしば出されても、そんなものが適用できるのはほんの表面のところに過ぎず、文献を読み、解読する作業の根本のところは、理論以前のカンと蓄積が頼りだ。いわば名人芸に近いものだ。そして、それにはやはり適性と才能と、そして倦まず弛まずの努力が必要とされる。ボクは、そんな文献解読の作業と、それに基づく思想史の構築に熱中した。その職人技にはそれなりの誇りがある。そして、その技術をもって、かなり年を取ってからであったが、一応の安定した職を得、ささやかながら東京の片隅で妻とふたりの生活を営むことができた。それだけで十分満足すべきことなのだと思う。

だが、そんな禁欲的な作業に集中しながらも、実を言えば、哲学や文学や宗教の世界から、それほど遠ざかっていたわけでない。対象としたのが仏教の文献であったから、何のことはない、要するに、哲学や文学や宗教に直接飛び込めず、臆病にも文献学という檻に身を守られて、その周辺をぐるぐる回っていたというだけに過ぎない。何ともしまらない話だ。それに気がついたとき、禁欲的であることがいささか馬鹿々々しくなってきた。かと言って、自分の領域を完全に飛び出してしまうほどの勇気もない。何となくびくびくしながら、多少禁欲の羽目を外して、危ないところに近づいてみた。所詮中途半端なものではあるが、中途半端で危なっかしいところに面白味があるかもしれない、などと勝手なことを考えている。

本書に収めたのは、大部分がこの数年のうちに発表したものと、未発表の新稿であるが、第七論文のみが比較的若い頃のものである。今読み返して、やや気恥ずかしい気もするが、ボクの原点を表わしているような文章なので、あえてそのまま収録した。第五論文の最後を書き直したほかは、既発表のものには原則として手を加えなかった。文体もバラバラなままだが、書いたときの勢いというものがあるから、下手にいじることはしなかった。ただ、ルビを増やすなどの工夫をした。なお、引用文については、読みやすさを考えて、底本の表記を改めた場合があることをお断りしておく。

本書は四部からなる。Ⅰでは、仏教の問題を思想史の枠を出て、存在論・他者論・倫理など、哲学的問題に接近して考えてみた。Ⅱは現代文学に触れた手軽な感じのエッセーであるが、ボクの問題意識はむしろはっきり提示されているだろう。Ⅲは古典文学を扱ったもので、第七論文を除くと、手法としては比較的手堅い文献解釈学によっている。Ⅳは思想史の方法を現代の情況に照らして考えてみた。

全体のタイトルは第二論文から取ったものであるが、テキストとして与えられた言葉＝文献を解読＝解体する作業を遂行することによって、ボクらの生きている一見安定している世界を掘り崩し、その割目から奈落の底を覗いてみたいというのが本書の一貫したモチーフだ。副題の「仏教からの挑戦」という言い方には少しためらうところもあるが、前著『仏教――言葉の思想史』で提示した「方法としての仏教」の一つの試みである。

ボクを目眩くような文学の世界へと導いて下さった故宮柊二先生の墓前に、本書を捧げたい。第七論文は、宮先生に認めて頂いたボクのデビュー作のようなものだ。先生が望むような方向に進むことのできなかったボクの、回りまわって到達した現在が本書に集約されている。先生はそれを許して下さるだろうか。

本書の編集出版については、岩波書店の沢株正始氏のお世話になった。ここに謝意を表したい。

一九九八年九月

著者

■岩波オンデマンドブックス■

解体する言葉と世界——仏教からの挑戦

1998年10月21日　第1刷発行
2014年10月10日　オンデマンド版発行

著　者　末木文美士《すえきふみひこ》

発行者　岡本　厚

発行所　株式会社　岩波書店
〒101-8002　東京都千代田区一ツ橋2-5-5
電話案内　03-5210-4000
http://www.iwanami.co.jp/

印刷／製本・法令印刷

ISBN 978-4-00-730147-6　　Printed in Japan